本书为 2020 年"健康思明－全民健身指导示范基地的构建"
（项目号：HX2020186）研究成果。

运动素养开发教程

主　编　赵秋爽

副主编　王树生 廖元金

厦门大学出版社
XIAMEN UNIVERSITY PRESS
国家一级出版社
全国百佳图书出版单位

图书在版编目（CIP）数据

运动素养开发教程 / 赵秋爽主编；王树生，廖元金
副主编. -- 厦门：厦门大学出版社，2023.6（2024.8 重印）
　　ISBN 978-7-5615-8934-2

Ⅰ. ①运… Ⅱ. ①赵… ②王… ③廖… Ⅲ. ①健身运
动—教材 Ⅳ. ①G883

中国版本图书馆CIP数据核字(2023)第038901号

责任编辑　潘　瑛
责任校对　胡　佩
美术编辑　李夏凌
技术编辑　朱　楷

出版发行　厦门大学出版社
社　　址　厦门市软件园二期望海路 39 号
邮政编码　361008
总　　机　0592-2181111　0592-2181406(传真)
营销中心　0592-2184458　0592-2181365
网　　址　http://www.xmupress.com
邮　　箱　xmup@xmupress.com
印　　刷　厦门市竞成印刷有限公司

开本　　787 mm×1 092 mm　1/16
印张　　15.5
字数　　270 千字
版次　　2023 年 6 月第 1 版
印次　　2024 年 8 月第 3 次印刷
定价　　65.00 元

本书如有印装质量问题请直接寄承印厂调换

厦门大学出版社　　厦门大学出版社
微信二维码　　　　微博二维码

编 委 会

顾　问：林致诚

主　编：赵秋爽

副主编：王树生　廖元金

编　委：（按姓氏笔画顺序）

王乃茹　王正君　王清山　包建勋　刘文伟

刘冬梅　李　林　李　菡　李红卫　何媚笑

张　雏　张莉莉　林俨芩　孟　蒙　倪振华

涂伟龙　黄惠玲

前 言

举世瞩目的2008年第29届夏季奥林匹克运动会和2022年第24届冬季奥林匹克运动会均在中国北京成功举办，不仅使中国首都北京成为世界首座"双奥之城"，而且还极大地激发和促进了亿万中国人的爱国热情和体育参与热情，尤其是在弘扬中国民族自信、振奋民族精神的同时，为我国全民健身活动的开展创造了氛围和机遇，促使全民健身活动持续、稳定、有序地向前发展。

1952年新中国成立初期，毛泽东同志提出"发展体育运动，增强人民体质"的新中国全民健身指导的十二字方针，拉开了全民健身活动开展的序幕。1995年国务院颁发了《全民健身计划纲要》，全民健身活动在全国各地广泛开展。"十二五"时期，习近平总书记对中国体育发展寄予厚望；2014年，国务院印发的《关于加快发展体育产业促进体育消费的若干意见》首次提出将全民健身上升为国家战略。2015年党的十八届五中全会《中共中央关于制定国民经济和社会发展第十三个五年规划的建议》首次提出健康中国战略。国家体育总局2016年发布《全民健身促小康，全民健康促小康》一文，特别提出要"发展体育事业，推广全民健身，增强人民体质"，简称十八字方针。可见，党中央、

国务院以增强人民体质、提高健康水平为根本目的，充分体现了以人民为中心的发展理念，加快推进全民健身和体育强国建设的决策部署，全面建成小康社会，实现中华民族伟大复兴的战略。

为更好地贯彻"没有全民健康，就没有全民小康"的全民健身战略，进一步强化全社会的健身意识，提高全民健身活动的科学化水平，更好地引导和指导普通大众的健身活动，赵秋爽带领教学团队策划并实施了"健康思明——全民健身指导示范基地的构建"项目，经过一年的现场实践应用，以及后期一年多整理归纳、撰写、拍摄及剪辑等工作，最终编写了《运动素养开发教程》。

本书分为理论篇和实践篇两个部分，共十九章。理论篇涉及全民健身指导纲要、体育与健康、体育与营养、体育与自我监测、体育素养之奥运精神，共五章；实践篇涉及跑步、跳绳、健身操、趣味体能、健身舞、广播体操、排舞、啦啦操、伸拉操、调试操、家庭有氧健身器械训练、养生功、大众蹦床、轮滑等多个项目的实践操作内容，共十四章。本书将高校体育课程的理论知识和实践操作与全民健身战略相结合，旨在打通高校和社会体育资源的屏障，实现高校体育课程的社

会服务性转化。

《运动素养开发教程》提供的科学健身知识和实践教程，既可以作为高校课内外指导用书，也可以作为大众的锻炼指导手册。教程内容适用性强，普及度高，覆盖面广，涵盖了大多数具有代表性的健身项目。全书内容普及化，演示动态化，取景实地化，利于对参与者进行较为全面的运动素养开发，倡导"让科学运动成为一种生活方式"（make the scientific sports a way of life）。其中，在实践部分，通过扫描二维码，读者可以获取相应部分的视频资源，享受沉浸式阅读体验。全书由赵秋爽整体设计、统稿并负责大部分章节的编写，其余章节由高校教师、医生、协会负责人、省市队教练、省市队运动员、俱乐部队员、高校校队队员等多领域、多位人员参与编写、拍摄、剪辑等，廖元金协助设计和校稿。

各章节主要负责人员具体如下：赵秋爽、涂伟龙、倪振华、孟蒙、黄惠玲（厦门大学体育教学部）；廖元金、王乃茹（福建体育职业技术学院）；李红卫（厦门大学公共卫生学院）；张莉莉（厦门大学翔安附属医院）；李林（集美大学体育学院）；张雏（全国大众蹦床讲师团讲师、世界冠军）；李茵（广州商学院公共体育部）；何媚笑（广州市知用学校）；林俨芩（厦门市体育运动学校）；刘冬梅［哈尔滨工业大学（威海）体育教学部］；包建勋（闽南理工学院体育学院）。其中，廖元金负责第一章、第五章、第十四章；

赵秋爽、李红卫负责第二章；王乃茹负责第三章；张莉莉、赵秋爽、陈琛、李林负责第四章；赵秋爽、涂伟龙负责第六章；赵秋爽负责第七章、第八章、第十章、第十三章、第十五章；赵秋爽、倪振华负责第九章；廖元金、赵秋爽负责第十一章、第十二章；孟蒙负责第十六章；黄惠玲负责第十七章；赵秋爽、张雏、李茵、何媚笑、林俨芩负责第十八章；刘冬梅和包建勋负责第十九章。

厦门集美工业学校石毅凯（世界啦啦操公开赛冠军）、董钰（蹦床青奥会冠军、山西省蹦床队教练员）、李姝熠（山西省蹦床队队员）、汤佳若（蹦飞翔体育学院）、梁颖婷和黄静优（厦门市体育运动学校队员）参与了本书的拍摄工作。厦门大学健美操队、棒垒球队和田径队的校队队员吴湘伟、杨雪、贾吾桐、李叮、彭智奇、林煜俊、桑洋和王赵吉喆参与了本书的拍摄工作。另外，感谢友情参与拍摄的蔡筱彦、李双双、林桉瑶、施卓延、陈纾喻、黄妤恬、苏昀伊等。另外，厦门大学医学院王赵吉喆负责绘制本书中的部分图片以及部分视频的剪辑工作；厦门大学新闻传播学院吴湘伟、厦门宜兴设计装修工程有限公司王晓忠负责部分视频的录制和剪辑工作；厦门大学新闻传播学院杨雪、贾吾桐参与了啦啦操套路的编排工作。非常感谢上述人员在本书的编写中给予的大力支持和帮助。

特别感谢思明区文化和旅游局对于"健

康思明——全民健身指导示范基地的构建"的课题立项支持。该项目紧扣全民健康的国家战略部署，深入贯彻落实"健康中国""健康福建"一系列行动规划，推进厦门市政府"健康厦门"的建设，以厦门市人民体育场为平台，构建"以场地为媒介"的群众性健身指导示范点，助力全民健身落地生根，并发挥"基地"的辐射和引领作用，倡导科学健身的理念，营造科学健身的氛围，提高体育公共服务水平，提升市民健身参与率，初步实现区域内体育运动全民化、体育健身生活化、体育锻炼科学化等。该立项的实施为本书成稿提供了一手实践资料，促使实践篇内容更符合参与者运动素养开发的需求。

感谢所有为本书顺利出版提供帮助和支持的各位专家、学者和同仁们。本书在编写过程中，参考、吸收、借鉴和引用了不少专家、学者、同仁们的研究成果、内容和资料等，在此对他们的辛勤付出表示诚挚的感谢；同时对于在书中没有一一标明的被引用者的姓名和资料出处，我们深表歉意，并表示深深的谢意。对于厦门大学体育教学部、厦门大学出版社提供的支持和帮助表示由衷的感谢。

由于编者水平所限，书中若有不妥之处，真诚地欢迎广大专家、学者、同行、师生、健身爱好者们给予批评和建议，以便编者在后续修订中完善和提高。我们希望本书成为指导大家健身运动的良伴，让我们共同为"让科学运动成为一种生活方式"而努力奋斗，让全民健身战略得以深入开展，为实现中华民族伟大复兴战略而奋力前行！

赵秋爽

2023年3月

目 录

理论篇

实践篇

理论篇

第一章 《全民健身计划（2021—2025年）》

国务院于2021年7月18日下发《全民健身计划（2021—2025年）》（国发〔2021〕11号）文件给各省、自治区、直辖市人民政府，国务院各部委、各直属机构。这是结合"十三五"时期全民健身国家战略深入实施取得一系列成果后，为促进全民健身更高水平发展，更好满足人民群众的健身和健康需求，依据《全民健身条例》制定的纲领性文件。

"十三五"时期，在党中央、国务院坚强领导下，全民健身国家战略深入实施，全民健身公共服务水平显著提升，全民健身场地设施逐步增多，人民群众通过健身促进健康的热情日益高涨，经常参加体育锻炼人数比例达到37.2%，健康中国和体育强国建设迈出新步伐。同时，全民健身区域发展不平衡、公共服务供给不充分等问题仍然存在。为此，《全民健身计划（2021—2025年）》提出了新的要求、任务和保障措施，具体如下：

一、总体要求

（一）**指导思想**。以习近平新时代中国特色社会主义思想为指导，贯彻落实党的十九大和十九届二中、三中、四中、五中全会精神，坚持以人民为中心，坚持新发展理念，深入实施健康中国战略和全民健身国家战略，加快体育强国建设，构建更高水平的全民健身公共服务体系，充分发挥全民健身在提高人民健康水平、促进人的全面发展、推动经济社会发展、展示国家文化软实力等方面的综合价值与多元功能。

（二）**发展目标**。到2025年，全民健身公共服务体系更加完善，人民群众体育健身更加便利，健身热情进一步提高，各运动项目参与人数持续提升，经常参加体育锻炼人数比例达到38.5%，县（市、区）、乡镇（街道）、行政村（社区）三级公共健身设施和社区15分钟健身圈实现全覆盖，每千人拥有社会体育指导员2.16名，带动全国体育产业总规模达到5万亿元。

二、主要任务

（三）**加大全民健身场地设施供给**。制定国家步道体系建设总体方案和体育公园建设指导意见，督导各地制定健身设施建设补短板五年行动计划，实施全民健身设施补短板工程。盘活城市空闲土地，用好公益性建设用地，支持以租赁方式供地，倡导土地复合利用，充分挖掘存量建设用地潜力，规划建设贴近社区、方便可达的场地设施。新建或改扩建2000个以上体育公园、全民健身中心、公共体育场馆等健身场地设施，补齐5000个以上乡镇（街道）全民健身场地器材，配建一批群众滑冰场，数字化升级改造1000个以上公共体育场馆。

开展公共体育场馆开放服务提升行动，控制大型场馆数量，建立健全场馆运营管理机制，改造完善场馆硬件设施，做好场馆应急避难（险）功能转换预案，提升场馆使用效益。加强对公共体育场馆开放使用的评估督导，优化场馆免费或低收费开放绩效管理方式，加大场馆向青少年、老年人、残疾人开放的绩效考核力度。做好在新冠肺炎疫情防控常态化条件下学校体育场馆向社会开放工作。

（四）广泛开展全民健身赛事活动。 开展全国运动会群众赛事活动，举办全民健身大会、全国社区运动会。持续开展全国新年登高、纪念毛泽东同志"发展体育运动，增强人民体质"题词、全民健身日、"行走大运河"全民健身健步走、中国农民丰收节、群众冬季运动推广普及等主题活动。巩固拓展"三亿人参与冰雪运动"成果，大力发展"三大球"运动，推动县域足球推广普及。制定运动项目办赛指南和参赛指引，举办运动项目业余联赛，普及运动项目文化，发展运动项目人口。支持举办各类残疾人体育赛事，开展残健融合体育健身活动。支持各地利用自身资源优势培育全民健身赛事活动品牌，鼓励京津冀、长三角、粤港澳大湾区、成渝地区双城经济圈等区域联合打造全民健身赛事活动品牌，促进区域间全民健身协同发展。

（五）提升科学健身指导服务水平。 落实国民体质监测、国家体育锻炼标准和全民健身活动状况调查制度。开设线上科学健身大讲堂。鼓励体育明星等体育专业技术人才参加健身科普活动。征集推广体育科普作品，促进科学健身知识、方法的研究和普及。制定面向大众的体育运动水平等级标准及评定体系。深化社会体育指导员管理制度改革，适当降低准入门槛，扩大队伍规模，提高指导服务率和科学健身指导服务水平。弘扬全民健身志愿服务精神，开展线上线下志愿服务，推出具有地方特色的全民健身志愿服务项目，打造全民健身志愿服务品牌。

（六）激发体育社会组织活力。 完善以各级体育总会为枢纽，各级各类单项、行业和人群体育协会为支撑，基层体育组织为主体的全民健身组织网络。重点加强基层体育组织建设，鼓励体育总会向乡镇（街道）延伸、各类体育社会组织下沉行政村（社区）。加大政府购买体育社会组织服务力度，引导体育社会组织参与承接政府购买全民健身公共服务。对队伍稳定、组织活跃、专业素养高的"三大球"、乒乓球、羽毛球、骑行、跑步等自发性全民健身社会组织给予场地、教练、培训、等级评定等支持。将运动项目推广普及作为单项体育协会的主要评价指标。

（七）促进重点人群健身活动开展。 实施青少年体育活动促进计划，推进青少年体育"健康包"工程，开展针对青少年近视、肥胖等问题的体育干预，合理调整适合未成年人使用的设施器材标准，在配备公共体育设施的社区、公园、绿地等公共场所，配备适合学龄前儿童大动作发展和身体锻炼的设备设施。提高健身设施适老化程度，研究推广适合老年人的体育健身休闲项目，组织开展适合老年人的赛事活动。完善公共健身设施无障碍环境，开展残疾人康复健身活动。推动农民、妇女等人群健身活动开展。

（八）推动体育产业高质量发展。 优化产业结构，加快形成以健身休闲和竞赛表演为龙头、高端制造业与现代服务业融合发展的现代体育产业体系。推进体育产业数字化转型，鼓励体育企业"上云用数赋智"，推动数据赋能全产业链协同转型。促进体育资源向优质企业集中，在健身设施供给、赛事活动组织、健身器材研发制造等领域培育一批"专精特新"中小企业、"瞪羚"企业和"隐形冠军"企业，鼓励有条件企业以单项冠军企业为目标做强做优做大。大力发展运动项目产业，积极培育户外运动、智能体育等体育产业，催生更多新产品、新业态、新模式。在国家体育消费试点城市基础上，择优确定一批国家体育消费示范城市，充分发挥试点城市、示范城市作用，鼓励各地创新体育消费政策、机制、模式、产品，加大优质体育产品和服务供给，促进高端体育消费回流。

（九）推进全民健身融合发展。 深化体教融合。完善学校体育教学模式，保障学生每天校内、校外各1个小时体育活动时间。整合各级各类青少年体育赛事，健全分学段、跨区域的青少年体育赛事体系。加大体育传统特色学校、各级各类体校和高校高水平运动队建设力度，大力培养体育教师和教练员队伍。规范青少年体育社会组织建设，鼓励支持青少年体育俱乐部发展。

推动体卫融合。探索建立体育和卫生健康等部门协同、全社会共同参与的运动促进健康模式。推动体卫融合服务机构向基层覆盖延伸，支持在社区医疗卫生机构中设立科学健身门诊。推进体卫融合理论、科技和实践创新，推广常见慢性病运动干预项目和方法。推广体卫融合发展典型经验。

促进体旅融合。通过普及推广冰雪、山地户外、航空、水上、马拉松、自行车、汽车摩托车等户外运动项目，建设完善相关设施，拓展体育旅游产品和服务供给。打造一批有影响力的体育旅游精品线路、精品赛事和示范基地，引导国家体育旅游示范区建设，助力乡村振兴。

（十）营造全民健身社会氛围。 普及全民健身文化，加大公益广告创作和投放力度，大力弘扬体育精神，讲好群众健身故事。强化全民健身激励，探索建立全国统一的"运动银行"制度和个人运动码，开发标准统一的科学运动积分体系，向国家体育锻炼标准和体育运动水平等级标准达标者颁发证书，鼓励向群众发放体育消费券。开展全民运动健身模范市和模范县（市、区）创建。加强全民健身国际交流，与共建"一带一路"国家共同举办全民健身赛事活动，推动武术、龙舟、围棋、健身气功等中华传统体育项目"走出去"，鼓励支持各地与国外友好城市进行全民健身交流。

三、保障措施

（十一）加强组织领导。加强党对全民健身工作的全面领导，发挥各级人民政府全民健身工作联席会议作用，推动完善政府主导、社会协同、公众参与、法治保障的全民健身工作机制。县级以上地方人民政府应将全民健身事业纳入本级经济社会发展规划，制定出台本地区全民健身实施计划，完善多元投入机制，鼓励社会力量参与全民健身公共服务体系建设。体育总局要会同有关部门对各省（自治区、直辖市）人民政府贯彻落实情况进行跟踪评估和督促指导。

（十二）壮大全民健身人才队伍。创新全民健身人才培养模式，发挥互联网等科技手段在人才培训中的作用。加强健身指导、组织管理、科技研发、宣传推广、志愿服务等方面的人才培养供给。畅通各类培养渠道，引导扶持社会力量参与全民健身人才培养，形成多元化的全民健身人才培养体系和科学评价机制。积极稳妥推进指导群众健身的教练员职称评定工作。

（十三）加强全民健身安全保障。对各类健身设施的安全运行加强监管，鼓励在公共体育场馆配置急救设备，确保各类公共体育设施开放服务达到防疫、应急、疏散、产品质量和消防安全标准。建立全民健身赛事活动安全防范、应急保障机制。建立户外运动安全分级管控体系。落实网络安全等级保护制度，加强全民健身相关信息系统安全保护和个人信息保护。坚持防控为先，坚持动态调整，统筹赛事活动举办和新冠肺炎疫情防控。

（十四）提供全民健身智慧化服务。推动线上和智能体育赛事活动开展，支持开展智能健身、云赛事、虚拟运动等新兴运动。开发国家社区体育活动管理服务系统，建设国家全民健身信息服务平台和公共体育设施电子地图，推动省、市两级建立全民健身信息服务平台，提供健身设施查询预定、体育培训报名、健身指导等服务，逐步形成信息发布及时、服务获取便捷、信息反馈高效的全民健身智慧化服务机制。

第二章　体育与健康

Part 1

什么是健康？

　　习近平总书记提出："没有全民健康，就没有全民小康。"可见，健康中国已经上升为国家战略。体育锻炼成为增强体质、促进健康的重要手段，人们对于健康的意识逐步增强。那么，什么是健康呢？锻炼身体就会增进健康吗？只有正确地认识"体育"与"健康"，以及两者之间的关系，才能为大家的日常锻炼、拥有健康提供科学指导。

　　我国古代思想家从不同角度对"健康"进行了阐释。

　　《晋书》认为："健"即肌肉强壮有力。《尚书》认为："康"即平安、安乐，"健康"则是指体健、心安和适应社会。可见，我国古代思想家对健康的认识已经非常的朴实和全面。

　　中医传统医学对健康的理解则概括为"平人"。《素问·调经论》认为，"阴阳匀平，以充其形，九候若一，命曰平人"。

　　《灵枢·终始》中对"平人"描述为："形肉血气必相称也，是谓平人。"意思是说，阴阳平和，充盈形体，三部九候之脉一致，是健康的表现。在中医学的理论体系中，阴阳的概念涵盖身体、营养、环境（社会环境与自然环境）等多方面因素，"平人"是"阴阳平衡、形神统一、天人统一、人与社会统一"，是中医的健康要素。

　　《黄帝内经》认为，一个健康的人必须在天时、人事、精神方面保持适当的和有层次的协调。我们所说的健康人，其实只能算是"常人"，而一个真正健康的人应该符合以下三个条件：合天时，"处天地之和，从八风之理，法于阴阳，和于术数"；合人事，"适嗜欲于世俗之间，无恚嗔之心，行不欲离于世，被服章，举不欲观于俗，外不劳形于事，内无思想之患，以恬愉为务，以自得为功"；养肾惜精，"志闲而少欲，心安而不惧，形

图2-1《晋书》　　　　图2-2《尚书》

劳而不倦，恬淡虚无，真气从之，精神内守，病安从来"。

图2-3 《素问》

图2-4 《灵枢》

图2-5 《黄帝内经》

世界卫生组织（WHO）在1948年、1978年、1990年分别对"健康"进行了阐释。

👉 1948年：健康是一种身体上、精神上和社会上的完满状态，而不仅仅是没有疾病和虚弱现象。

👉 1978年：国际初级卫生保健大会上发表的《阿拉木图宣言》重申：健康不仅是无疾病和体弱，而且是身心健康、社会幸福的完美状态。

👉 1990年：健康是指躯体健康、心理健康、社会适应良好和道德健康四个方面皆健全。

近年来，一些学者提出应将经济状况作为健康评价的基本内容之一。可见，在不同的历史时期，健康内容逐渐多维化，含义多元化。其目的是通过多方面的内容评价，能够全面地评价人的健康。

躯体健康：通常是指人的身体在医学认定上是正常的，相应的生理健康指标正常，健康无疾病，无虚弱等不适症状。比如：生长发育正常，身体匀称，体重适当，动作协调，体内代谢稳定，能获得正当的物质、能量、信息并加工处理，对疾病有高度的抵抗能力。

心理健康：健康的情绪和情感，健康而坚定的意志，良好统一协调的行为和正常的智力（语言能力、计数能力、记忆力、知觉能力、推理能力、图形和空间能力），智商应达到90以上。

社会适应良好：人体健康的社会属性。要求具有良好的、能由个人意志支配的具有内在动机和目的的行为模式和良好的生活方式、较好的人际关系及处世经验，具有社会适应性，自我状态良好，有安全感等。

道德健康：作为新增加的内容，是指不能损害他人的利益来满足自己的需要，可以控制自己的思想和行动，能根据公认的行为道德来约束和支配自己的思维和行动，具有区分真与假、善与恶、荣誉与耻辱的是非观念和能力。

Part 2

如何评价健康？

人的身体健康状态通常有三种：健康、亚健康、不健康。世界卫生组织研究报告认为："人类三分之一的疾病通过预防保健可以避免，三分之一的疾病通过早期的发现可以得到有效控制，三分之一的疾病通过信息的有效沟通能够提高治疗效果。"因此，及时了解掌握自己的身体状况非常重要。专家建议我们应该定时进行全面的健康检查，做到早预防、早发现、早治疗。下面介绍一些简单而实用的健康检测方法，能够让我们随时随地对自己的身体状况进行检查，随时掌控身体的健康动向，及时采取相应对策。

一、平衡能力——检验老化程度

自测者双手下垂紧贴身体两侧，闭上眼睛，用一只脚直立站住，然后根据"不倒时间"来判断自己老化程度。判断标准：9.9秒——男性生理年龄为30～35岁，女性生理年龄为40～49岁；8.4秒——男性生理年龄为40～49岁，女性生理年龄为50～59岁；7.4秒——男性生理年龄为50～59岁，女性生理年龄为60～69岁；5.8秒——男性生理年龄为60～69岁，女性生理年龄为70～79岁。未达标者，表明老化程度偏快，即生理年龄高于实际年龄。

二、腰臀比——检验脂肪指标

腰臀比（WHR）是反映身体脂肪分布的一个简单指标，世界卫生组织通常用它来衡量人体是肥胖还是健康。保持臀围和腰围的适当比例关系，对成年人体质和健康及其寿命有着重要意义。多项研究表明，该比值与心血管发病率有密切关系。标准的WHR为男性小于0.8，女性小于0.7。根据美国运动医学学会1997年推荐的标准，男性WHR高于0.95、女性WHR高于0.86就说明存在患心血管疾病的风险。注意，测量时一定要采取站姿。

三、屏气时间——检验肺脏功能

深吸一口气，然后屏气，时间越长越好，再慢慢呼出，呼出时间以3秒钟最为理想。一个20岁、健康状况甚佳的人，最大限度屏气，可持续90～120秒；而对于一个年满50岁的人来说，屏气时间约为30秒。

四、脉搏——检验心脏功能

将三次脉搏数据相加，减去200再除以10，所得结果：0～3，说明心脏强壮；3～6，心脏良好；6～9，心脏一般；9～12，心脏不怎么好；12以上，应及时找医生。

五、仰卧起坐——检验体力

健康成人在1分钟内仰卧起坐的最佳成绩为起落45～50次。具体来说，30岁，40～45次；40岁，35～40次；50岁，25～30次；60岁，15～20次。

六、爬楼梯——检验体力、腿力

一步迈两级台阶，能快速登上5层楼，

说明健康状况良好；逐级登上5层楼，没有明显的气喘现象，说明健康状况不错；如果气喘吁吁，呼吸急促，说明健康状况较差；登上3楼就又累又喘，意味着身体虚弱，应到医院进一步查明原因，切莫大意。

每年定期进行医学检查是十分必要的，可以根据检查结果选择合适的项目进行相应的体育锻炼、运动疗法等。如果需要配合药物或住院等行为进行治疗，请谨遵医嘱进行积极的医学治疗。

除此之外，有意愿和条件者还可以到专业的医院或者心理咨询机构进行定期的心理检查，从而对自身的心理状况进行及时的了解，同时根据检查结果，遵照医嘱或者专业心理咨询机构的建议，进行积极的治疗和调整，提高自身幸福感。

Part 3

影响健康的因素？

健康与疾病，是人体生命过程中两种不同的质态，从健康到疾病是一个量变到质变的过程，两者之间的中间状态称之为"亚健康"状态（或次健康状态、第三状态）。据不完全统计，我国当前亚健康状态的人群日趋增多，占60%～70%。

影响健康的危险因素包括环境危险因素、行为危险因素、宿主危险因素等，其中环境危险因素主要有职业暴露、环境污染等；而行为危险因素主要与人们日常的生活方式、个人习惯等有关，如吸烟、饮酒、不合理膳食、晚睡、缺乏运动或者体力活动等；宿主危险因素（生物遗传）主要有病原体感染、遗传和基因、精神心理因素、肥胖与超重等。其他因素如医疗卫生服务因素、心理承受能力、社会环境等，也是影响人们健康的危险因素。

世界卫生组织在1990年系统地提出影响健康的主要因素，包括环境中的生物因素、物理因素、化学因素，社会、经济、文化等因素，生活习惯、卫生医疗条件，遗传因素等；同时提出健康的四大基石分别为合理膳食、适量运动、戒烟限酒、心理健康。

👉 合理膳食：膳食平衡，营养均衡。

👉 适量运动：运动消耗热量与摄入能量保持动态平衡。

👉 戒烟限酒：限制不良的生活习惯。

👉 心理健康：关注心理建设，保持积极健康的心态，提高应激能力，提高抗压抗挫能力。

美国加州大学公共健康系莱斯特·布莱斯诺博士曾经有研究认为，人们的日常生活方式对身体健康的影响远远超过所有药物的影响。他和他的合作者研究出一套简明的、有助于健康的生活方式，包括：

（1）每日保持7～8小时睡眠。

（2）规律饮食。

（3）少吃多餐（每日可吃4～6餐）。

（4）不吸烟。

（5）不饮酒或饮少量低度酒。

（6）控制体重（不低于标准体重的10%，不高于标准体重的20%）。

（7）规律锻炼（运动量适合本人的身体情况）。

一、睡眠

睡眠是维持身体健康和心理健康的重要基础。睡眠时间一般以7～8小时为宜，根据个体情况会有所不同，一般女性所需睡眠比男性多一些。睡眠是周期性的生理现象，是补充人体能量、保证人体的正常生长发育以及使人体得到充分休息、增强自身抵抗力等多方面的保障。

图2-6 睡眠的重要性

睡眠对人体健康具有重要作用：第一，睡眠是最主要的消除疲劳的方式。人体在睡眠时，各种基础代谢率会降低，以使机体得到修复，从而得到充分的休息。第二，

补充人体能量，尤其是可以保护大脑，保持人体精力旺盛，提高工作效率。长期缺少睡眠会导致幻觉、精神异常、患焦虑症等。第三，增强免疫力，有利于机体的自我修复，能够将入侵机体的各种病原物除去。第四，对于青少年、儿童来说，充足的睡眠能够促进其生长发育，因为夜间睡眠时期生长激素释放是最多的。第五，科学的睡眠能够延缓衰老，促进长寿，保持人的心理健康、还有利于美容。

若长期睡眠障碍或者睡眠状况得不到改善，则会严重影响身心健康，容易出现以下问题：

（1）长期失眠会导致身体免疫力下降，对各种疾病的抵抗力减弱；

（2）长期失眠会引发高血压、心脏病、高血脂、阿尔茨海默症；

（3）长期失眠会导致记忆力减退、头痛、精神不振、头昏脑胀、耳鸣；

（4）失眠往往导致工作效率降低，紧张易怒，烦闷，与周围人相处不融洽，严重的还会导致悲观厌世；

（5）长期失眠会造成注意力不集中，思维能力下降，产生抑郁、焦虑、精神紧张等情绪，出现大脑皮层功能失调、植物神经紊乱等症状；

（6）失眠使机体抵抗力下降，身体素质降低，加速衰老，且易引发多种疾病，甚至影响人的寿命；

（7）儿童睡眠质量下降会直接影响身体

的生长发育。

二、饮食

👉 饮食要多样化、科学化。正常人群每天摄入种类建议达到20种以上，且营养均衡，包括优质蛋白、高纤维素、低糖、低盐、低脂的食物，限制高嘌呤、油炸以及霉变等食物的摄入量，保证油脂摄入在25 g以内，盐摄入在5 g以内。

👉 饮食规律，定时、少时多餐。一般建议早餐在7：00—8：00，中餐在11：30—12：30，晚餐在6：00—8：00。若有需要，可以在上午九十点以及下午三四点时适当补充能量。规律、多次少量进食既可以让机体保持活力，又可以避免造成胃肠负担，影响机体反应能力。

👉 控制总热量，保持摄入和消耗平衡，保持标准体重。

图2-7 USDA（美国农业部）膳食金字塔示意图

三、不良嗜好

日常的不良嗜好主要包括吸烟、喝酒。

吸烟会直接损害呼吸系统，降低呼吸道的防御能力。经常吸烟会引起慢性支气管炎，造成肺功能下降；吸烟会出现心跳较快、血压升高，导致心肌供血不足，引发冠心病、肺心病等，是心血管疾病的重要因素，甚至还会损害生育功能，影响味觉，增加咽喉病变等。

大量饮酒甚至酗酒等不良行为会造成胃肠道损害、肝功能损害以及大脑功能损害等，容易引发胃溃疡、消化道出血等疾病，同时会加重肝脏负担，容易引起肝硬化等疾病。酒精中毒会对大脑造成损害，会影响神经系统，甚至导致精神疾病。

四、体重

2021年，WHO认为全球有20亿人超重或肥胖，每年因超重或肥胖导致的死亡人数高达280万。2016年，美国临床内分泌医师学会（AACE）联合美国内分泌学会（ACE）将肥胖定义为"脂肪组织过多引起的慢性疾病"。对肥胖的诊断基于体重指数（BMI），继而将BMI和腰围共同作为诊断的标准。

（一）体重指数

体重指数（BMI）＝体重/身高^2（kg/m^2），中国成年超重和肥胖的判定标准是：BMI值在18.5～23.9之间为正常；24.0～27.9之间为超重；大于28.0为肥胖。需要注意的是，运动员或者怀孕、哺乳期女性，以及长期卧床、身体虚弱的老年人都不适用用BMI进行判断。对普通人群来说，不同身高、不同性别的体重指数也有所不同。随着年龄的变化，人体肌肉含量会减少，而脂肪含量会增加。

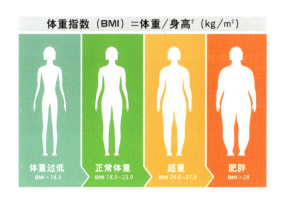

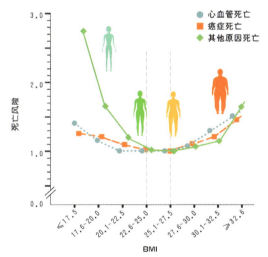

图2-8 东亚人群体重指数（BMI）与死亡风险的相关性

（二）腰围

腰围是指腰部周径的长度，是衡量腹型肥胖的简单、实用性指标。

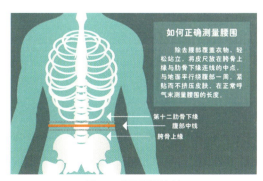

图2-9 腰围测量方法

腹型肥胖又称中心型或向心型肥胖。主要特征表现为：脂肪过多蓄积在腹壁和腹腔内；体形呈苹果状。体重正常的人群的内脏脂肪也可能超标。我国腹型肥胖的判定标准为：男性，腰围≥90 cm；女性，腰围≥85 cm。

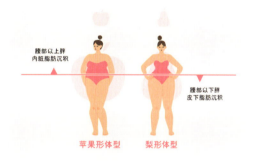

图2-10 腹型肥胖的特点

肥胖容易引起相应的并发症，如糖尿病前期、代谢综合征、高血压、心血管疾病、非酒精性脂肪肝、女性不育、骨关节炎、抑郁、阻塞性睡眠呼吸暂停等，需要通过临床医学干预或者运动的方式进行干预。在运动干预中，建议选择有氧训练和抗阻训练的多成分运动计划，如平衡训练、柔韧训练、有氧训练、高强度抗阻训练等。

五、体育锻炼

定期或不定期的体育锻炼有益身心健康，而进行科学、有规律的体育锻炼更有利于人们保持机体健康，保持心情舒畅。具体而言：

第一，科学的体育锻炼可以促进新陈代谢，有利于减脂和控重，维持适合的体重指数和腰围，这对于保持人体健康有重要作用。

第二，科学运动有助于改善三高（包括血脂、血糖和血压）；可以降低血清甘油三酯水平，增加高密度脂蛋白胆固醇；增加体内线粒体酶的活性，改善肌肉的能量代谢；减轻胰岛素抵抗，减缓潜伏性糖尿病向真正糖尿病的进程，帮助糖尿病患者控制血糖水平；可以降低血压，维持血压稳定。

第三，规律运动可以减少血液中炎症因子的分泌，细胞因子的调节可以预防或改善动脉粥样硬化。

第四，规律运动能够增强心肺功能，增大肺通气量，增强血管弹性，降低心脑血管疾病的死亡风险。

第五，规律运动有利于保持骨骼强壮，预防骨质疏松。

第六，规律运动有利于改善情绪，缓解压力，避免抑郁症。

Part 4

如何进行体育锻炼？

一、运动流程

运动前，有必要对人体的基本状况进行评估，尤其是特定人群，如老人、儿童、病患者等，而后根据评估结果制订相应的运动方案。

运动中和运动后，应进行自我监测，包括主观评价和客观评价。主观评价采取自我感觉和外在表象，如出汗量过大、自我感觉过度疲劳、心悸、呼吸不畅、头晕等。客观评价指心率状况、身体功能测试等，如心率是否在适宜范围，身体功能是否正常（平衡、协调、灵敏性等）。

运动或锻炼一段时间后，或者在经历了一段运动周期后，应对运动处方的锻炼效果进行综合评估，同时根据个体状况进行适当调整。

二、筛查与评估

（1）身体健康体检：身体是否有医学意义上的疾病或者处于特殊时期。如是否患有某一种疾病，或者处于某种特殊时期（患病期间、病后恢复期、怀孕、产后较短时间内、更年期等）。

（2）体质状况评估：形态结构、生理功能和体力状况、运动能力如何。

（3）心理状况评估：是否处于治疗期间或者非治疗期，心理是否健康。

社会适应性：处于疾病或者特殊时期的社会适应能力如何。

三、运动处方

运动处方是由康复医师、康复治疗师或者体育教师、社会体育指导员、私人健身教练等，根据患者或者体育健身者的年龄、性别、一般医学检查、康复医学检查、运动试验、身体素质／体适能测试等结果，按其年龄、性别、健康状况、身体素质、以及心血管、运动器官的功能状况，结合主客观条件，用处方的形式制定适合患者或者体育健身者的运动内容、运动强度、运动时间及频率，并指出运动中的注意事项，以达到科学、有计划地进行康复治疗或预防健身的目的。

运动处方是指针对个人的身体状况，采用处方的形式规定健身者锻炼的内容和运动量的方法。其特点是因人而异，对"症"下药，具有目的性强、计划性强、科学性强、针对性强以及普及面广的特征。根据锻炼者的需求不同，锻炼的作用不同，运动处方可分为三类：治疗性运动处方、预防性运动处方和锻炼性运动处方。

运动处方的内容主要包括运动种类、运动强度、运动时间、运动频率、运动进度及注意事项等。

（一）运动种类

1. 耐力性（有氧）运动

耐力性（有氧）运动是最主要和最基本的运动手段，能够改善和提高心血管、呼吸、内分泌等系统的功能，是保持全面身心健康、保持理想体重的有效运动方式。步行、慢跑、健身操、游泳、骑自行车、跑台、跳绳、划船、滑水、滑雪、球类运动等，都属于耐力性（有氧）运动。

2. 力量性运动

力量性运动主要指利用自重或者负重进行主动或被动运动，以恢复肌肉力量和肢体活动功能为主。在矫正畸形和预防肌力平衡被破坏所致的慢性疾患的康复中，通过有选择地增强肌肉力量，调整肌力平衡，从而改善躯干和肢体的形态和功能，如健身健美、举重、椭圆机、划船机等。

3. 伸展运动

伸展运动可以放松精神，消除疲劳，改善体型，防治高血压、神经衰弱等疾病。瑜伽、形体伸拉、太极拳、保健气功、五禽戏、广播体操、矫正体操等，都属于伸展运动。

（二）运动强度

1. 耐力性（有氧）运动

运动强度是指单位时间内的运动量，即：运动强度＝运动量÷运动时间。运动量是运动强度和运动时间的乘积，即：运动量＝运动强度×运动时间。运动强度是否适宜，需要进行监测。运动强度常用心率和自我疲劳程度进行监测。

在实践中，靶心率，或称"运动中的适宜心率"，是指能获得最佳效果并能确保安全的运动心率，是控制运动强度简便易行的方法，具体推算方法有：

以最大心率的65%～85%为靶心率，即：靶心率＝（220－年龄）×（65%～85%）。

例如：年龄为40岁的健康人，其最大运动心率为：220－40=180（次／分），则靶心率为117～153次／分，运动强度适宜。经常锻炼者或有慢性病史者根据实际情况略有不同。

2. 力量性运动

影响力量练习的运动量因素主要包括参加运动的肌群大小、用力程度、重复的次数、运动姿势、位置等。力量练习的运动强度以局部肌肉反应为准。

在等张练习或等动练习中，运动量由所抗阻力的大小和运动次数决定。在等长练习中，运动量由所抗阻力和持续时间来决定。

在增强肌肉力量时，应采取大负荷、少次数的练习方法，而后逐步增加阻力；而在增强肌肉耐力时，宜采取中等负荷、多次重复的练习方法，而后逐步增加运动次数或持续时间。

3. 伸展运动

固定套路的伸展运动和健身操的运动量，其运动量相对固定且较小，可通过增加套路的重复次数或动作的幅度、力度等来增加运动量。

一般的伸展运动和健身操的运动量可分为小、中、大三种。小运动量是指做四肢个别关节的简单运动、轻松的腹背肌运动等，其持续运动时间较短，间歇较长；中等运动量可做多个关节或肢体的联合动作，其持续运动时间较长，间歇适当；大运动量是以四肢及躯干大肌肉群的联合动作为主，可增加负荷，间歇较短。

（三）运动时间

1. 耐力性（有氧）运动

运动时间是指每次持续运动的时间。每次运动的持续时间以15～60分钟为宜，其中达到适宜心率的时间须在15分钟以上。体力差者降低运动强度；体力好者运动强度可适当增加。在总运动量确定时，运动强度大且持续时间较短，适宜于年轻及体力较好者；运动强度较小则运动时间较长，适宜于老年及体力较弱者。年轻及体力较好者可由较高的运动强度开始锻炼，老年及体力较弱者则建议由低的运动强度开始锻炼。运动量由小到大，增加运动量时，先延长运动时间，再增大运动强度。

2. 力量性运动

力量性运动的运动时间主要是指每个练习动作的持续时间。如等长练习中肌肉收缩的维持时间一般认为6秒以上较好。促最大力量练习是负重伸膝后再维持5～10秒。在动力性练习中，完成一次练习所用时间实际上代表动作的速度。

3. 伸展运动

成套的伸展运动时间一般较固定，而不成套的伸展运动和健身操的运动时间有较大差异，且因人而异。

（四）运动频率

1. 耐力性（有氧）运动

运动频率通常用每周的锻炼次数来表示。运动频率取决于运动强度和每次运动持续的时间。一般认为，每周锻炼3～4次，即隔一天锻炼1次，锻炼效率最高。最低的运动频率为每周2次。小运动量的耐力运动可每天进行。

2. 力量性运动

力量练习的频率一般为每日或隔日练习1次。

3. 伸展运动

伸展运动运动频率一般为每日1次或每日2次。

（五）运动进度

一般根据运动处方进行适量运动的人经过一段时间的运动练习后（大概6～8星期），身体机能应有所改善，锻炼者应根据个人的评估状态调整运动处方，包括运动内容、运动强度和运动时间等方面。

（六）注意事项

1. 耐力性（有氧）运动

进行锻炼时，要根据个体特点和需求，在充分的准备活动后，在确保运动处方的有效原则和安全原则下进行锻炼，同时注意以下事宜：

👉 运动禁忌证或不宜进行运动的指征：如心脏病、严重高血压、不稳定的血管栓塞性疾病等；

👉 运动中应停止运动的指征：运动中无力、头晕、气短，运动中或运动后关节疼痛或背痛等；

👉 运动疗法与其他临床治疗配合：运动的进行时间应避开降糖药物血浓度达到高峰的时间，在运动前、中或后，可适当增加饮食，避免出现低血糖。

2. 力量性运动

力量练习前、后应做充分的准备活动、放松整理活动，同时注意以下事宜，如：

👉 运动时保持正确的身体姿势；

👉 必要时给予保护和帮助；

👉 力量练习不应引起明显疼痛；

👉 注意肌肉等长时间收缩引起的血压升高反应及闭气用力时心血管的负荷增加；

👉 有轻度高血压、冠心病或其他心血管系统疾病的患者应慎做力量练习；

👉 有较严重的心血管系统疾病的患者忌做力量练习。

👉 经常检修器械、设备，确保安全。

3. 伸展运动

👉 应根据动作的难度、幅度等，循序渐进，量力而行。

👉 指出某些疾病应慎采用的动作。如：高血压患者、老年人等人群不做或少做过分用力的动作及幅度较大的弯腰、低头等动作。

👉 运动中注意正确的呼吸方式和节奏。肥胖的具体运动处方如图2-11所示。

（七）常见运动项目的能量清单

不同的运动项目类型、运动持续时间、运动强度，乃至体重不同，都会影响到每次训练的能量消耗。哈佛大学曾计算过不同体重人群进行常见运动项目时的能量消耗情况，选取的三种典型体重分别为125磅、155磅、185磅，换算如下：

125磅（lb）≈57千克（kg）

155磅（lb）≈70千克（kg）

185磅（lb）≈84千克（kg）

（注：1磅≈0.45千克）

降血压，改善糖耐量和胰岛素敏感性，改善脂代谢

改善自我健康满意度，减少自卑感

减少腹内脂肪，增加瘦组织的量

增加能量消耗、减少脂肪，增强体质

增加对饮食治疗的依从性

减轻焦虑和抑郁

肥胖的运动处方

制订锻炼方案时要考虑到患者的运动能力和健康状况，本着循序渐进和安全第一的原则。

时间　强度　频率

图2-11 肥胖的运动处方

表2-1　常见运动项目不同体重能量消耗一览表（kg/cal）

项目	能量消耗 / cal			功　能
	57 kg	70 kg	84 kg	
跳绳	300	372	444	有助于提升身体协调性和节奏感，增强心肺功能，能锻炼手臂、腿部、胸部和肩部的肌肉
游泳	180	223	266	激发所有肌肉，增强心肺功能，便于进行长时间、低冲量运动，不会出现关节或肌肉疼痛。对于受过伤的人或孕妇来说也是一项安全运动
步行（3.5英里/时）	120	149	178	全面、方便、简单、减肥的适宜项目
足球	210	260	311	增强机体协调能力，是身体全面发展的一项团队运动
篮球	240	298	355	身体接触较多，是身体全面发展的一项团队运动
动感单车	210	260	311	发展心肺功能，增加肌肉力量
跑步（5英里/时）	240	298	355	简单易行，便于操作，增强心肺功能
椭圆机	270	335	400	提升身体协调性，增强心肺功能，全面发展肌肉力量，燃脂效果好
网球	210	260	311	运动强度和持续时间差异性大，属于全身运动，其中机体单侧肌肉力量增加明显

续表

项目	能量消耗 / cal			功　能
	57 kg	70 kg	84 kg	
举重	90	112	133	增加肌肉力量
瑜伽	120	149	178	提升肌肉弹性和紧实度，侧重体式或姿势
体育舞蹈 （华尔兹、狐步等）	90	112	133	提升协调性、节奏感、乐感等。不同舞种，能量消耗差别较大
排球	90	112	133	提高注意力，强健肌肉，改善协调性
有氧舞蹈 （健美操等）	165	205	244	提升节奏、灵活性、方向感等，增强心肺功能
划船机	210	260	311	全面锻炼身体大肌肉群

注：以上数据均以30分钟为一个运动周期。

第三章　体育与营养

Part 1

吃动平衡，保持健康体重

一、吃动平衡对健康的重要性

图3-1 吃动平衡，保持健康体重

食物摄入量和身体活动量是保持能量平衡、维持健康体重的两个主要因素。"吃动平衡"就是在健康饮食、规律运动的基础上，保证食物摄入量和身体活动量的相对平衡，使体重在一段时间内维持在稳定水平，从而促进身体健康，降低疾病发生的风险。如果吃的过多或运动不足，多余的能量就会在体内以脂肪的形式积存下来，体重增加，造成超重或肥胖；相反，若吃的过少或动的过多，

可能由于能量摄入不足或能量消耗过多引起体重过低或消瘦。体重过高和过低都是不健康的表现，易患多种疾病，影响寿命。因此，吃动应平衡，以保持健康体重。

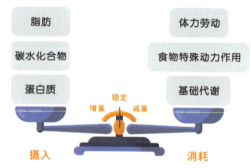

图3-2 能量摄入与身体消耗平衡示意图

"管住嘴""迈开腿"，二者同等重要，互为补充，缺一不可。

有人认为，如果自己少吃点就可以减少运动量甚至不运动，这样也可以算"吃动平衡"。这是一个错误的认识。食物是机体需要的营养物质的载体，"不吃"带来的问题是膳食营养素摄入不足，从而增加营养不良的风险；身体活动是增强体质最有效的手段，"不动"带来的后果是影响人体的生长发育，减弱机体抗病能力，并降低机体对环境的适应能力。

所以千万不要把"不吃不动"作为自己懒惰的借口，仅维持体重不变而忽略健康的

生活方式是极不可取的。

二、健康的体重

体重变化是判断一段时期内能量平衡与否的最简便易行的指标。每个人可根据自身体重变化情况适当调整食物的摄入量和身体运动量。如果发现体重持续增加和减少，就应引起重视。

图3-3　定期进行体重监测

通常采用体重指数（BMI）来判断体重是否标准，它的计算方法是用体重（kg）除以身高（m）的平方。例如：身高1.60 m，体重60 kg，BMI的计算方法如下：60÷（1.6×1.6）=23.4，即BMI是23.4，体重正常。

我国健康成年人正常的BMI应在18.5～23.9之间。BMI小于18.5为体重不足，大于等于24.0小于28.0为超重，大于等于28.0为肥胖。肥胖不但影响身材，更是健康的隐患。

65岁以上老年人的体重和BMI应该略高。此外，对于运动员等体内肌肉比例高的人，上述BMI评价范围不适用。

三、如何保持体重的恒定

如何通过吃动平衡达到健康体重呢？原则上是量出为入，但鼓励多动会吃，不提倡少动少吃，忌不动不吃。因为生命在于运动，吃是为了更好地"动"，一切生命活动和生活功能活动都离不开"吃"。

对于成年轻体力劳动者每天的能量摄入量，男性为2250千卡，女性为1800千卡；中、重体力劳动者或活动量大的人，每天能量摄入应适当增加300～500千卡。建议食物多样，膳食平衡，每餐食不过量；一日三餐，定时定量，重视早餐，不漏餐。

图3-4　饮食种类和量的控制

每个人都应保持足够的日常身体活动，相当于每天步行6000步或以上。1000步与相应运动的时间对比图如图3-6所示。充分利用外出、工作间隙、家务劳动和闲暇时间，尽可能地增加"动"的机会，减少"静坐"的时间。

图3-5 1000步与相应运动的时间对比图

同时，将运动融入日常生活，每天进行中等强度运动30分钟以上，每周5～7天，如快走、游泳、乒乓球、羽毛球、篮球、跳舞等；每2～3天进行1次肌肉力量锻炼，每次8～10个动作，每个动作做3组，每组重复8～15次，如二头弯举、颈后臂屈伸、俯卧撑、深蹲等；每天进行伸展和柔韧性运动10～15分钟，如颈、肩、肘、腕、髋、膝、踝各关节的屈曲和伸展活动，上、下肢肌肉的拉伸活动等。

将运动时间列入每天的日程中，培养运动意识和习惯，有计划地安排运动，且循序渐进，逐渐增加运动量。

Part 2

体重过重怎么办
——减脂／减重

对于超重或肥胖的人，减肥不但是减重，更重要的是减少脂肪，运动有利于保持体重、减少身体脂肪。禁食的方法常常以丢失水分和肌肉为代价，并不能维持长久；而不吃谷物的高蛋白饮食只能是暂时性的减肥计划，长期食用高蛋白饮食对健康十分不利。减重计划应根据个人健康、性别、体重、活动状况不同而有所不同，减肥膳食热量不能低于

1200千卡，且仍应继续遵循膳食指南原则，保持蛋白质、脂肪和碳水化合物比例的平衡。如图3-6所示。

图3-6 减脂/减重人群的饮食摄入能量与运动消耗能量平衡

一、肥胖也是病

肥胖本身就是一种慢性病，而且是多种常见慢性病的危险因素。肥胖的人发生慢性病的危险性大大增加，如心脑血管疾病、肿瘤和糖尿病等，都和超重肥胖有很大关系。除此之外，由于肥胖患者体重过重、脂肪堆积较多，更容易受骨关节疾病、脂肪肝、胆石症、痛风、阻塞性睡眠呼吸暂停综合征、内分泌紊乱等多种疾病的困扰。如图3-7所示。

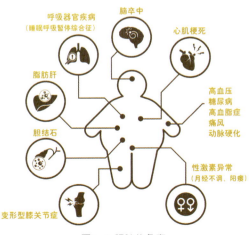

图3-7 肥胖的危害

根据脂肪在身体不同部分的分布情况，肥胖可以分为"苹果形"和"梨形"两种类型（图3-8）。"苹果形"肥胖者的脂肪主要沉积在腹部的皮下以及腹腔内，即细胳膊细腿大肚子，又称腹部型肥胖、向心型肥胖。"梨形"肥胖者的脂肪主要沉积在臀部以及大腿部，即上半身不胖下半身胖，又称离心型肥胖。

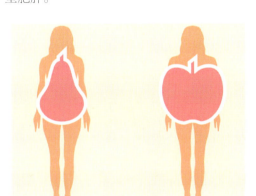

图3-8 肥胖的类型

由于"苹果形"肥胖者的脂肪包围在心脏、肝脏、胰脏等重要器官周围，所以其患冠心病、脂肪肝和糖尿病的危险性要比"梨形"肥胖者大得多。而"梨形"肥胖者与非肥胖者相比也存在着相当严重的危害。

所以，无论是"苹果形"肥胖还是"梨形"肥胖，都不如不胖好。

二、减脂减重小窍门

要严格控制油脂和添加糖的摄入，适量控制精白米面和肉类，保证蔬菜水果和牛奶的摄入充足。一般建议每天能量摄入减少300~500千卡，每周减重1千克左右。如图3-9所示。

精米不如　　多喝牛奶　　水果蔬菜　　少油多鱼
粗粮　　　　少盐糖　　　不要忘　　　更健康

图3-9 减脂减重人群饮食摄入的原则

运动有利于保持健康体重、减少身体脂肪，建议超重或肥胖的人每天累计进行中等强度有氧运动60～90分钟，每周5～7天。每两天进行一次抗阻肌肉力量训练，每次10～20分钟。最重要的是要养成良好的运动习惯，有规律地科学健身。

饮食上应做到：食不过量，减少在外就餐次数，定时定量进餐，提倡分餐制以及每顿少吃一两口；同时应尽量少吃零食，特别是热量高的甜品；足量饮水，常饮茶；合理选择食物与烹调方法，少吃高糖、高脂肪和高热量的食物，尽量选择煮、炖、蒸代替炸、煎、炒的烹饪方法。可以将自己喜欢的且热量低的食物加入饮食计划，这样更容易坚持进行饮食计划。经过半年到一年的时间，相信会达到自己满意的效果。

三、能量平衡和持之以恒

除了减脂健身的膳食营养安排原则，以及专业的有氧运动锻炼外，还必须持之以恒。

俗话说"一口吃不成胖子"，但一口一口累积起来，胖子可能就吃出来了。从体重增加发展到肥胖往往要经历一个较长的时间，这种变化必然建立在能量摄入大于消耗的基础之上，但是其中的差距并不一定很大。中国疾病预防控制中心营养与食品安全所在全国八个省进行的一项研究中发现，每天仅仅增加摄入不多的能量，相当于米饭40 g、水饺25 g（2～3个饺子），累积起来，1年大约可以增加1千克的体重，10年、20年下来，一个体重在正常范围内的健康人就可以变成肥胖患者。

因此，预防不健康的体重增加要从控制日常的饮食量做起，从少吃一两口做起。这样每天减少一点能量摄入，长期坚持就有可能控制住这种体重上升的趋势。除此之外，人们也应增加各种消耗能量的活动来保持能量的平衡。

应该认识到，预防肥胖是21世纪人类面临的一个艰巨挑战，需要综合多方面的措施才有可能奏效。对于容易发胖的人，特别强调适度限制进食量，不要完全吃饱，更不能吃撑，最好在感觉还欠几口的时候就放下筷子。此外，还应注意减少高脂肪、高能量食物的摄入，同时多进行身体活动和锻炼。

饮食　　　　　　运动

图3-10 科学饮食＋科学运动＝健康保障

Part 3

体重过轻怎么办
——增肌／增重

一、体重过轻（消瘦）的表现

体重过轻一般有两种情况：一种是身体脂肪含量和瘦体重都偏轻，另一种情况是脂肪含量正常，但是瘦体重偏轻，这种情况在女性身上尤为突出。

体内脂肪与蛋白质减少，体重下降超过正常标准20%时，即称为消瘦。一般表现为身体瘦高、颈细长、垂肩、胸廓扁平、皮下脂肪减少、肌肉瘦弱、皮肤松弛和骨骼突出。消瘦者虽然精力较充沛，也完全能胜任学习或工作，但易患各种慢性疾病。过度消瘦等同于亚健康、营养不良、慢性病。

为了健康和生理功能的需要，男性必需体脂率应在3%～8%，而女性必需体脂率应在12%～14%。如果体脂率过低，甚至低于体脂含量的安全下限，就可能引起人体功能失调。人体健康体脂范围如表3-1所示。

表3-1　健康成年男性、女性体脂率范围

性别	必需体脂率	健康体脂率
男性	3%～8%	15%～20%
女性	12%～14%	25%～30%

数据来源：Grodner M 等，2016。

二、体重过轻，如何达到健康体重？

如果发现自己的体重过轻（BMI<18.5），即身体消瘦者，首先要查一下是不是疾病的潜在影响。排除了疾病的原因，才可以实施增加体重的计划。然后评估进食量、能量摄入水平、膳食构成、身体活动水平、身体成分构成等。增重并不是简单的发胖，而是指肌肉组织的增长和皮下脂肪层的必要堆积。

可根据目前健康状况、能量摄入量和身体活动水平，逐渐增加能量摄入至相应的推荐量水平，或稍高于推荐量，平衡膳食。也可适当增加谷类、牛奶、蛋类和肉类食物的摄入，同时每天进行适量运动。

对于平时没有锻炼习惯的人，建议逐步运动起来，特别注意加强力量练习，以全身的大肌肉群的练习为主。同时，注意蛋白质的摄入，以促进肌肉增长。

建议每天步行或慢跑至少30分钟，每周至少5天。同时，保证蛋白质摄入充足，吃足够的瘦肉或鱼、禽肉，保证膳食能量和营养充足和平衡。每周增加一些运动量，循序渐进。

三、增重健身人群的膳食营养原则

增重健身人群对蛋白质的需求量取决于运动锻炼的强度、频率、持续时间、目的和肌肉块大小等因素。一般来说，增加体重期蛋白质的需要量为每天每千克体重增加到1.6克以上。

制定合理的饮食制度。改变进餐程序，养成良好的饮食习惯，均衡饮食。不挑食、不偏食，避免强迫性地供给，破坏食欲。

睡眠充足。睡前需要补充高热量饮食，如肉、鱼、蛋、乳酪、含铁丰富的瘦肉和花椰菜等，其目的是让受损的肌肉在睡眠中借生长激素合成肌蛋白时有充足的原料。

图3-11 增肌/增重饮食图

调整食物结构，增加能量物质的摄入量，选择适度烹调的食物。保持心情愉快，运动适度，持之以恒。

一般来说，大运动量、短时间和快速爆发力的运动都能起到增重的效果，增重的关键是增加肌肉比例，养成良好的生活习惯，早睡早起，不熬夜。

下面以增重健身人群一日膳食营养安排为例进行说明，具体如表3-2所示。

表3-2 增重健身人群一日膳食营养安排

三餐名称	食物名称	进食量
早餐	皮蛋瘦肉粥或小米粥	1碗
	豆浆或米浆、全脂牛奶	500毫升
	水煮蛋	1个
	葡萄干、核桃、花生、香蕉	150克
午餐	奇异果	1个
	优酪乳	1杯
	米饭或面条	1碗

续表

三餐名称	食物名称	进食量
午餐	水煮青菜	1份
	高纤维饼干	1份
	点心（奶、高纤维饼干、鸡蛋）	1份
晚餐	鲜榨果汁	1份
	优酪乳	1份
	炒青菜	1份
	瘦肉或鱼肉	1份
	米饭或面条	1碗
	水果（菠萝、木瓜或番茄）	1份
夜宵	果酱、花生酱、奶油、大蒜酱作料，再喝一碗肉汤、牛奶或豆浆，但不要吃得太饱，以免睡不着。	

注意：表中内容仅供参考，还要根据个人的工作强度、运动量和身体状况等来进行调整。个体患有疾病应遵医嘱。

Part 3

不同年龄健身人群的营养安排

一、儿童、少年健身人群的营养安排

1. 营养需求特点

儿童、少年时期是指由儿童发育至成年人的过渡时期，分为6～12岁的儿童期和

13～18岁的少年期。人在儿童、少年时期，身体迅速发育，新陈代谢旺盛，这一时期是体格和智力发展的关键时期。合理安排营养，配合以适当的体育锻炼，可以更好地提升儿童少年的身体素质。

能量是儿童、少年生长发育的基础。能量摄入不足时，即使蛋白质和维生素摄入很丰富也不能充分发挥其作用，继而出现体重下降、生长速度减慢、学习能力下降等问题；能量摄入过多，超过了生长发育的需要，则有可能引起超重或肥胖，出现行动不便、体育不达标、心理障碍等问题，儿童肥胖还是成年后心血管疾病、糖尿病的诱发因素。

蛋白质是在儿童、少年正常生长发育过程中其他任何物质所不能替代的重要物质，儿童、少年在日常膳食中应当多摄入一些优质蛋白，如蛋类、乳类、瘦肉类、豆类及豆制品等。

2. 如何安排儿童、少年健身人群的营养

儿童、少年在成长期生长速度加快，充足的营养摄入可以保证其体格和智力的正常发育，为成人时期乃至一生的健康奠定良好的基础。

三餐定时定量，保证吃好早餐，避免盲目节食。养成健康的饮食习惯，一般为每日三餐，且三餐比例要适宜。要重视早餐，早餐是一天中能量和营养素的重要来源，每天食用营养充足的早餐可以为儿童、少年提供体格和智力发育所需的能量和各种营养素。不吃早餐或早餐营养不充足，不仅会影响学习成绩和体能，还会影响消化系统的功能，不利于健康。早餐的能量要充足，食物种类要多样。合理的早餐应包括牛奶或豆浆，还可以加上鸡蛋、豆制品或瘦肉等富含蛋白质的食物。另外，水果和蔬菜的摄入也很有必要。不要盲目节食，必要时可向营养专家或医生咨询。

吃富含铁和维生素 C 的食物。儿童、少年生长发育迅速，铁需求量增加，加之女孩月经来潮后的生理性铁丢失，更易发生贫血。即使是轻度贫血，也会对儿童、少年的生长发育和健康造成不良影响。为了预防贫血，儿童、少年应经常吃含铁丰富的食物，如动物全血、肝脏、瘦肉、蛋黄、黑木耳等。另外，维生素 C 可以显著增加膳食中铁的消化吸收率，补充维生素 C 可以在一定程度上改善人体的铁营养状况。

图3-12　儿童、少年健身人群的饮食结构需求示意图

每天进行充足的户外活动。经常参加体育锻炼、减少静态活动时间，可以改善健康状况，保持心理健康并维持健康的体重。为了达到这个目标，每天应进行60分钟的中等强度的运动，也应鼓励儿童、少年参与家务劳动。儿童、少年每天进行充足的户外活动，还能够增强体质，提高耐力水平，改善机体

各部位的柔韧性和协调性。此外，户外活动时接受的紫外线照射，还有利于体内维生素D的合成，保证骨骼的健康发育。此外，还应养成不抽烟、不饮酒的好习惯。

图3-13 养成良好的生活习惯

二、中老年健身人群的营养安排

1. 营养需求特点

由于中老年人的基础代谢和器官功能逐渐减弱，所以能量的摄入量不宜过高，要与消耗量保持平衡，避免超重或肥胖。要注重蛋白质的供给充足，牛奶、禽蛋、瘦肉、鱼类、豆类和豆制品都富含优质蛋白质，对中老年人非常有益。

由于中老年人体内分解脂肪的酶活性降低，分解脂肪的能力会下降，所以应选择低脂肪、低胆固醇的食物。一些含胆固醇高的食物，如动物脑、鱼卵、蟹黄、动物内脏等不宜多食，进食过量炒鱿鱼易诱发胆石症和动脉硬化。植物油含有不饱和脂肪酸，能促进胆固醇的代谢，防止动脉硬化。

2. 如同安排中老年人群的营养

中老年人应减少糖和甜食的摄入量，增加膳食中膳食纤维的摄入。中老年人体内各微量元素相对不足，糖分摄入过多会影响机体的正常代谢。

《中国居民膳食指南》中关于中老年人的膳食指南特别强调：食物要粗细搭配，易于消化；积极参加适度的体力活动，保持能量平衡。老年人的合理膳食原则包括"四多五少"：多饮水、多食用粗粮、多吃蔬菜、多吃水果；少吃含能量、油脂、盐、糖高的食物和少饮酒。

饮食多样化。营养全面、品种多样，使不同食物所含的营养成分互相补充，发挥更大的生物效用。

食物要粗细搭配。中老年人应适量吃一些含纤维素的食品，如粗杂粮包括全麦面、小米、荞麦、燕麦等，比精粮含有更多的维生素、矿物质和膳食纤维，能有效预防老年人便秘。

适量食用动物性食品。禽肉和鱼类脂肪含量较低，较易消化，适合老年人食用。

饮食要清淡、少盐。烹调加工要符合中老年人的需要，食物应易于咀嚼和消化，尽量做到色、香、味俱全，促进食欲。

在食物加工过程中，应注意尽量不破坏

图3-14 中老年健身人群的饮食注意事项

维生素，膳食应以清淡、可口为准则，不要吃过咸、口味过重的食物，以避免诱发性高血压。

积极参加适度体力活动，保持能量平衡。 随着年龄的增长，老年人骨骼、肌肉，以及消化、心血管等系统功能会逐渐衰退，参加适度的体力活动，可延缓老年人体力、智力和各器官功能的衰退速度。

图3-15 中老年人应参加适度科学锻炼

第四章　体育与自我监测

第一节　功能性动作筛查（FMS）

Part 1

功能性动作筛查（FMS）

功能性动作筛查（functional movement screen，简称 FMS）是 Gray Cook 等人设计的一种身体功能评价方法，是一种革新性的动作模式评价系统。它简便易行，由七组动作构成，广泛用于各类人群的基本运动功能的评价。该方法通过测试功能性动作、肌肉控制、神经系统稳定等方面的表现来发现受测者身体灵活性与稳定性方面的不足，进而分析受测者在运动过程中潜在的动作补偿问题，从而保证人体动力链系统功能完善，降低运动损伤的发生概率。

FMS 中七组动作所采用的动作模式均为基本的可测量动作，原本被广泛应用于检测运动员整体动作控制稳定性，身体平衡能力、柔软度以及本体感觉等能力，现在也被广泛地应用于普通锻炼者的检测。通过 FMS 检测，可简易地识别个体的功能限制和不对

称发展。训练有素、经验丰富的健身专家和健身指导员可以通过对人体的运动代偿进行跟踪测试，并通过相应的动作训练，来改善人体运动的不对称性、身体的弱链以及局限性，减少运动损伤，提高机体运动能力。

FMS 是一种对动作评分和评级的工具，主要针对动作完成状况，如动作质量和持续性等进行相应评价，测试内容和手段简单、实用。如果对于练习者日常动作模式中存在的问题给予相应的训练，可为练习者实现有效、科学的健身提供辅助。图4-1和图4-2是 FMS 中的其中两项测试内容。

图4-1 FMS 跨栏上步测试

图4-2　FMS 转动稳定性测试

Part 2

如何进行功能性运动筛查（FMS）？

FMS 整套测试动作包含七组，测试受试者灵活性与稳定性的平衡，包括过顶深蹲、跨栏上步、直线箭步蹲、肩部灵活性、主动直膝抬腿、躯干稳定性俯卧撑、转动稳定性。测试采取专用的 FMS 测试设备进行。具体的测试目的、测试要求、测试等级和测试方法如下。

测试目的： 观测受试者的基本运动、控制、稳定等方面表现。

测试要求： 受试者最大幅度地完成运动。

测试等级： 四个等级，0～3分，3分为最高。

0分：测试中任何部位出现疼痛；

1分：无法完成整个动作或无法保持起始姿态；

2分：受试者能够完成整个动作，但完成质量不高；

3分：受试者能够高质量地完成动作。

测试方法： 请扫描二维码观看。

FMS 筛查测试演示

（一）过顶深蹲动作

测试目的： 评价肩、胸椎、髋、膝和踝关节双侧的对称性、灵活性和躯干稳定性。

测试方法：

● 受试者两脚分开与肩同宽，双手以相同间距握测试杆（测试杆与地面平行，小臂与大臂成90度，大臂与地面平行）。

● 双臂伸直举杆过顶，慢慢下蹲，尽量保持脚后跟着地。

● 允许测试3次，如果仍然无法完成，则将测试板垫在测试者脚跟下，再重复以上动作，进行测试评价。

评分标准：

👍 3分：测试杆在头的正上方，躯干与小腿平行或与地面垂直；下蹲时大腿低于水平线；双膝与双脚方向保持一致。

👍 2分：脚跟下垫上木板之后，完成3分的动作。

👉 1分：脚跟下垫上木板之后，仍然无法完成3分的动作。

👉 0分：测试过程中任何时候受试者感觉身体某部位出现疼痛。

（二）跨栏上步动作

测试目的： 评价髋、膝、踝关节的灵活性和稳定性，身体核心部位的控制能力以及身体两侧在运动中的对称性。

测试方法：

● 受试者双脚并拢，脚尖接触测试板。

● 调整测试绳的高度（与受试者的胫骨粗隆同高），双手握测试杆置于肩上（双手宽度与过顶深蹲动作双手握距相同），并与地面平行。

● 受试者缓慢抬起一腿跨过栏杆，用足跟触地，重心放在支撑腿上，并保持身体稳定。

● 缓慢恢复到起始姿势。测试者有3次机会完成测试。

● 一侧腿测试完毕，换另一侧腿进行测试，分别记录两侧得分。

评分标准：

👉 3分：髋、膝、踝关节在矢状面内成一条直线，腰部几乎没有明显移动；双手握测试杆，保持与地面平行。

👉 2分：髋、膝、踝关节在矢状面上不成一条直线，腰部有移动，双手握测试杆与地面不平行。

👉 1分：脚碰到测试绳，身体失去平衡。

👉 0分：测试过程中任何时候，受试者感觉身体某部位出现疼痛。

（三）直线箭步蹲动作

测试目的： 评价髋、膝、踝关节的灵活性和稳定性，以及股四头肌的柔韧性。

测试方法：

● 测量地面至受试者胫骨粗隆的高度。

● 以右脚为例，受试者左脚踩在测试板的起始线上，将测试杆放在身体后部，左手在上、右手在下握住测试杆，测试杆紧贴头部、脊柱和骶骨，并垂直于地面。

● 在测试板上量取与受试者胫骨粗隆高度相同的距离并标记，然后右脚向前迈出一步，足跟落在标记线上，随后下蹲至后膝接触测试板，双脚始终保持在一条直线上。受试者有3次机会完成测试。

● 两侧上下肢交换，再次完成测试，分别记录两侧得分。

评分标准：

👉 3分：躯干基本没有晃动，保持双脚踩在测试板上，后膝接触测试板。

👉 2分：躯干出现晃动，不能保持双脚踩在测试板上，后膝不能接触测试板。

👉 1分：失去平衡。

👉 0分：测试过程中任何时候受试者感觉某部位出现疼痛。

（四）肩部灵活性动作

测试目的： 评价双侧肩关节活动范围，

以及一侧肩关节的伸展、内旋、内收与另一侧的屈曲、外旋和外展的能力。

测试方法：

● 测量腕横纹至中指尖之间的距离，即为受试者手的长度。

● 受试者站立，一手握拳由下向上以手背贴住后背部，尽力向上；另一手握拳由上向下以手掌贴住背部，尽力向下；记录两手最近点之间的距离。

● 上下交换双手位置，重复以上测试，分别记录两次得分。

评分标准：

👉 3分：上下两手间距离小于1倍手掌长度。

👉 2分：上下两手间距离大于1倍手掌长度，而小于1.5倍手掌长度。

👉 1分：上下两手间距离大于1.5倍手掌长度。

👉 0分：测试过程中任何时候受试者感觉某部位出现疼痛。

◎**排除性检查：**

测试目的： 检测肩部的疼痛隐患。

测试方法：

● 受试者身体自然站立，将一侧手放到对侧肩上。

● 保持手掌与肩的接触，尽可能地高抬肘关节。

评分标准： 如果出现疼痛，肩部灵活性测试得0分。

（五）主动直膝抬腿动作

测试目的： 评价骨盆的稳定性和大腿后侧肌群及小腿肌群的主动柔韧性。

测试方法：

● 受试者仰卧，双手置于身体两侧，掌心向下，一侧膝关节下放置测试板。

● 另一侧腿主动上台，脚踝背屈，膝关节伸直。

● 保持身体平直，下方腿始终与测试板接触；将测试杆放在踝关节中央，并自然下垂，观察测试杆位于下方腿的位置。

● 一侧腿测试完毕，换另一侧腿进行测试，分别记录两次得分。

评分标准：

👉 3分：测试杆位于大腿中点上方。

👉 2分：测试杆位于大腿中点与膝关节之间。

👉 1分：测试杆位于膝关节及下方。

👉 0分：无法完成。

（六）躯干稳定性俯卧撑动作

测试目的： 评价脊柱的稳定性、双侧对称性和肩带的稳定性。

测试方法：

● 受试者俯卧。两手与肩同宽撑地，腰椎保持自然伸直姿势。

● 男受试者双手位置与头顶平行，女受试者与下颌平行，身体各部位同时撑起，腰椎始终保持自然伸直姿势。

● 男受试者如果不能完成以上动作，可

以将双手放在与下颌平行的位置，再完成一次动作；女受试者如果不能完成以上动作，可以将双手放至与肩部平行的位置，再完成一次动作。

评价标准：

👉 3分：标准俯卧撑姿势完成动作；全过程保持腰椎自然伸直姿态。

👉 2分：按照测试方法中的要求完成3分的标准。

👉 1分：不能按照要求完成动作。

👉 0分：无法做准备动作。

◎ **排除性检查：**

测试目的： 检查躯干的疼痛隐患。

测试方法：

● 身体俯卧，紧贴地面，双手掌心向下接触地面。

● 双手缓慢撑起上体，使脊柱充分伸展。

评分标准： 如果出现疼痛，躯干稳定性俯卧撑测试为0分。

（七）转动稳定性动作

测试目的： 评价上下肢在联合动作中骨盆、核心区和肩带在多个平面上的稳定性。

测试方法：

● 受试者俯身跪于垫子上，腰椎保持自然伸直；在双手和双膝之间放置测试板并接触。

● 受试者抬起同侧手和腿，使身体保持在同一水平面内，保持腰椎自然伸直。

● 受试者的肘与膝在平面内屈曲靠拢并

接触，然后恢复起始姿势。

● 受试者可以尝试3次来完成测试动作；如果受试者不能完成同侧动作，可以同时上抬对侧肢体方式（成对角线）完成测试动作。

● 测试完成后交换对侧肢体进行相同动作测试，分别记录两侧得分。

评分标准：

👉 3分：受试者能以同侧肢体上抬方式完成标准测试动作，同时保持腰椎自然伸直姿势，躯干与地面平行，肘膝与测试板边线在同一平面内。

👉 2分：受试者能以对侧肢体上抬方式完成标准测试动作，同时保持腰椎自然伸直姿势，躯干与地面平行，肘膝与测试板边线在同一平面内。

👉 1分：受试者不能以对侧肢体上抬方式完成标准测试动作。

👉 0分：无法做准备动作。

◎ **排除性检查：**

测试目的： 检测躯干的疼痛隐患。

测试方法： 受试者从四点支撑姿势开始，后移上体，使臀部接触足跟，胸部贴住大腿正面，双手尽量向前方伸出。

评分标准： 如果出现疼痛，转动稳定性测试为0分。

简易FMS测试量表3-1如下所示，练习者可根据运动功能筛查的结果，咨询具有资质、经验丰富的健身专家或健身指导员，或者选择本书实践篇中适合的项目进行锻炼。

表3-1　FMS 测试表及标准

主试人员：_____　被试人员：_____

出生年月：_____　身高：_____　体重：_____　年龄：_____　性别：_____

惯用手 / 腿_____　既往病史：_____

职业：(在对应的类型上打"√")

第一类：国企单位、国家机关、公务员、学校教师等国家单位公职人员

第二类：医生、律师、司机等专业技术人员

第三类：学生

第四类：企业家、个体工商户等

第五类：工人、农民等

第六类：_____(请填写)

测试项目	归类	原始评分	评述（若疼痛，记为0分）	最终评分	测试方法及相应标准
过顶深蹲	多关节运动				两腿与肩同宽，膝与脚方向一致，大小臂为直角，大臂平行于地面，而后上举。 3分：上体直立下蹲，大小腿90度，足跟不离开地面； 2分：垫木板完成； 1分：垫上木板还无法完成。
跨栏上步		左			两腿并拢，脚尖贴近地面测试板，大小臂为直角，双手握测试杆置于肩上。弹性绳高为小腿长。 3分：髋、膝、踝成一条直线，腰部几乎没有明显移动； 2分：轻微移动或明显移动； 1分：无法完成或者每次都会碰到弹力绳。
		右			
直线箭步蹲		左			双脚踩在测试板上，距离为小腿长，后膝接触测试版。两手臂在体后握住测试杆，与地面垂直，距离为手掌长。 3分：躯干基本没有晃动；髋膝踝关节成一直线；后膝接触测试板； 2分：躯干出现晃动；不能保持双脚踩在测试板上；后膝不能接触测试板； 1分：失去平衡。
		右			
肩部灵活性	活动度	左			站立，一手握拳背在体后，尽力向上；另一手握拳从头上尽力向下去够另一只手，记录两手最近点之间的距离。 3分：上下两手间距离小于1倍手掌长； 2分：大于1倍手掌长，小于1.5倍手掌长； 1分：超过1.5倍手掌长。
		右			

续表

测试项目	归类	原始评分	评述（若疼痛，记为0分）	最终评分	测试方法及相应标准
肩夹击排除测试	活动度	左 +/-			是否有疼痛
		右 +/-			
主动直膝抬腿		左			仰卧，双手置于身体两侧，掌心向下，一侧膝关节贴住测试板，另一侧腿主动上抬，脚踝背屈，膝关节伸直。将测试杆放在踝关节中央，并自然下垂，观察测试杆位于下方腿的位置。 3分：测试杆位于大腿中点上方； 2分：测试杆位于大腿中点与膝关节之间； 1分：测试杆位于膝关节及下方。
		右			
躯干稳定性俯卧撑	稳定性				俯卧，两手与肩同宽撑地；男受试者双手位置与头顶平行，女受试者与下颌平行，身体各部位同时撑起，腰椎始终保持自然伸直姿势。 男受试者如果不能完成动作，可以将双手放在与下颌平行的位置，即降低标准完成；女受试者如果不能完成动作，可以将双手放至与肩部平行的位置，即降低标准完成。 评价标准： 3分：标准俯卧撑姿势完成动作，全过程保持腰椎自然伸直姿势； 2分：按照降低标准完成； 1分：不能按照要求完成动作。
伏地起身排除测试		+/-			两手臂撑垫，上体抬起，是否保持稳定，是否有疼痛感
转动稳定性		左			跪撑，两膝和两手均贴近测试板。同侧或对侧手和腿同时抬起，使身体保持在同一水平面内，保持腰椎自然伸直，同时收回至肘关节碰膝关节。 3分：同侧标准完成； 2分：对侧标准完成； 1分：无法完成。
		右			
臀部后坐排除测试	稳定性	+/-			呈婴儿式坐姿，两手臂前伸，臀部坐在足跟上。
总评分					

备注：测量评价长度及标记：小腿长（胫前粗隆到地面）；手掌长（第一腕横纹到中指指尖）；"+"代表疼痛感；"-"代表无疼痛感；测试过程中任何时候，受试者感觉身体某部位出现疼痛或者无法完成准备动作均记为0分。

第二节　运动损伤与处理

Part 1

什么是运动损伤？

　　运动者在体育活动中难免会发生损伤，运动损伤常会对从事体育活动者的身心产生一定的影响，在一段时间内会影响身体活动力，严重者甚至会造成运动者体育活动的中断。那么，什么是运动损伤呢？

　　运动损伤是人在进行体育锻炼、参与运动期间，在多种因素的影响下，运动系统发生的损伤。运动系统包括骨，软骨，关节、关节的关节囊、滑膜，以及半月板、鱼唇、韧带等。根据运动损伤发生的部位以及表现

通常将运动损伤分为开放性软组织损伤、闭合性软组织损伤、骨折等。根据运动损伤的时间节点将运动损伤分为急性损伤、慢性损伤、陈旧伤。一般来说，高强度的运动项目因肌肉发力快速且对抗性强、对手之间冲撞等，发生急性损伤的概率较大；某一部位的肌肉，如手臂、腿部等若长期处于高负荷状态，就容易诱发慢性损伤，经常运动或者专业运动员是发生急性损伤的高危人群。

　　有文献资料显示，在运动损伤案例中，关节扭伤占比为38%，擦伤占比为25%，挫伤占比为18%。常见的损伤部位为踝关节、肘关节、腕关节、小腿、肩胛骨等，如关节内的软骨损伤、韧带损伤、半月板损伤、鱼唇损伤，肩关节的肩袖损伤等。运动损伤可

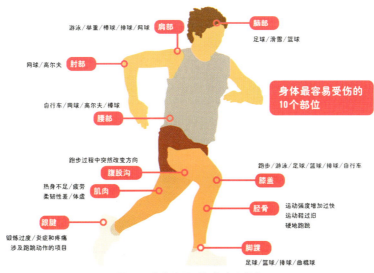

图4-3 身体容易受伤的十大部位

以通过机体自我修复、治疗修复等得以缓解或康复，现实中因运动产生的骨折等重大的运动损伤则需要临床上的医学治疗得以康复。

Part 2

运动损伤产生的原因及预防

一、运动损伤产生的原因

运动损伤在日常体育活动中虽然常见，但如果预防得当，可以在一定程度上避免或者减少，从而保障机体健康。运动损伤发生的原因主要包括以下几个方面：

第一，思想上不够重视，认为运动损伤不会发生在自己身上。实际上，每个运动者都有可能会发生运动损伤，所以，在从事体育活动时就应做好充分的身心准备。

第二，体育活动中"准备活动—基本活动—放松拉伸"三个环节应有序、保质保量地完成。尤其是运动之前，一定要积极进行充分的热身，如关节、肌肉的预热，可以减少身体的黏滞度，增加弹性，有效避免运动损伤；同时，热身还能使心肺功能适当地复苏，提高机体适应性。另外，运动后的放松伸拉环节也必不可少，可以缓解疲劳，减少乳酸堆积，改善肌肉酸胀、僵直等状况，增

加肌肉弹性，塑造身体线条，提升身体协调性等，从而提高机体运动能力。

第三，运动环境较差。应避免过于潮湿寒冷的运动环境，运动场地尽量平整。

第四，身体机能较差。当身体机能无法适应运动者的运动方式、运动负荷等时，就会造成运动损伤。如老年人在从事对抗性、激烈运动时，极易因肌肉力量不足而造成关节损伤等。

第五，心理素质不足。运动者因畏惧、害怕而造成动作技术变形，也会造成意外伤害。

第六，解剖生理学相关知识不足。在运动中，若违反关节特点而进行强行运动，如反关节的运动，或者违反关节活动方位等，也非常容易造成运动损伤。

第七，运动服装不适合。运动时最好穿专门的运动服，或适合运动的衣服，且衣服口袋里不要放硬物，如钥匙等。另外，穿的鞋子也要适合运动，不要太大或太小，更不能穿高跟鞋、拖鞋等，应根据不同的运动项目选择适宜的鞋子。如跑步时就需要具有一定减震性和弹性的运动鞋。

当然还有很多其他情况，如熬夜、喝酒、机体疲劳、非正确的技术动作、身体病理性改变、焦虑等因素，都有可能导致运动者在从事体育活动时发生运动损伤。

二、运动损伤的预防

1.注意运动量和运动强度的选择。运动时间建议控制在1～2小时。高强度的运动有足球、篮球等，低强度的运动有打太极球、

散步等。

2.根据年龄特点选择适合的运动项目。年轻人可以选择比较剧烈的球类运动，而中老年人以跑步、健身舞等有氧运动项目为主。

3.任何运动前后都要进行充分的热身和放松伸拉，循序渐进、科学运动。

4.创造安全的运动环境，体育器材、设备、场地要进行定期安全检查。

5.加强锻炼易伤部位和相对较弱部位的训练，增强其机能。

6.注意力集中，避免分心，运动时注意采取正确的用力方式。

Part 3

运动损伤的应急处理

运动损伤都会对人体造成一定的损害，不利于体育活动的连续性，而对于不同类型的运动损伤，需采取的处理方法也不同，需要根据具体情况采用对应的处理方式，避免对人体造成更大损伤。

一、擦伤

擦伤是伤害程度较浅的损伤，多为表皮擦伤。处理时仅需基本的药水即可，若擦伤表皮渗血、创面有脏污，需先将创口清理干净，随后涂抹药水。如果出血量较大，则应

根据出血部位采取抬高伤肢法、绷带加压包扎法、加垫屈肢法、指压法等处理方法减少出血量。

二、肌肉拉伤

肌肉拉伤一般是肌肉纤维因各类外力撕裂后而出现的损伤。当肌肉过猛地主动收缩，超出身体的负担能力，或突然被动拉伸，超过了它的伸展性就会造成肌肉拉伤。其表现为疼痛、肿胀、压痛、肌肉痉挛、皮下淤血严重、功能障碍等，严重者甚至会导致肌肉撕裂。

肌肉急性拉伤后，伤患可根据拉伤处的疼痛程度判断运动损伤的严重程度，若疼痛感较强，则需立即停止运动，并及时对局部拉伤处进行处理。通常情况下，24小时内冷敷，24小时以后采取按摩、热敷、烤电是处理肌肉拉伤的主要方式。严重者则需加压包扎，固定伤肢，送至医院。而对于部分慢性肌肉拉伤患者，后期还应利用机体本身的恢复力修复肌肉处的损伤。

三、挫伤

挫伤一般是因受外力打击后的组织损伤。对于轻度挫伤，如损伤处红肿、皮下出血，并轻微疼痛，一般无须处理或者冰敷，24小时后即可缓慢恢复；较重的挫伤，采用24小时内冰敷，24小时后使用药酒、膏药包扎，并配合一定的物理治疗促进恢复。动作不规范和意外是引起这类运动损伤的主要原因，如内脏器官挫伤时，伤者会出现头晕、脸色苍白、心慌气短、出虚汗、四肢发凉等

症状，甚至休克。

四、骨损伤

骨损伤一般会出现疼痛、肿胀、畸形、大出血等功能障碍，表现为肢体原有骨骼杠杆支持功能丧失，如上肢受伤时不能拿、提，下肢受伤时不能站立、行走等，其中以脱臼和骨折较为常见。

脱臼与骨折是足球、篮球、排球、羽毛球等常见运动项目中出现率较高的运动损伤。脱臼后，往往不可随意移动患者，需在固定脱臼部位后，立即将其送往医院。骨折类型差异较为明显，一般可分为闭合性骨折、开放性骨折。其中，闭合性骨折的伤者，皮肤一般无破裂情况，且无伤口，骨折处与外界尚未相通；开放性骨折患者则可能会存在骨头刺穿皮肤的情况，且伤口会直接接触外部环境。一旦判断有骨折的可能，切勿随意移动患肢，应及时送医院检查治疗。若地处偏远，在有一定医疗条件或具备一定的医学常识条件下，可以先固定患处，再到医院进行专业救治。

五、关节损伤

关节损伤指关节面之间失去正常的连接关系。一般来说，关节损伤时都伴随着关节周围韧带和肌腱的损伤。其特点是受伤关节剧烈疼痛，并有明显压痛感；关节功能丧失，不能活动。值得注意的是，关节受伤后，有时会出现畸形，与健肢相比不对称，因软组织损伤而出现炎症反应，局部疼痛、压痛和关节肿胀，并失去正常活动功能，甚至发生

肌肉痉挛等现象。关节损伤中，腰部扭伤、踝关节、膝关节扭伤较为多见。

软组织损伤的处理：（1）软组织开放性损伤。注意伤口卫生，不要感染。小面积损伤，伤口涂药即可；大面积损伤，严格消毒，送医治疗。（2）软组织闭合性损伤。急性损伤主要是较大外力造成的组织撕裂或断裂，组织内的小血管破裂，表现为损伤部位血肿和水肿，表现为红、肿、热、痛和功能障碍。处理方法为：24小时内休息、抬高、加压包扎并冷敷；24～48小时内拆包扎，并根据伤情进一步治疗。当然，还应根据现场情况判断，特别严重者，则需固定伤肢，再送医治疗。

六、脑震荡

脑震荡是当头部受到外力击打后，大脑管理平衡的感受器机能失调，直至引起意识和机能的一时性障碍。表现为神志不清、脉搏徐缓、耳鸣、心悸、多汗、失眠、记忆力减退等。

处理方法：让患者平卧，冷敷头部；发生昏迷，指压人中、内关和合谷穴。若发生呼吸障碍，立即进行人工呼吸等应急处理，严重者立即送医治疗。恢复期可进行闭目、单腿站立、两臂平举等测试，视其恢复状况而定。

七、腿抽筋

运动过量、身体过于疲劳都会引起抽筋，并伴随肌肉痛感，一般的缓解方法是：向造成肌肉抽筋收缩用力的反方向进行拉

伸。通常小腿抽筋较为常见，小腿抽筋的处理方式为：（1）抽筋后，采取坐姿，屈腿，立即用手拉住抽筋部位同侧脚的前脚掌，向上体方向拉拽，之后缓慢将脚伸直，而后站起用力蹬腿。紧急情况下，还可用力按摩抽筋部位。（2）背对墙面，脚后跟抵住墙面将身体向前，将力量集中在抽筋的腿部，使抽筋部位慢慢恢复。

第三节　锻炼须知和注意事项

Part 1

医学检查

普通人群尚要定期做医学检查，更不用说是处于练习周期内的锻炼者，必要的医学检查对于防止意外事件的发生非常重要。锻炼者参与锻炼时需在确保自身身体安全的情况下进行，其中未成年人进行锻炼时需要有监护人同行陪伴。有下列疾病者，不可进行激烈或有强度的运动，建议谨遵医嘱，选择适合的健身方式。

（1）心脏病（先天性心脏病、风湿性心脏病）患者；

（2）高血压和脑血管疾病（脉压差小于30 mmHg）患者；

（3）心肌炎；

（4）冠状动脉粥样硬化患者和严重心律不齐者（频发性心率不齐、房室传导阻滞及其他心脑血管疾病）；

（5）血糖过高或过低的糖尿病患者；

（6）慢性病史现活动期；

（7）一周内患病感冒发热，胸闷憋气、心悸症状连续三天以上者；

（8）严重失眠、胃肠道疾病患者；

（9）72小时内有外伤史者；

（10）肝肾功能不全者；

（11）有精神、神经疾病史者；

（12）患有其他不适合激烈运动的疾病者。

Part 2

一般注意事项

以塑身、减压、减肥、学习技巧等为目的进行的日常锻炼，健身时间以1小时为宜，包括准备活动、基本内容及运动后的放松和拉伸。普通人群通过定期的医学检查后，在身体健康的状况下从事体育锻炼是相对安全的，但为避免在运动前、中、后发生意外，仍然需要注意相关的事项。

一、运动前的准备事项

（1）24小时内忌饮酒、食辛辣刺激性食物，不能暴饮暴食。

（2）运动前三天，保持良好睡眠，至少前一天保持充足睡眠。

（3）运动前，准备好适合相关运动的服装和鞋子，方便运动中及时增减衣物，运动后及时更换衣物，准备适量的饮用水。

（4）运动前1～2小时进食，进食量占常量的1/2为宜，即半饱状态，是以易消化、甜食为主。

（5）运动前0.5～1小时，适当饮水，以补充运动中出汗丢失的水分。

（6）运动前30分钟以内，做准备活动，以伸展运动为主，达到身体微热、心跳稍快为止。

（7）运动时间因人而异，不宜过早，一般以早上6：00—8：00和傍晚5：00—7：00为宜。

（8）女性处于特殊时期，如孕期、经期或者哺乳期时，从事锻炼时要根据身体状况选择合适的运动项目。

（9）根据天气状况进行适当防护，如夏天运动前做好防晒、防蚊工作；气温较低时，做好运动中相应的保暖工作；遇雾霾、风沙等不良天气时，可以选择室内的运动项目。

二、运动中的自我监督

（1）运动中出现意外情况，如胸闷、气喘、脉搏加快、血压升高、呼吸困难等，应降低速度，停止运动。

（2）运动中阵发性眼前发黑，严重憋气，有窒息感，周身出冷汗呈虚脱状态，应停止运动。

（3）运动中发生肌肉拉伤、腹痛等状况，应停止运动。

（4）运动过程中应保持呼吸畅通，保持一定的呼吸节奏，既能避免因憋气而缺氧，也能避免因大口喘气而导致的水分流失。

（5）从事有氧运动时，心率控制在最高心率的60%～75%为宜，并根据年龄、体质、训练水平等进行自我调整。

（6）运动中，可以适量补水，以少量多次为宜；夏天运动时可以在水里添加少量的盐和糖，避免因过度出汗造成脱水。

三、运动后的注意事项

练习或训练结束后不要立即停止运动，避免肌肉僵硬、重力性休克等现象的发生，特殊情况除外。正确做法是，慢慢地走动进行放松，待心率恢复如常时做相应的拉伸动作，让肌肉得到更好的放松。此外，还需要注意以下事项，具体包括：

（1）运动后不要立即吸烟和饮酒。

（2）运动后不要立刻冲冷水澡，一般在30分钟后洗澡为宜。

（3）运动后避免大量饮水，而是在健身前和健身中及时适量补水。

（4）运动后不要立即饮食，一般在30分钟后为宜。

（5）运动后注意及时更换为干爽、舒适衣物。

运动后身体应以舒适为宜，如发生不适，应及时求助场地工作人员或者身边人员。

Part 3

秋冬季节常见疾病及注意事项

秋冬季节气温较低，是疾病多发的季节，需要注意防范，避免发生意外。

一、心血管疾病

气温降低和气压升高可导致副交感神经功能失调，反馈性地引起毛细血管的舒缩反射，毛细血管的阻力加大。这对于循环系统的疾病，如冠心病、脑血管病、高血压病等都极为不利。其后寒冷可使血液的理化性质发生改变，如血沉加快、血凝时间缩短、血液黏性增大等，从而成为诱发动脉血栓形成的主要因素，这也是患有主肌梗塞和冠心动脉硬化者的死亡率在冬季较高的重要原因。

常见的心血管疾病，在防护方面应注意以下几点：

1. 预防三高，适当运动

三高是指高血压、高血脂和高血糖。成年人正常血压界定标准为：高压在140～90 mmHg之间，低压在90～60 mmHg之间；正常血脂范围为总胆固醇0～5.7 mmol/L、甘油三酯0.56～1.7 mmol/L、高密度脂蛋白大于1.04 mmol/L、低密度脂蛋白小于3.12 mmol/L。正常的空腹血糖是3.1～6.1 mmol/L，正常的餐后两小时血糖不超过7.8 mmol/L。如果空腹血糖超过7 mmol/L，或是餐后两小时血糖超过11.1 mmol/L，都属于高血糖。

2. 戒烟限酒，特别是高危病人

高危人群是指容易罹患某些疾病的人群，尤其是患有慢性疾病、传染类疾病、遗传类疾病等的病人，通常包括：吸烟者，肥胖者，缺乏运动及工作紧张者，高血压、糖尿病、高脂血症患者，有家族遗传病者，绝经后的妇女等。

3. 注意健康的生活方式，避免久坐不动

健康的生活方式是指有益于健康的、习惯化的行为方式，主要表现为生活有规律、没有不良嗜好、合理膳食以及适量运动，不抽烟、不酗酒，心理平衡，充足睡眠，讲究个人卫生，保持环境卫生等。

4. 冠心病患者谨遵"三要三不要"

三要：饮食要低盐、低脂、低糖，要适度运动，要按时服药；三不要：不要熬夜，不要过量饮酒，不要抽烟。

5. 突发情况，正确处理

突发剧烈胸痛的患者，立即拨打120，取半卧位，有条件者吸氧。不建议盲目使用阿司匹林、硝酸甘油等药物，避免精神高度紧张等。

发现身边有人突然倒地，心跳骤停或者呼吸骤停，应立即进行心肺复苏，同时让其他人协助呼叫120，取来AED（自动体外除颤器）。院前急救简明流程如图4-4所示。

1. 发现患者倒地、意识消失　　2. 及时呼救（尽快拨打120，大声呼救，寻找AED）

3. 检查是否有呼吸脉搏，若没有立即进行胸外按压

4. 开放气道、人工呼吸　　5. 尽早使用AED

图4-4 院前急救简明流程

二、呼吸道疾病

天气干燥会导致呼吸道致病微生物异常活跃，因此，秋冬季是急性上呼吸道感染、流感、急性肺炎等呼吸道疾病的高发期。这一时期，支气管哮喘、慢性阻塞性肺疾病等呼吸道疾病急性发作的患者也明显增加。

针对呼吸道传染病，在防护方面应注意以下几点：

（1）注意居室通风，减少和抑制病菌繁殖。

（2）提高室内空气的相对湿度。

（3）加强锻炼，增强体质，适当休息，避免过度劳累，注意均衡饮食。

（4）注意自我防护，尽量少去"高危"场所，少去人口密集的场所。

（5）雾霾天气少开窗，外出戴口罩。

（6）勤洗手，不接触口、鼻等。

常见呼吸道疾病的特点及预防方法：

1. 感冒

感冒一般分为两种，一种是普通感冒，也叫伤风；另一种是流行性感冒，后者主要表现为起病急骤，高热、畏寒、头痛、肌肉关节酸痛、全身乏力、鼻塞、咽痛和干咳，少数患者还伴有恶心、呕吐、腹泻等症状。预防感冒要注意随温度变化选择衣物；增强体质，提高抵抗力；多饮水，多吃水果，适当补充维生素C，注意通风等。

2. 哮喘

有哮喘病史的患者应格外注意防寒保暖，预防感冒是防止哮喘发作的主要方法之一；适当加强锻炼，可选择打太极拳、散步、呼吸训练等；在衣料的选择上，内衣以纯棉织品为宜，且以面料光滑、柔软平整为宜；有效调控情绪；保证远离过敏原；饮食应清淡又富有营养，少吃辛辣油腻的食品；要少食多餐，不吃过甜、过咸的食物；不要在污染的空气中长期生活；规律用药。

3. 肺炎

季节交替，早晚温差较大，人体呼吸道在经受剧烈的温度变化后，加上干燥的空气，会导致上皮细胞清除外界病原微生物的能力减退，肺炎高发。老年肺炎患者常常因为没有明显的咳嗽、咳痰、发热、胸痛等症状，容易被忽视。较常见的症状是呼吸频率增快或呼吸困难。有效的预防措施有：适量锻炼身体，防寒保暖，防止感冒；加强营养，摄入优质高蛋白、高碳水、低脂肪食物以及富含维生素A、维生素C的蔬菜水果等；保持居室清洁通风；65岁以上的老年人或经常容易犯肺炎者可选择接种肺炎球菌疫苗及流感疫苗。

三、正确洗手和使用口罩

在呼吸道传播疾病防护措施中，正确洗手是预防腹泻和呼吸道感染的有效措施之一。中国疾病预防控制中心、WHO及美国CDC（疾病预防控制中心）等权威机构均推荐用肥皂和清水（流水）充分洗手。

在哪些时刻需要洗手呢？

（1）传递文件前后；

（2）咳嗽或打喷嚏后；

（3）制备食品之前、期间和之后；

（4）吃饭前；

（5）上厕所后；

（6）手脏时；

（7）接触他人后；

（8）接触过动物之后；

（9）外出回来后。

通常采用七步洗手法进行手部清洁，如图4-5所示。

如果旅途中没有清水，不方便洗手，怎么办呢？

可以使用含酒精消毒产品清洁双手。病毒通常不耐酸、不耐碱，并且对有机溶剂和消毒剂敏感。75%酒精可灭活病毒，因此，达到一定浓度的含酒精消毒产品可以作为肥皂和流水洗手的替代方案。

另外，正确的佩戴口罩也是预防呼吸道传播疾病的有效措施，且简便易行，便于操作。

图4-5　七步洗手法示意图

那么，如何正确地使用口罩呢？

（1）不管是一次性口罩，还是医用口罩，都是有正反面的。就拿一次性口罩来说，大部分颜色深的是正面，正面应该朝外，具体可阅读口罩包装上的说明书。

（2）注意带有金属条的部分应该在口罩的上方，不要戴反。分清楚口罩的正面、反面、上端、下端后，先将手洗干净，确定口罩朝向正确之后，将两端的绳子挂在耳朵上。

（3）口罩佩戴完毕后，需要用双手压紧鼻梁两侧的金属条，使口罩上端紧贴鼻梁，然后向下拉伸口罩，使口罩不留有褶皱，最好覆盖住鼻子和嘴巴。

口罩使用时需要注意的事项有：

（1）在新冠肺炎流行期间，非医疗高风

险的一般工作人员建议佩戴一次性医用口罩或医用外科口罩，并可适当延长口罩使用时间，口罩专人专用。口罩佩戴前按规程洗手，佩戴时避免接触口罩内侧。口罩脏污、变形、损坏、有异味时需及时更换。

（2）口罩被呼吸道、鼻腔分泌物，以及其他体液污染时要立即更换。

（3）需再次使用的口罩，可悬挂在洁净、干燥通风处，或将其放置在清洁、透气的纸袋中。口罩需单独存放，避免彼此接触，并标识口罩使用人员。

（4）医用标准防护口罩不能清洗，也不可使用消毒剂、加热等方法进行消毒。

特殊人群和特殊时期如何佩戴口罩？

（1）孕妇佩戴防护口罩，应注意结合自身条件，选择舒适性比较好的产品。

（2）老年人及有心肺疾病、慢性病患者佩戴后会造成不适感，甚至会加重原有病情，应寻求医生的专业指导。

（3）儿童处在生长发育阶段，脸型小，应选择儿童专用的防护口罩。

（4）运动中可根据运动负荷以及周边的环境、通风状况等具体情况，选择佩戴或者不佩戴口罩，通常以安全、健康为前提。

第五章　体育素养之奥林匹克运动会

奥林匹克运动会的起源与发展

奥林匹克运动会起源于古希腊，因举办地点在奥林匹克而得名。传说古代奥运会由众神之王宙斯始创。第1届古代奥运会于公元前776年举行，到公元394年共举行了293届。运动会每隔1417天即4年举行一届。后来人们将这一周期称为奥林匹克周期。

现代奥林匹克运动兴起于欧洲资本主义工业时代。随着近代体育的兴起，希腊人民希望恢复古代奥运会。从1859至1889年，希腊曾举办过4届奥运会。自1883年开始，法国人顾拜旦致力于古代奥运会的复兴。1894年，国际体育运动代表大会在巴黎索邦神学院隆重开幕，并通过了"复兴奥林匹克运动会"的决议。1894年6月23日，国际奥林匹克委员会成立，希腊人维凯拉斯任第一任主席，顾拜旦为秘书长。顾拜旦制定了第一部奥林匹克宪章。首届夏季奥运会于1896年4月6—15日在古奥运会的发源地希腊雅典举行，且每隔4年举办一次。

图5-1　古希腊奥林匹克运动场的外观图

图5-2　雅典古奥林匹克体育场内场鸟瞰图

现代奥运会沿用"奥林匹克运动会"的名称，继承4年的赛事周期，借用和发展了古代奥运会的某些仪式，吸收和发展了古代奥运会的传统思想。

《奥林匹克宪章》指出，奥林匹克精神（Olympic spirit）就是相互了解、友谊、团结和公平竞争的精神。

奥运精神是"更高、更快、更强"。奥

运会不仅是世界性的体育竞技比赛，而且象征着世界的和平、友谊和团结。

截至目前，美国是举办现代奥运会次数最多的国家，共有4届夏季奥运会（第3届、第10届、第23届、第26届）和4届冬季奥运会（第3届、第8届、第13届、第19届）在此举办。

中国北京是第一个既举办夏季奥运会又举办冬季奥运会的城市，包括2008年第29届夏季奥运会和2022年第24届冬季奥运会。

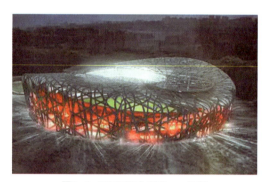

图5-3 北京奥运会场馆——鸟巢

图5-3 北京奥运会场馆——水立方

Part 2

夏季奥林匹克运动会

人们常说的奥运会实际上是指夏季奥林匹克运动会，举办时间在夏季，最早发起的古代奥运会即指夏季奥运会，最早可以追溯到1896年的首次举办。1994年之前，夏季奥运会与冬季奥运会同年举行，此后则与冬季奥运会分开举行，二者间隔2年。1992年是夏季奥运会和冬季奥运会同年举行的最后一届。夏季奥运会因历史起源久远、意义重大、参与国家和地区多、比赛项目丰富多样、参与运动员人数众多、场馆规模大、影响力久远、受天气影响较小以及国际社会和各国体育组织比较重视等而被大家更为熟识。夏季奥运会举办国际奥委会规定的所有竞技项目，以最近一届奥运会（2020年）为例，一共有26个大项。历届夏季奥林匹克运动会举办时间和地点如表5-1所示。

表5-1　历届夏季奥林匹克运动会举办国家、地点和举办时间统计表

届数	举办时间（年）	举办地点	届数	举办时间（年）	举办地点
第1届	1896	希腊雅典	第18届	1964	日本东京
第2届	1900	法国巴黎	第19届	1968	墨西哥城
第3届	1904	美国圣路易	第20届	1972	德国慕尼黑
第4届	1908	英国伦敦	第21届	1976	加拿大蒙特利尔
第5届	1912	瑞典斯德哥尔摩	第22届	1980	苏联莫斯科
第6届	1916	第一次世界大战爆发，第六届奥运会未能举行	第23届	1984	美国洛杉矶
第7届	1920	比利时安特卫普	第24届	1988	韩国汉城
第8届	1924	法国巴黎	第25届	1992	西班牙巴塞罗那
第9届	1928	荷兰阿姆斯特丹	第26届	1996	美国亚特兰大
第10届	1932	美国洛杉矶	第27届	2000	澳大利亚悉尼
第11届	1936	德国柏林	第28届	2004	希腊雅典
第12届	1940	日本东京，第二次世界大战爆发，未能举行	第29届	2008	中国北京
第13届	1944	英国伦敦，因第二次世界大战爆发，未能举行	第30届	2012	英国伦敦
第14届	1948	英国伦敦	第31届	2016	巴西里约热内卢
第15届	1952	芬兰赫尔辛基	第32届	2020	日本东京
第16届	1956	澳大利亚墨尔本	第33届	2024	法国巴黎
第17届	1960	意大利罗马	第34届	2028	美国洛杉矶

注：夏季奥运会的比赛项目（未含冬奥会项目）有：田径、游泳（含跳水、水球、花样游泳）、射击、举重、自行车、射箭、篮球、排球、足球、手球、曲棍球、体操（含艺术体操）、击剑、国际式摔跤（自由式和古典式）、拳击、柔道、赛艇、皮艇和划艇、帆船（含帆板）、马术、现代五项、乒乓球、羽毛球、网球、棒球等。

Part 3

冬季奥林匹克运动会

冬季奥林匹克运动会（Olympic Winter Games）简称冬季奥运会、冬奥会，由全世界地区举行，是世界规模最大的冬季综合性运动会，每4年举办一届。

首届冬季奥运会于1924年举办，主办地为法国夏慕尼。1994年之前，夏季奥运会和冬季奥运会同年举办。1986年，国际奥委会全会决定把冬季奥运会和夏季奥运会从1994年起分开，每两年间隔举行，1992年冬季奥运会是最后一届与夏季奥运会同年举行的冬季奥运会。1994年起，冬季奥运会与夏季奥林匹克运动会相间举行。

至2018年，冬季奥运会已举办23届。第24届冬季奥林匹克运动会于2022年2月4日至2月20日在中国北京和张家口举行。参与国主要分布在世界各地，包括欧洲、非洲、美洲、亚洲、大洋洲，由国际奥林匹克委员会（International Olympic Committee）主办，按实际举行次数计算届数，具体如表5-2所示。

表5-2　历届冬季奥运会主办城市、举办国家、举办时间以及参与状况统计表

届数	主办城市	举办国家	举办时间	参与国家和地区、人数等
1	夏慕尼 Chamonix	法国 France	1924年01月25日 —1924年02月04日	16个国家和地区294名运动员参加4个项目比赛
2	圣莫里茨 St.Moritz	瑞士 Switzerland	1928年02月11日 —1928年03月18日	25个国家和地区464名运动员参加4个项目比赛
3	普莱西德湖 Lake Placid	美国 USA	1932年02月04日 —1932年02月15日	17个国家和地区252名运动员参加4个项目比赛
4	加米施－ 帕滕基兴 Garmisch- Partenkirchen	纳粹德国 Nazi Germany	1936年02月06日 —1936年02月16日	28个国家和地区669名运动员参加4个项目比赛
5	圣莫里茨 St.Moritz	瑞士 Switzerland	1948年01月30日 —1948年02月08日	28个国家和地区参加4个项目比赛。首个两次承办的城市
6	奥斯陆 Oslo	挪威 Norway	1952年02月14日 —1952年02月25日	30个国家和地区参加4个项目比赛。挪威著名运动员努尔海姆（Sondre Nordheim）点燃大会圣火火炬，成为冬季奥运会第一次正式的圣火
7	科尔蒂纳丹佩佐 Cortinad'Ampezzo	意大利 Italy	1956年01月26日 —1956年02月05日	32个国家和地区参加4个项目比赛

续表

届数	主办城市	举办国家	举办时间	参与国家和地区、人数等
8	斯阔谷 Squaw Valley	美国 USA	1960年02月18日 —1960年02月28日	31个国家和地区参加4个项目比赛
9	因斯布鲁克 Innsbruck	奥地利 Austria	1964年01月29日 —1964年02月09日	36个国家和地区参加6个大项和34个小项比赛，共产生103枚奖牌
10	格勒诺布尔 Grenoble	法国 France	1968年02月06日 —1968年02月18日	37个国家和地区参加6个项目比赛。吉祥物"雪士"（Schuss）设计首次诞生，是象征坚强意志的小精灵
11	札幌 Sapporo	日本 Japan	1972年02月03日 —1972年02月13日	35个国家和地区参加6个项目比赛。第一次在亚洲举办
12	因斯布鲁克 Innsbruck	奥地利 Austria	1976年02月04日 —1976年02月15日	37个国家和地区参加6个项目比赛。第二个两次承办的城市，主会场设新旧两个火炬塔。吉祥物"奥地利山区"象征纯洁
13	普莱西德湖 Lake Placid	美国 USA	1980年02月13日 —1980年02月24日	37个国家和地区参加6个项目比赛。第三个两次承办的城市。中国从此届开始参加冬奥会。吉祥物"Roni"是浣熊与伊洛克族印地安人的简称
14	萨拉热窝 Sarajevo	南斯拉夫 Yugoslavia	1984年02月08日 —1984年02月19日	49个国家和地区参加6个项目比赛。吉祥物"Vucho"是一只勇敢无畏的狼，象征人与动物互为朋友
15	卡尔加里 Calgary	加拿大 Canada	1988年02月13日 —1988年02月28日	57个国家和地区参加10个项目比赛。菲律宾仅1人参赛。吉祥物"Hidy和Howdy"由两只拟人化的北极熊组成，名字传达出加拿大人的热情与欢迎；首次出现两个吉祥物，首次使用雌性吉祥物
16	阿尔贝维尔 Albertville	法国 France	1992年02月08日 —1992年02月23日	64个国家和地区参加12个项目比赛。吉祥物"冰上精灵"是第一个与动物无关的吉祥物
17	利勒哈默尔 Lillehammer	挪威 Norway	1994年02月12日 —1994年02月27日	64个国家和地区参加12个项目比赛。吉祥物以挪威童话故事的两个主角"Hakon和Kristin"命名；首次出现充满故事的吉祥物

续表

届数	主办城市	举办国家	举办时间	参与国家和地区、人数等
18	长野 Nagano	日本 Japan	1998年02月07日 —1998年02月22日	72个国家和地区参加14个项目比赛。吉祥物"Snowlets"（雪上小精灵）由4只形态怪异的猫头鹰组成，寓意每4年举办一次，在冰天雪地里举行，大家都来参与
19	盐湖城 Salt Lake City	美国 USA	2002年02月08日 —2002年02月24日	77个国家和地区参加15个大项78个小项比赛。创历届冬奥会人数和比赛项目最多的纪录。吉祥物雪兔"Powder"、北美草原小狼"Copper"和美洲黑熊"Coal"。吉祥物印证了"更快、更高、更强"的奥运精神
20	都灵 Turin	意大利 Italy	2006年02月10日 —2006年02月26日	77个国家和地区参加15个项目比赛。吉祥物"内韦"和"格利兹"象征着冬季奥运会项目中不可缺少的两种元素——雪和冰
21	温哥华 Vancouver	加拿大 Canada	2010年02月12日 —2010年02月28日	85个国家和地区参加15个项目比赛。吉祥物有三个，即"sumi"、"Miga"和"Quatchi"，其中Miga来自逆戟鲸与白灵熊，来自北太平洋印第安人Tsimshian（茨姆锡安人）民间传说
22	索契 Sochi	俄罗斯 Russia	2014年02月07日 —2014年02月23日	88个国家和地区参加15个项目比赛。吉祥物为雪豹、北极熊和兔子。
23	平昌 PyeongChang	韩国 SouthKorea	2018年02月09日 —2018年02月25日	15个项目比赛。吉祥物是"Soohorang"的白老虎，"Sooho"韩语意味守护，"Rang"韩语"ho-rang-i（老虎）"的中间字，同时也是主办城市所在地江原道的传统民谣"JeongseonArirang（旌善阿里郎）"的最后一个字
24	北京－张家口 Beijing	中国 China	2022年02月04日 —2022年02月20日	15个项目比赛，分北京、延平和张家口三个赛区。吉祥物"冰墩墩"以熊猫为原型进行设计创作。冰，象征纯洁、坚强，是冬奥会的特点。墩墩，意喻健康、活泼、可爱，契合熊猫的整体形象，象征着冬奥会运动员强壮的身体、坚韧的意志和鼓舞人心的奥林匹克精神。 主题口号是：一起向未来

续表

届数	主办城市	举办国家	举办时间	参与国家和地区、人数等
25	米兰－科尔蒂纳丹佩佐 Milano Cortina	意大利 Italy	2026年02月06日—2026年02月22日	意大利米兰、科尔蒂纳丹佩佐（待定）

冬季奥运会的项目都与冰雪相关，以2022年冬季奥运会为例，有7个大项、15个分项、109个小项。7个大项包括滑雪、滑冰、冰球、冰壶、雪车、雪橇和冬季两项。15个分项包括短道速滑、速度滑冰、花样滑冰、冰球、冰壶、自由式滑雪、冬季两项、越野滑雪、跳台滑雪、北欧两项（越野滑雪、跳台滑雪）、无舵雪橇、有舵雪橇、钢架雪车（俯式冰橇）、单板滑雪、高山滑雪。

北京主办冰上项目，张家口将主办雪上项目，延庆协办张家口举办雪上项目。

冰上项目（北京主办）：短道速滑、速度滑冰、花样滑冰、冰球、冰壶；

雪上项目（张家口主办、延庆协办）：自由式滑雪、冬季两项、越野滑雪、跳台滑雪、北欧两项（越野滑雪、跳台滑雪）、无舵雪橇、有舵雪橇、钢架雪车（俯式冰橇）、单板滑雪、高山滑雪。

Part 4

夏季残疾人奥林匹克运动会

夏季残疾人奥林匹克运动会（Summer Paralympic Games），简称夏季残奥会或残奥会，始办于1960年，是由国际奥委会和国际残疾人奥林匹克委员会主办的、专为残疾人举行的世界大型综合性运动会，每4年于夏季奥运会后举办一届，迄今已举办过15届。夏季残奥会主要由全世界地区举行，是世界规模最大的残疾人综合性运动会，每4年举办一届，与冬季残疾人奥林匹克运动会相间举行。参与国主要分布在世界各地，包括欧洲（英国等国），非洲（南非等国），美洲（加拿大、美国等国），亚洲（日本、韩国、中国等国），大洋洲（澳大利亚等国）。夏季残奥会由国际残疾人奥林匹克委员会（International Paralympic Committee）主办。

夏季残奥会自1960年开始第1届，截至2016年共举办过15届，每4年一届。历届夏季残奥会举办时间和地点如表5-3所示。第

表5-3　历届夏季残疾人奥运会主办城市、举办国家、举办时间统计表

届数	赛事名称	主办国家	主办城市	举办时间
第1届	1960年罗马残奥会	意大利	罗马	1960年9月18日—25日
第2届	1964年东京残奥会	日本	东京	1964年11月3日—12日
第3届	1968年特拉维夫残奥会	以色列	特拉维夫	1968年11月4日—13日
第4届	1972年海德堡残奥会	联邦德国	海德堡	1972年8月2日—11日
第5届	1976年多伦多残奥会	加拿大	多伦多	1976年8月3日—11日
第6届	1980年阿纳姆残奥会	荷兰	阿纳姆	1980年6月21日—30日
第7届	1984年斯托克·曼德维尔和纽约残奥会	英国	斯托克·曼德维尔	1984年7月22日—8月1日
		美国	纽约	1984年6月17日—30日
第8届	1988年汉城残奥会	韩国	汉城	1988年10月15日—24日
第9届	1992年巴塞罗那残奥会	西班牙	巴塞罗那	1992年9月3日—14日
第10届	1996年亚特兰大残奥会	美国	亚特兰大	1996年8月16日—25日
第11届	2000年悉尼残奥会	澳大利亚	悉尼	2000年10月18日—29日
第12届	2004年雅典残奥会	希腊	雅典	2004年9月17日—28日
第13届	2008年北京残奥会	中国	北京	2008年9月6日—17日
第14届	2012年伦敦残奥会	英国	伦敦	2012年8月29日—9月09日
第15届	2016年里约热内卢残奥会	巴西	里约热内卢	2016年9月7日—18日
第16届	2020年东京残奥会	日本	东京	2021年8月24日—09月6日
第17届	2024年巴黎残奥会	法国	巴黎	待定
第18届	2028年洛杉矶残奥会	美国	洛杉矶	

16届残奥会原定于2020年08月25日至2020年09月05日在日本东京举行，但受新冠肺炎疫情影响，东京奥运会及残奥会确认推迟至2021年举行。

截至2012年，全世界超过28000名残疾运动员角逐夏季残奥赛场。

残奥会比赛项目在几十年的发展和演变过程中，几乎每届都有变化，有些仅仅是昙花一现，有些则经久不衰，保留至今。

随着残奥会体现世界各国人民之间的团结、友谊、勇气以及诚实竞争的理念深入人心，参赛国家、地区的数量和参赛运动员人数呈逐届递增趋势，残奥会影响力日趋增强。

Part 5

冬季残疾人奥林匹克运动会

冬季残疾人奥林匹克运动会（Winter Paralympic Games）是冬季运动会的一种，参赛运动员为残障人士，始办于1976年。截至2018年，冬季残奥会已举办过12届。第二次世界大战结束后，由于有许多受伤的士兵和普通人试图重新参加滑雪活动，冬季残疾人体育运动才逐渐发展起来。

前9届冬季残奥会的参赛运动员总人数接近4000人。比赛项目有高山滑雪、越野滑雪、冰上雪橇球、轮椅体育舞蹈等4个大项，每个大项中又包括若干小项。

2015年07月31日17时57分，国际奥委会第128次全会在吉隆坡举行，投票选举2022年冬奥会举办城市，经过85位国际奥委会委员的投票，北京击败对手阿拉木图，赢得2022年第24届冬季奥林匹克运动会的举办权。北京市市长王安顺，中国奥委会主席、国家体育总局局长刘鹏，张家口市市长侯亮与国际奥委会主席巴赫签订了《主办城市合同》。北京由此成为全球首个同时举办过夏季残奥会和冬季残奥会的城市。

中国残疾人冬季运动起步较晚，在2002年美国盐湖城冬季残奥会上，中国体育代表团首次参赛。到平昌冬残奥会，中国队是第5次参赛，这期间经历了16年的跨度。北京冬奥会、冬残奥会主题口号正式对外发布——"一起向未来"。

表5-4 历届冬季残疾人奥运会主办城市、举办国家、举办时间统计表

届数	赛事名称	举办地点		举办时间
		国家	城市	
第1届	1976年恩舍尔兹维克冬季残奥会	瑞典	恩舍尔兹维克	1976年02月21日—28日
第2届	1980年耶卢冬季残奥会	挪威	耶卢	1980年02月1日—7日
第3届	1984年因斯布鲁克冬季残奥会	奥地利	因斯布鲁克	1984年01月14日—20日
第4届	1988年因斯布鲁克冬季残奥会	奥地利	因斯布鲁克	1988年01月17日—24日
第5届	1992年阿尔贝维尔冬季残奥会	法国	阿尔贝维尔	1992年03月08日—16日
第6届	1994年利勒哈默尔冬季残奥会	挪威	利勒哈默尔	1994年03月17日—21日
第7届	1998年长野冬季残奥会	日本	长野	1998年03月07日—15日
第8届	2002年盐湖城冬季残奥会	美国	盐湖城	2002年03月08日—17日
第9届	2006年都灵冬季残奥会	意大利	都灵	2006年03月10日—29日

续表

届数	赛事名称	举办地点		举办时间
		国家	城市	
第10届	2010年温哥华冬季残奥会	加拿大	温哥华	2010年03月12日—21日
第11届	2014年索契冬季残奥会	俄罗斯	索契	2014年03月07日—16日
第12届	2018年平昌冬季残奥会	韩国	平昌郡	2018年03月09日—18日
			旌善郡	
			江陵市	
第13届	2022年北京冬季残疾人奥林匹克运动会	中国	北京	2022年03月04日—13日
			张家口	
第14届	2026年米兰－科尔蒂纳丹佩佐冬季残奥会	意大利	米兰	2026年3月6日—15日
			科尔蒂纳丹佩佐	

实践篇

第六章　跑步

　　走、跑、跳、投等基本运动能力，是人类在进化过程中逐步形成的赖以生存的必备技能。这些基本运动能力不仅在远古时期人类进步中起到了重要的作用，而且也是人们在生长发育过程必须掌握的基本运动能力。随着社会的发展，跑步现在已经逐渐成为人们日常的锻炼项目。特别是在"育人为本""以体育人"的教育改革发展核心的大背景下，我国已将体育列入学生中考科目中，其目的是强化青少年的体育锻炼意识，树立健康理念，增强体质，健全人格，逐渐养成良好的锻炼习惯，为实现全民健康的国家战略奠定基础。

方法，是进行有氧和厌氧能力锻炼的有效运动方式之一。该项目男女均可参与，适宜人群年龄跨度大，且对于场地和环境要求不高，目前已成为全民广泛参与的健身锻炼方式之一。如图6-1所示。

图6-1 日常跑步锻炼

Part 1

什么是跑步？

　　所谓跑步，是指陆生动物使用足部移动，其在运动上的定义是一种步伐，双脚交替着地，会出现腾空状态，即不会同一时间碰到地面。跑步是日常最为简单易行的体育锻炼

Part 2

跑步的作用

　　跑步对保持身体健康有很多好处，如增强心肺功能、加快身体新陈代谢、减脂减重，提高免疫力、预防疾病、提高睡眠质量、消除紧张感等。

图6-2 跑步的作用

1. 提高睡眠质量

跑步能促进大脑供血、供氧量的提升，促进身体新陈代谢，还有助于改善睡眠，让身体更好地进入深度睡眠阶段，从而提高睡眠质量。

2. 改善心肺功能

人体在跑步时肺通气量会增大，血液中氧气的携带量会增加，肺部的"通风"能力会大大增强；同时，血压和血管壁的弹性也将升高，心脏"泵血"效能提高。

3. 提高代谢，强固机体，减脂塑形

跑步作为一项有氧运动（心率应控制在有氧心率区间内），能有效增强人体的心肺功能，提高机体的基础代谢水平，加速脂肪的燃烧；同时还可以保持或提高肌力，加强肌腱、韧带和关节的抗损伤能力，减小运动损伤的概率。正确的跑步姿势有利于美体塑形，保持良好身材。

4. 增强免疫力

跑步能促进白血球和热原质的生成，白血球和热原质能够消除体内很多病毒和细菌，所以跑步可以在一定程度上增强机体的"防疫"能力。

5. 调节情绪，改善心情

跑步可以抑制"肾上腺素"和"皮质醇"两种造成紧张的激素分泌，同时可以释放让人感觉轻松的激素"内啡呔"，产生愉悦的心理体验。特别是在户外进行跑步时，温暖的阳光、新鲜的空气都可以舒缓工作、学习的压力，使身体变得充满活力，从而改善焦虑、萎靡的精神状态。

6. 保持机体年轻态

跑步可以刺激体内荷尔蒙分泌，让人们的体态变得更年轻，肌肤更紧致。

7. 刺激生长，延缓衰老

跑步可以刺激生长激素分泌，促进青少年生长，延缓成年人衰老。值得注意的是，高强度消耗能量的运动和长时间身体锻炼是刺激分泌更多人体生长激素的关键。但基本原则是锻炼不超过45分钟，因为这是HGH（人类生长激素）开始减少并开始生产皮质醇的临界点。

8. 促进血液循环，让大脑"充电"

经常运动可以促进脑神经系统的血液循环，增强记忆力，提高大脑工作效率，还有助于保持精力，产生满足感和幸福感。

9. 降低患病概率

研究发现，定期跑步能在一定程度上

降低以下疾病的风险：乳腺癌25%、白内障35%、胃癌50%、抑郁症19%、严重心脏病发作50%。

Part 3

跑步技术要领

有人认为，跑步是世界上最简单的运动，不需要专门学习。但对于经常跑步的人，75%以上会出现各种不适症状，如各种伤痛、大腿变粗。跑步经验丰富的练习者认为跑姿没有固定方式，适合自己的就是最好的。实际上，虽然每个人的跑姿会因个体差异而有所不同，但是如何跑得有效、科学、舒服、优美，避免受伤和大腿变粗等状况的出现，里面大有学问。运用正确的跑步技术可以减少运动损伤，提高跑步效能。那么，什么是正确的跑步技术呢？一般把跑步技术分为基本技术和专门技术两种。基本技术适用于途中跑，专门技术适用于起跑、起跑后加速跑、冲刺跑、上下坡跑等。

一、基本技术

头部朝前，两眼注视前方；颈和躯干保持正直，肩部适当放松，核心部位肌肉适当紧张，躯干应挺直，并主动向前上方行进；髋部自然转动和放松，身体重心稳定，不要摇晃或上下起伏太大；双肘自然弯曲，以肩为轴在身体两侧自然前后摆动；两腿交替主动前摆和后蹬朝前，膝关节保持朝前，小腿前摆不宜过大，双足有弹性地着地，正常情况是前脚掌落地或足跟着地后缓冲过渡到全脚掌，以避免跟腱、胫腓骨和膝关节因压力造成损伤。

跑步中呼吸要应保持一定节律，且口鼻同时打开进行呼吸，嘴巴自然张开。气温较低时可将舌向上卷起，延长空气在口腔里停留的时间，减少冷空气对呼吸道的刺激。初跑者可采用两步一吸、两步一呼或者三步一吸、三步一呼的方式。呼吸的目的是完成肺部的气体交换。

二、专门技术

（一）起跑技术

起跑的方式主要包括蹲踞式起跑和站立式起跑两种，其中前者用于正规径赛的中短距离比赛当中，如100米，200米，400米，110米栏等，其目的是竞赛规范和提高跑速；后者常用于正规径赛的中长距离比赛、非正式径赛以及体质健康测试、中考体育测试等。

起跑技术

1. 蹲踞式起跑

蹲踞式起跑包括"各就位""预备""鸣枪"（或"跑"的口令）三个环节。

"各就位"——以普通式为例，有力腿在前，前脚距起跑线一脚至一脚半，后脚距前脚一脚至一脚半，两脚之间约15厘米（约一拳半），后腿跪地。两手掌呈"八字形"在起跑线后沿做弹性支撑，两手拇指相对。两手距离比肩稍宽，两臂伸直，肩微前倾，两眼目视前方50厘米处，身体重量均衡地落在两手、前脚和后膝关节之间。

"预备"——蹬后腿，抬臂，身体重心前移，形成臀高于肩、肩超过起跑线的姿势，此时体重主要由两臂和前脚支撑。前腿和后腿大小腿夹角分别约为90°和120°。两眼目视前方50厘米处，全神贯注，做好准备。

枪声或"跑"——两手迅速推离地面，两臂屈肘用力做前后摆动，同时两腿快速蹬离地面。后腿屈膝前摆，而前腿要快速有力地蹬伸，使身体前倾与地面成15°～20°夹角，上体迅速发力，向前上方有力地送出。如图6-3所示。

图6-3 蹲踞式起跑

2.站立式起跑

站立式起跑包括"各就位""预备""鸣

枪"（或"跑"的口令）三个环节。

"各就位"——两脚前后开立，有力脚在前靠近起跑线，全脚掌着地，后脚距前脚约半步（与肩同宽或略宽），在斜后方前掌着地，身体稍前倾，两臂自然放松放在前后的位置。

"预备"——两腿弯曲，重心下降同时前移，重心落在前脚上，异侧手臂屈肘在体前。两眼目视前方50厘米处，全神贯注，做好准备。

"跑"——两臂屈肘用力前后摆动，同时两腿用力蹬地，后腿屈膝前摆，前腿快速有力地蹬伸，使身体快速向斜前方送出。注意，短跑中保持低重心小步幅高频率向前。如图6-4所示。

图6-4 站立式起跑

（二）起跑后的加速跑

起跑后的加速跑是指起跑后转入加速跑阶段。运动员加速跑时，身体前倾角度大，约10°～20°，而后充分利用向前的冲

起跑后的加速跑

力，在较短距离内尽快获得高速度。开始几步着地应尽量靠近身体重心投影点，待脚着地后迅速转入后蹬，同时前腿积极迅

速屈膝向前摆动，利用后蹬反作用力大部分用来提高跑速；而后上体随着步频加快和步幅加大逐渐抬起，同时两臂配合做积极有力的摆动，加快跑速，直至转入途中跑。短距离跑时，加速跑距离约为20～25米；中长距离跑时，加速跑距离约为12～15米。其中，短距离起跑后的最初几步，两脚沿着两条相距不宽的直线前进；随着跑速的加快，两脚着地点就逐渐合拢到假定的一直线两侧。如图6-5所示。

图6-5 起跑后的加速跑示意图

（三）途中跑技术

途中跑是短跑全程中距离最长的跑段，其任务是继续发挥或保持较高的跑速。以髋为轴的高速摆动是途中跑技术的本质特征。其技术特点为：（1）重心平稳，不要上下起伏；（2）核心收紧，保持良好的躯干控制；（3）手臂自然前后摆动，前肘后手是关键；（4）步幅不宜过大，以重心前及稍前的位置为好，以不出现"刹车"的制定感为佳；（5）身体左右用力均衡，身体不要左右摇摆。

途中跑技术的动作要领：

（1）后蹬时髋、膝、踝三个关节伸展快速有力，以摆带蹬、蹬摆结合，屈蹬时膝关节不需充分伸展；

（2）后摆时借助后蹬惯性和大腿前摆，膝关节放松，大小腿积极折叠；

（3）前摆时摆动腿积极向前，伸髋，送髋，顶膝带髋，在增加步长的同时，控制步长，为腾空后积极下压（"鞭打"）后扒地创造有利条件。

（4）腾空阶段，摆动腿大腿积极下压做"鞭打式"着地动作，脚掌着地积极有力、有弹性，缓冲时膝关节和踝关节保持弯曲，但注意膝关节弯曲程度不要影响重心的平稳；不参与运动的肌肉保持放松状态。

前摆　　　　　　　后摆　　　　　　后蹬　　　着地缓冲

图6-5 起跑后的加速跑示意图

（四）冲刺跑技术

冲刺跑是指全程跑中接近终点时的专门技术，包括终点跑和撞线两个部分。冲刺跑要求在离终点线前约1米左右距离时尽全力加强后蹬力和摆腿与摆臂的速度，上体迅速前倾，以胸部或肩部撞线，并顺势直接冲过终点。冲刺跑的距离与径赛距离、运动水平等相关。径赛距离越长，运动水平越高，冲刺跑的距离越长。当然，在短跑的高速冲刺下，身体会因为失去平衡而出现各种姿态。

冲刺跑技术

图6-7 冲击跑技术示意图

Part 4

如何进行跑步锻炼？

　　跑步是人们常见的锻炼方式之一，科学的锻炼方法才能达到良好的锻炼效果。跑步锻炼通常包括热身运动、基本运动和伸拉运动三个阶段。基本运动一般采取常规练习、趣味练习、专门性练习等方法进行训练。

一、热身运动

　　跑步前的热身运动对于肌肉和关节的延展性非常重要，充分的热身可以让血液运输到相应的肌肉中，以减少肌肉撕裂的风险，有助于降低运动者的受伤概率，同时还有助于提高身体机能活力，提高运动表现。下面介绍五个简便易行的跑步热身运动，主要包括：

热身运动

1. 直腿抬臀

　　热身目标为腘绳肌、屈髋肌。站立，双手前平举，掌心向下，双腿交换，依次直腿抬起，前踢到与手平齐的位置。

2. 后踢腿

　　热身目标为膝踝关节、腘绳肌。站立，在原地慢跑，而后双腿依次向后踢腿，尽力将脚跟贴近臀部。

3. 原地高抬腿转体

　　热身目标为屈髋肌、膝踝关节。站立，双手屈臂肘关节抬至水平位置，双腿依次做向前屈膝抬腿、交替抬高，使膝关节触碰到对侧的肘关节。

4. 俯身腿屈伸 + 箭步转体联合

　　热身目标为腘绳肌、臀肌、小腿。站立，单腿做前弓步，后腿屈膝触地，双手在体前撑地，髋关节正位，脚尖和膝关节朝前；前腿发力，将其蹬直并勾脚，后腿弯曲，上体靠近大腿正面，两手撑地或同侧手触前脚；后腿蹬直呈前弓步，对侧手撑地，身体向对侧转，同侧手上举，眼睛看向上举手。

5. 侧向箭步蹲

　　热身目标为臀肌、股四头肌。两脚开立，宽度大于髋关节，两手在胸前交叠，上体正直，左腿向侧蹬形成右侧弓步，髋关节前倾，上体随之适当前倾，而后还原；相反方向做相同的动作。

二、跑步的练习方法

（一）跑前专门性练习

准备姿势：躯干正直，肩和双臂放松，提起脚跟保持高重心。

跑前专门性练习

1.原地（或行进间）小步跑

动作要领：一腿伸膝蹬地，另一腿屈膝前摆，屈膝前摆的大腿积极下压，膝关节、小腿自然放松，前脚掌原地（或向前）迅速向前下方扒地。脚着地时需富有弹性，运动特点为步幅小、频率快。双臂屈肘，前后摆动，整个动作配合协调连贯。两腿快速交换，原地（或行进间）依次有节奏地进行"折叠—送髋—下压—扒地"的练习。

2.原地（或行进间）高抬腿跑

动作要领：一腿伸膝蹬地，另一腿屈膝抬腿至大腿平行于地面，核心收紧，而后大腿积极下压前脚掌着地，而后伸膝蹬地两腿快速交换。蹬地有力，着地需富有弹性，运动特点为步幅小、频率快。双臂屈肘，前后摆动，整个动作配合协调连贯。原地（或行进间）依次有节奏地进行"抬腿—下压蹬地—抬腿"的练习。

3.原地（或行进间）后蹬腿跑

动作要领：一腿屈膝向前上方抬起，人小腿折叠前摆，另一支撑腿向斜后方蹬地，

并充分伸展向前送髋。蹬摆结束瞬间，屈膝折叠的前腿大腿积极向后下压，而后用前脚掌着地转入后蹬，两腿交替完成。原地后蹬腿跑需双手推墙，身体前倾较大；而行进间后蹬腿跑则是两臂屈肘前后摆动，行进间依次有节奏地进行"折叠前摆腿—后下压—蹬地—折叠前摆腿"的练习。整个动作节奏快，重心上下波动小，动作幅度大而有力。

4.原地（或行进间）车轮跑

动作要领：一腿屈膝向前上方抬起，大小腿折叠前摆，大腿尽量抬至平行地面，折叠的小腿主动向前摆动并下压扒地，充分伸展向前送髋，另一支撑腿蹬地向上（或斜前方）支撑，而后用前脚掌着地转入蹬地后折叠，两腿交替完成。行进间两臂屈肘前后摆动，依次有节奏进行"折叠大腿前抬—小腿前摆后下压—蹬地—折叠大小腿"的练习。整个动作节奏快，重心上下波动小，动作幅度大而有力。

5.原地（或行进间）后踢腿跑

动作要领：一腿屈膝主动向后摆动，大小腿折叠，后摆腿的足跟靠近臀部，另一腿伸膝支撑；后摆腿向下主动下伸瞬间，另一腿完成屈膝主动向后摆动，两腿交替完成。原地完成时，身体保持正直向上两臂屈肘前后摆动或放至臀上部；行进间时，身体前倾，两臂屈肘前后摆动，依次有节奏完成"后摆—下伸—后摆"的练习。

6.原地（或行进间）前踢腿跑

动作要领：一腿直腿向前摆腿至斜下

45°左右，另一腿伸膝支撑，而后前抬腿直腿主动下压，前脚掌扒地瞬间，另一支撑腿向斜前方蹬地，再直腿前摆，两腿交替完成。原地完成时，身体保持正直向上；行进间时，身体前倾，两臂屈肘前后摆动，依次有节奏地完成"直腿前摆—下压—蹬地"的练习。

7. 快速原地小碎步

动作要领： 上身略微前倾，屈膝提踵，前脚掌着地，重心前移，双手自然下垂，两脚快速原地交换踏地，要求频率要尽可能地快。

以上的专门性练习均可多次重复练习，每项重复2～3次，可根据场地条件决定采取原地或者行进的方式（通常采取行进间方式），而后结合一定距离的加速跑练习。第1～6项每次进行行进间练习时的距离为10～15米，加速跑为10～15米，第7项每次练习持续时间建议为10～15秒钟，而后结合加速跑进行练习。

（二）跑步的基本练习方法

1. 常规练习方法

（1）慢速放松跑

慢跑时，身体没有任何不适感，心率控制在每分钟110～130次或最大心率的60%～65%。最大心率的计算公式为：最大心率＝220－年龄。呼吸应自然而有节律，稍有些气喘；同时注意全身肌肉放松，保持均匀的速度，主观上不觉得难受，不喘粗气，轻松自然地完成。建议每周练习2～3次，每次练习20～30分钟。慢速放松跑

对呼吸系统、心血管系统等有明显的锻炼效果。

（2）中速跑步方法

中速跑需要具备一定的跑步基础能力和意志力，速度控制在心率达到140～150次／分或者最大心率的65%～75%左右。这种中等强度的健身跑在国外比较流行，已被国内外媒体公认为对增强心脏功能有显著效果。但应注意，跑步前、后要做好准备和放松活动；练习中若感到明显疲劳，需马上停止，做一些放松练习。建议每周练习1～2次，练习时间以个人感到较为疲劳为止。

（3）快速跑步法

快速跑需要一定的跑步基础能力与意志力，这种训练法的特点是强度大、时间短，一般几秒钟，可选择多次30～50米短距离冲刺跑，练习时心率一般接近170～180次／分，达到最大心率的80%～90%。可以重复练习，每次重复3～6次，组间间歇需要非常充分，每周练习1～2次。练习时应循序渐进，做好准备及放松活动，防止过度疲劳。这种方法对提高人体无氧耐受力、肌肉功能以及心脏功能有一定作用。但患有慢性病、心血管、肝、肾病等人群不能练习，防止病发。

（4）变速跑步法

变速跑是一种快慢结合、走跑结合的交替练习方法。跑者在练习时可根据个人锻炼水平控制练习的时间和跑速。一般来说，体质较好的跑者可交替进行快跑与慢跑；体质较差的跑者可交替进行慢跑与走步。练习时

间应控制在感到疲劳明显时结束练习，而后做一些放松活动，循序渐进。对于有一定运动基础的跑者，可采用有氧运动和无氧运动相结合的变速跑训练法，这样能有效提高机体混氧的代谢能力。如采用定时变速，即快跑20~30秒，然后慢跑；或一定距离的快跑和一定距离的慢跑交替练习。

（5）定时或定距跑步法

定时或定距跑步法是一种在限定时间内跑动一定距离，或在限定距离内逐步缩短跑步时间的练习方法，如12分钟跑、6分钟跑、3000米跑等。可以结合自身身体机能状况，评价锻炼的效果和身体功能水平。如锻炼中出现"极点"现象，应调整呼吸和跑步节奏，逐步减慢甚至停止练习等，并做好放松活动。

（6）原地跑练习法

原地跑练习法是一种在固定场地做原地跑步动作的练习方法，这种方法不受场地、气候、设备条件的限制，是一种较方便的锻炼方法，如原地小步跑、高抬腿跑、后踢腿跑等交替进行。如果进行有氧训练，练习时间应较长，重复步数应较多，可根据个人能力加大动作幅度，提高运动强度。这种方法适用于无法进行户外练习，或有疾病做康复保健时练习。

如果因自身体力不足、基础水平较低、体重较大或者年龄较大等原因无法进行上述练习，也可以采用快走方式进行练习，并保持30分钟的时长或将步数控制在6000~9000之间。原地跑练习建议每周进

行3~4次左右，快走时注意动作，可以结合手臂主动前后摆动、侧步走、倒步走等多种方式进行。

2. 趣味练习方法

（1）追踪跑练习法

以5~8人一组为宜，排成一路纵队（前后间隔约两米），沿跑道以30%~40%跑速前进。当队伍跑出50米后，队伍的最后一名开始加速跑（其他的人均以匀速跑的形式跑进），当其超越第一名后，立即恢复原来的跑速开始领跑，跑出50米后，最后一名按照前一名的方式重复进行……直到完成规定的练习任务（跑距一般为1200~1500米）。

（2）变换环境法

变换环境法指跑者在不同环境下进行耐久跑的方法，经常更换环境，可使跑者充满新鲜感，激发跑者的跑步兴趣与欲望。

（3）爬坡跑

爬坡跑可使跑者体验与平地跑步不一样的阻力，持续性的爬坡跑可增强心肺功能，使腿部肌肉得到锻炼。

（4）法克莱特跑

法克莱特跑可通过设定固定区间速度，快慢结合进行，如：持续慢跑10分钟—中速跑3分钟—快速跑1分钟，循环反复。法克莱特跑没有固定的模式，主要通过"紧张—放松"交替训练，以达到改善身心感知力、增强精神力与毅力、提升跑步效果的目的。

（5）山地跑

山地跑要求跑者有一定的耐力基础，可

增强跑步者的大腿力量，增强腿部和大脑的协调性。事实上，山地跑对老年跑步者作用更大。据斯坦福大学一项调查研究表明：经常山地跑的老年人的骨质密度比那些没参加训练和参加缺乏刺激训练的老年人的骨质密度要大得多。

三、跑步后的拉伸

运动后进行适量的放松，可以缓解肌肉紧张，增加肌肉弹性，改善运动姿势僵硬，还可以防止跑步后小腿变粗，同时调节身心逐步回归平静状态。具体方法如下：

跑步后的拉伸

1.头肩动力伸拉

两手十指交叉反撑，两臂伸直带动整个身体向上延伸，抬头保持一会，而后两臂从两侧放松自然下垂，还原后重复3～5次。

2.手、臂、胸动力伸拉

前平举后单臂放在另一手臂上，单臂内屈，另一手臂伸直保持不动，拉伸直臂的手臂后侧，换相反方向重复以上动作。两手体后相握，伸直手臂，拉伸胸、肩，保持一会儿，而后还原，重复3～5次。

3.躯干与髋动力伸拉

（1）双腿交叉，做立位体前屈以及体前屈转。

（2）单手扶把支撑，或侧平举，同侧手握住同侧踝关节，双膝并拢，拉伸大腿前侧股四头肌肌群。

（3）坐撑，单腿支撑，将臀部抬起，另

一条腿伸直，泡沫轴放在大腿后侧，进行前后滚动放松。也可以单腿屈膝放至伸直的腿上，增加负荷进行滚动放松。

4.腰动力伸拉

身体自然站立，两脚开立与肩同宽，躯干缓慢前屈至两手下垂至脚尖，保持一会儿，然后还原。

5.大腿动力拉伸

两脚站距同髋宽，双手放在头后，从髋关节屈体向前，保持腰背挺直，直到股二头肌感到紧张。可以增加体前屈左右转体，两手分别触碰对侧脚外缘。

6.小腿与跟腱动力伸拉

手扶把，原地提踵，感觉小腿和跟腱紧张。

7.脚踝动力伸拉——跪坐

上体保持直立. 慢慢坐在踝关节上，向下给踝关节压力直到趾伸肌与脚前掌感到足够拉力. 然后抬臀后重复. 动作要有节奏，缓慢。

四、跑步注意事项

如果运动者体重过大，可以用快走代替跑步，这样可以将运动对膝关节的损伤降到最低。正常速度的散步，只要持续一定的时间，也能起到锻炼身体和消耗脂肪的功用。

（1）跑步前建议做热身和伸展练习；跑步过程中注意掌握呼吸的节奏，保持呼吸均匀舒畅，这样有助于保持充沛的体力；跑步后建议进行必要的拉伸和放松运动，以调整心率和呼吸。

（2）运动前、中、后均需适量补水，不要过分依赖功能性饮料，可在水中加入适量糖和盐以维持机体的电解质平衡。

（3）跑步的适宜时间为早晨7：00左右与傍晚5：00左右。因为早晨空气清新，阳光充足，可以激活机体，但注意有呼吸道疾病的人不适合；而傍晚饭前跑步，气温适中，有利于减肥。饭前、饭后不宜进行跑步活动，但饭后1个小时后或睡前1小时前可以适量运动，这样能避免消化不良以及多梦或不容易入睡的不良反应。

（4）食物补给方面：锻炼前20分钟，液体或高能量的糖或碳水食物是最合适的；锻炼前5分钟需要补充少量的高能量食物，比如一小把葡萄干、杏仁或者枣；锻炼后5分钟，及时补充高能量食物和流失的电解质饮品，香蕉、运动饮品都是不错的选择，但不宜大量进食，避免引起消化系统的紊乱和功能性失调；锻炼后45~60分钟，高碳水化合物和含有低脂蛋白质的食物可以补充被肌肉消耗的葡萄糖，以便合成蛋白质进入肌肉，使其修复。

（5）运动频度、强度和持续时间应循序渐进：开始时可以每周2次，每次跑10~15分钟即可；待机体适应后，再慢慢增加跑步的运动量和运动强度。尔后再渐渐增加跑步次数和距离，提高跑速。

（6）提高跑速的三种方法：增加步频、增大步幅以及既增加步频又增大步幅。其中在能力不足时，增加步频更可取，而在机体能力不足时，步幅的增大容易引起运动损伤。

（7）跑步中的力量是非常必要的，除了腿部的力量训练以外，适度加强肩臂、腹部和背部肌肉的力量练习，可以有效提高训练者的跑步能力。

（8）跑步中的呼吸非常重要，当跑速不快、人体氧气需求量还不高时，可以采取以鼻吸气、口吐气的方式；当跑速达到一定程度时，可将口鼻同时打开进行呼吸。热身跑和放松跑时可以采取腹式呼吸，加深呼吸深度，提高肺部交换气体的能力。

（9）正确着装，以舒适、适宜伸展和透气吸汗的服装为主。运动鞋尤为重要，合适的运动鞋能够降低地面对足部的冲击，同时具有防滑、缓冲和保护、透气等作用。

（10）运动后，体内大量血液分布在四肢及体表，此时应避免立即洗热水澡，以防止体表血流量增加，引起心脏、大脑供血不足，发生意外。

（11）主动锻炼比被动锻炼的效果要好很多。主动锻炼时，人们心情愉快，内分泌系统运转好，运动时注意力集中，神经调节肌肉及时，不容易受伤。

（12）某些特定人群不宜进行锻炼，如冠心病、糖尿病、急性肾炎患者以及酗酒、前一天睡眠过少、机体处于较严重的疲劳状态的人群等，应待机体恢复健康后再从事适宜的锻炼。

第七章　跳绳

Part 1

跳绳的由来

合了音乐、舞蹈、健身操、街舞等多种元素，使跳绳的竞技性、健身性和观赏性得以凸显，是一项非常适合普遍开展的健身运动项目和竞技比赛项目。

跳绳是具有悠久历史的传统民俗娱乐活动，原属于庭院游戏类，后发展成民间竞技运动。作为我国优秀的民间体育项目，跳绳距今已有1500多年的历史，因其便于掌握，跳法多样，器材方便携带，不受场地、天气影响，健身效果显著等特点，普及度非常高，上至70岁的老翁，下至几岁的孩童，都可以进行操练。

据史料记载，早在南北朝（公元420—589）时期，我国就出现了单人跳绳的游戏。《北齐书·幼主记》中有"游童戏者好以两手持绳，拂地而却上跳"的童戏，其在经历了隋唐时期的"透索"、北宋的"跳索"、明代的"跳白索"后，民国时期成为"跳绳"。跳绳曾经作为"祛病延年"的游戏，深受百姓喜爱。随着时代的发展，跳绳逐步成为群众性的体育运动，"跳绳"这一名称也随之延续至今。

跳绳运动在不断的变化和演变中得到了快速发展，逐渐发展为个人、两人和多人参与的竞速跳绳和花样跳绳。其中花样跳绳融

图7-1　2022年跳绳运动被列为福建省
大学生比赛项目之一

图7-2　跳绳锻炼指导

Part 2

种类和特点

按照动作特点和竞赛目的分类，跳绳分为计数类和花样类。目前我国开展的速度类跳绳包括个人绳速度、交互绳速度、"8"字速度跳三个项目；花样类跳绳包括个人花样、同步花样、车轮跳、交互绳、多人花绳等。其中全国跳绳大众等级锻炼标准因其动作普及性强、动作规范统一，适用于各个年龄层以及各地区操作，既可以作为个人或集体的锻炼项目，也可以举办各级通级赛、表演赛等，在我国得到了积极的开展和推广。

跳绳不仅可以促进少年儿童身体正常发展，改善身体机能，对其灵敏、速度、弹跳及耐力等身体素质的提高也有促进作用，同时还能够健心健脑，缓解焦虑和抑郁，保持积极向上的心态，因此成为广大青少年所喜爱的项目之一。跳绳还常用作其他运动项目的素质训练内容之一。跳绳时宜前脚掌着地，宜穿运动鞋，绳的长短粗细也要合适。可以选用速绳或者珠节绳等。常见跳绳运动的分类、特点及锻炼目标如表7-1所示。

表7-1　常见跳绳运动的分类、特点及锻炼目标

分类	项目	动作特点	锻炼目标
计数类	个人：30秒单摇、30秒双摇、1分钟单摇、1分钟双摇、3分钟单摇跳、4×30秒单摇接力等	动作单一（主要为双脚跳或者单双脚交换跳）	速度、耐力
	交互绳：4×30秒单摇接力、60秒速度跳等		
	集体跳：3分钟10人长绳"8"字跳 1分钟10人长绳集体跳等		
	其他：30秒一带一单摇跳、30秒两人协同单摇跳、30秒三人和谐单人跳、30秒间隔交叉单摇跳等		
强心跳	200个定数计时跳、800个定数计时跳、2400个定数计时跳、4800个定数计时跳	动作单一（主要为双脚跳或者单双脚交换跳）	速度、耐力
花样类	个人花样（1人）	动作多样（主要为竞技比赛难度表上的二级动作、三级动作、四级动作；全国跳绳大众等锻炼标准以及其他自编动作等）	速度、力量、灵敏、协调等个人综合能力；以及两人或多人的配合能力
	同步花样（2人、4人）		
	车轮跳（2人）		
	交互绳（3人、4人、5人）		

续表

分类	项目	动作特点	锻炼目标
花样类	集体自编： 1.大型集体自编（8～16人，4～6分钟，根据竞赛规程或表演需求自配音乐） 2.个人花样集体规定套路（8～12人，规定音乐） 3.车轮花样集体规定套路（6～12人，规定音乐） 4.交互绳花样集体规定套路（9～15人，规定音乐） 5.广场绳舞集体规定套路（8～12人，规定音乐） 6.集体自编规定套路（6～10人，规定音乐）		
其他	一对一对抗赛（杀刀）等	动作多样	综合能力

Part 3

场地要求

- 个人花样规定赛12米×12米，其他规定赛：不小于15米×15米
- 小、大性集体自编赛、交互绳自编赛：不小于15米×15米

跳绳一般锻炼可以选择在运动场、社区广场、公园空地等进行，且以平坦、宽阔、防滑、远离居民区的场地为宜。

正式比赛的场地则要求地面平整光滑，应为优质运动木地板或跳绳专用塑胶场地，比赛场地四周至少要留有3米宽的无障碍区，比赛区上空的无障碍空间从地面向上至少高4米。常见的场地尺寸分为以下几种：

- 计数场地：5米×5米
- 3分钟10人长绳"8"字跳：要求两名摇绳运动员的间距不小于3.6米，场地足够大
- 花样赛：12米×12米

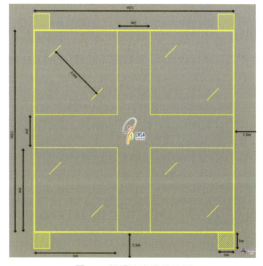

图7-3 跳绳比赛场地示例

图片来源：《2021—2024年全国跳绳运动竞赛规则》修订版。

Part 4

服饰要求

对于日常锻炼和比赛，选择轻便舒适、透气性较好的服饰，不要过于宽松。初学者可以穿长裤和长袖，避免动作失误打到自己。另外，女性练习时最好穿运动型内衣，头发需固定好，避免松散和掉落，从而造成动作失误。比赛中禁止佩戴饰物，平时锻炼时也要注意佩戴的饰品足够安全。除比赛时要求穿着跳绳鞋以外，日常锻炼者不要穿皮鞋及硬底鞋，建议穿跳绳鞋或者其他适宜跳绳运动的运动鞋。跳绳鞋子满足防滑、透气、鞋底柔软、减震等功能即可。

图7-4 跳绳比赛服装示例

Part 5

器材要求

日常锻炼用绳可以选择速绳或珠节绳等，重量、材质、长度、安全性适合锻炼者需求即可，如棉绳、塑料绳、珠节绳、钢丝绳等。比赛用绳则必须使用组委会审定的绳具及其他设施，需达到符合人体安全的环保要求（无毒、无害、无异味），绳体及手柄长短、粗细、颜色、形状、结构、材料和重量不限，也可使用不带手柄的绳具。比赛用绳可作适当修饰，但不得有安全隐患和影响评判的饰物；不可使用外部助力器材，同时提倡使用电子计数装备等，以提高比赛的效率和公平性。

跳绳长度：双脚并拢伸直踩在绳子中间，两手握住绳子并拉直，绳柄置于胸部为合适的跳绳长度。对于初学者，可根据情况适当伸长或缩短，花样类跳绳一般比速度类跳绳稍长。而后根据练习者动作熟练度及技术完善、改进而调整绳子长度为稍短，有利于提

图7-5 花式跳绳

图7-6 竞速跳绳

高速度或完成更多的花样动作。比赛中，个人赛只能用1根跳绳，车轮跳和交互绳赛只能使用1副跳绳，集体自编赛的用绳长度一般为6米以上。

Part 6

音乐要求

一般来说，比赛时无音乐伴奏或者使用符合比赛要求的规定音乐、自选音乐。参赛音乐是烘托气氛、转换节奏、激发运动员临场表现的重要手段，音乐内容多积极向上，可进行音乐的剪辑、加入特效以及变奏等；日常锻炼时可以选择使用或不使用音乐，使用音乐时做到不扰民、符合锻炼者需求即可。一般初学者建议选用每分钟100～120拍的音乐，中等水平练习者建议选用每分钟120～130拍的音乐，高水平练习者则建议选用每分钟130～140拍的音乐甚至更高，优秀练习者可以选用160拍及以上的音乐。练习者可根据自己的实际状况选择适合的跳动节奏进行练习。

Part 7

评价内容和标准

一、计数类

为建立健全国家学生体质健康监测评价机制，激励学生积极参加身体锻炼，教育部印发《国家学生体质健康标准（2014年修订）》，要求各学校每学年开展覆盖本校各年级学生的《标准》测试工作。并根据学生学

图7-7 2017年世界跳绳锦标赛中国代表队
（惠州北京师范大学附属小学）队员比赛中[1]

---

[1]　图片来源：捷报：中国少年斩获世界跳绳锦标赛（WJR）青少年组"双料冠军"完成首秀（sohu.com）。

年总分评定等级。只有达到良好及以上的学生方可参加评优与评奖。其中，速度跳绳作为小学一年级到六年级的测试项目之一（标准如表7-2和表7-3所示）。

图7-8 2021年7月12日第十四届全国学生运动会跳绳项目在青岛艺术学校体育馆举行[①]

图7-9 2018年上海市第十六届运动会跳绳比赛（高校组）上海体育学院在比赛中[②]

表7-2　男生1分钟跳绳单项评分表（单位：次）

等级	单项得分	一年级	二年级	三年级	四年级	五年级	六年级
优秀	100	109	117	126	137	148	157
	95	104	112	121	132	143	152
	90	99	107	116	127	138	147
良好	85	93	101	110	121	132	141
	80	87	95	104	115	126	135
及格	78	80	88	97	108	119	128
	76	73	81	90	101	112	121
	74	66	74	83	94	105	114
	72	59	67	76	87	98	107
	70	52	60	9	80	91	100
	68	45	53	62	73	84	93
	66	38	46	55	66	77	86
	64	31	39	48	59	70	79
	62	24	32	41	52	63	72
	60	17	25	34	45	56	65
不及格	50	14	22	31	42	53	62
	40	11	19	28	39	50	59
	30	8	16	25	36	47	56
	20	5	13	22	33	44	53
	10	2	10	19	30	41	50

① 图片来源："绳"采飞扬——第十四届全国学生运动会跳绳比赛今日开赛（baidu.com）。

② 图片来源：9金5银，我校学生在上海市第十六届运动会跳绳比赛获佳绩-上海体育学院体育休闲与艺术学院（sus.edu.cn）。

表7-3 女生1分钟跳绳单项评分表（单位：次）

等级	单项得分	一年级	二年级	三年级	四年级	五年级	六年级
优秀	100	117	127	139	149	158	166
	95	110	120	132	142	151	159
	90	103	113	125	135	144	152
良好	85	95	105	117	127	136	144
	80	87	97	109	119	128	136
及格	78	80	90	102	112	121	129
	76	73	83	95	105	114	122
	74	66	76	88	98	107	115
	72	59	69	81	9I	100	108
	70	52	62	74	84	93	10I
	68	45	55	67	77	86	94
	66	38	48	60	70	79	87
	64	3I	41	53	63	72	80
	62	24	34	46	56	65	73
	60	17	27	39	49	58	66
不及格	50	14	24	36	46	55	63
	40	11	21	33	43	52	60
	30	8	18	30	40	49	57
	20	5	15	27	37	46	54
	10	2	12	24	34	43	51

二、花样类

花样类跳绳是指速度类以外的各种花式跳绳，种类多样、内容丰富，具有竞技性和健身性。为了更好地促进跳绳运动在全国各级各类学校、俱乐部、企事业单位以及社会上推广，由国家体育总局社会体育指导中心审核并印发，由全国跳绳运动推广中心组编的《全国跳绳大众等级锻炼标准（试行）》（社体字〔2012〕694号）于2012年开始在全国试推广，并制定了规范全国跳绳大众等级锻炼标准考级点设置制度。全国跳绳大众等级锻炼标准一共六级，具体规定动作如表7-4所示。具体评定标准即考试要求如表7-5所示。

考级测试必须要求受测者完成所申报级别的所有八个动作，且每个动作必须达到考级要求的最低完成标准；由国家体育总局社体中心和跳绳运动推广中心统一认证的等级裁判员对参评运动员的动作进行评分达到及格，成套完成最低标准为48分，才算完成考级。

图7-10 2021年第十四届全国学生运动会车轮花样比赛中[①]

图7-11 上海体育学院奥运跳绳表演队参与2016年里约奥运会闭幕式花样跳绳展示[②]

图7-12 参与跳绳拍摄工作学生们的集体照片

表7-4　全国跳绳大众等级锻炼标准

	一级动作	二级动作	三级动作	四级动作	五级动作	六级动作
1	左右甩绳	弹踢腿跳	基本交叉后摇跳	交替交叉单摇跳	背后交叉单摇跳	膝后背后交叉跳
2	并脚跳	后屈腿跳	双摇跳	横摇跨腿跳	固定交叉双摇跳	360度转体跳
3	双脚交换跳	吸腿跳	提膝侧点跳	放接绳柄	异侧跨下交叉跳	交替交叉双摇跳
4	开合跳	钟摆跳	前后打	混合交叉单摇跳	后抛旋转接绳	左右侧摆直三摇跳
5	弓步跳	踏跳步	吸踢腿跳	同侧手腕下交叉单摇跳	合开交叉双摇跳	侧打交叉双摇跳
6	并脚左右跳	左右侧甩直摇跳	侧身前点地跳	360°转身单摇跳	双手膝后交叉单摇跳	腿下交换交叉跳
7	基本交叉跳	手臂缠绕	双脚交叉侧勾点地跳	侧打直双摇跳	侧摆混合交叉双摇跳	后摇跨下交叉跳
8	勾脚点地跳	前后转换跳	侧摆交叉跳	开合交叉双摇跳	开合交叉后双摇跳	倒立跳

---

① 图片来源："绳"采飞扬——第十四届全国学生运动会跳绳比赛赛况，山东教育新闻网（sdjyxww.com）。

② 图片来源于我校奥运跳绳表演队51场演出完美收官 演出受巴赫主席夸赞－科学研究院（sus.edu.cn）。

表7-5　全国跳绳大众等级锻炼评定标准（花样跳绳六级动作）

成绩	完成情况
优秀（9分以上）	完成动作质量很好，姿势正确，动作轻松、协调、节奏感强、优美、精神状态好
良好（8～8.9分）	完成动作质量好，姿势正确，动作轻松、协调、优美
及格（6～7.9）	基本能完成动作，姿势基本正确，动作不够轻松、协调、优美
还要努力（6分以下）	不能完成动作，姿势不正确，动作紧张，不够轻松、协调、优美
考级要求	连续完成1个8拍

Part 8

跳绳的练习

一、伸展绳操

伸展绳操　　　　　伸展绳操
（口令音乐版）　　（分段教学版）

第一节：调吸运动（8×8拍）

准备动作：双脚并立，双手持绳叉腰，持绳宽度比肩略宽，头部正直。

第1个八拍：双手持绳正前方逐渐上升至头上，抬头向上，同时吸气；

第2个八拍：双手持绳正前方逐渐下落至体前，低头向上，同时呼气；

第3个八拍：双手持绳左斜前方逐渐上升至头上，抬头向上，同时吸气；

第4个八拍：双手持绳左斜前方逐渐下落至体前，低头向上，同时呼气；

第5个八拍～第8个八拍：重复第1个八拍—第5个八拍动作，方向相反。

第二节：头部运动（8×8拍）

准备动作：双脚并立，双手持绳叉腰，持绳宽度比肩略宽，头部正直。

第1个八拍：1～2拍，头部前屈；3～4拍，头部后屈；5～6拍左侧屈；7～8拍右侧屈。

第2个八拍：1～2拍，左转；3～4拍，右转；5～8拍动作与1～4拍动作相同。

第3个八拍：头部向左绕环一圈。

第4个八拍：头部向右绕环一圈。

第5个八拍～第8个八拍：重复第1个八拍～第4个八拍动作。

第三节：伸展运动（8×8拍）

准备动作：双脚并立，双手持绳于体前，持绳宽度比肩略宽，头部正直。

第1个八拍：1～2拍时，左脚向左侧横跨一步，双手持绳于前平举；3～4拍时，双手持绳上举；5～6拍动作与1～2拍动作相同；7～8拍，动作还原。

第2个八拍：动作与第一个八拍相同，方向相反。

第3个八拍～第4个八拍：重复第1个八拍～第1个八拍动作。

第5个八拍：1～2拍时，左脚向左侧横跨一步，双手持绳于前平举；3～4拍时，双手持绳上举，同时提踵；5～6拍动作与1～2拍动作相同；7～8拍，动作还原。

第6个八拍：动作与第5个八拍相同，方向相反。

第7个八拍～第8个八拍：重复第5个八拍～第6个八拍动作。

第四节：肩部绕环（8×8拍）

第1个八拍：1～2拍时，左脚向左侧横跨一步，双手持绳于前平举；3～4拍时，双手持绳上举；5～8拍时，两手臂直接向后绕环至体后臀部位置。

第2个八拍：1～4拍时，两手臂直接向前绕环至上举位置；5～6拍时，双手持绳于前平举；7～8拍时双手持绳于体前，同时左脚收回呈并立。

第3个八拍～第4个八拍：重复第1个八拍—第2个八拍动作。

第5个八拍～第8个八拍：重复第1个八拍～第4个八拍动作。

第五节：体侧运动（8×8拍）

准备动作：双脚并立，双手持绳于体前，持绳宽度比肩略宽，头部正直。

第1个八拍：1～2拍时，左脚向左侧横跨一步，双手持绳上举；3～4拍时，双手持绳上举做向左的体侧屈；5～6拍动作与1～2拍动作相同；7～8拍，动作还原。

第2个八拍：动作与第1个八拍相同，方向相反。

第3个八拍～第4个八拍：重复第1个八拍～第2个八拍动作。

第5个八拍：1～2拍时，左脚向左侧横跨一步，双手持绳上举；3～4拍时，左侧弓步双手持绳上举做向左的体侧屈；5～6拍动作与1～2拍动作相同；7～8拍，动作还原。

第6个八拍：动作与第5个八拍相同，方向相反。

第7个八拍～第8个八拍：重复第5个八拍～第6个八拍动作。

第六节：体转运动（8×8拍）

准备动作：双脚并立，双手持绳于体前，持绳宽度比肩略宽，头部正直。

第1个八拍：1～2拍时，左脚向左侧横跨一步，双手持绳前平举；3～4拍时，双手持绳前平举做向左侧转；5～6拍动作与1-2拍动作相同；7～8拍，动作还原。

第2个八拍：动作与第1个八拍相同，方向相反。

第3个八拍～第4个八拍：重复第1个八拍～第2个八拍动作。

第5个八拍：1～2拍时，左脚向左侧横跨一步，双手持绳前平举；3～4拍时，右臂胸前平屈，左臂伸直做向左侧转；5～6拍动作与1～2拍动作相同；7～8拍，动作还原。

第6个八拍：动作与第5个八拍相同，方向相反。

第7个八拍～第8个八拍：重复第5个八拍～第6个八拍动作。

第七节：踢腿运动（8×8拍）

准备动作：双脚并立，双手持绳于体前，持绳宽度比肩略宽，头部正直。

第1个八拍：1～2拍时，左脚向前跨一步，双手持绳上举；3～4拍时，右腿向前踢，同时双手持绳在胯下击掌；5～6拍动作与1～2拍动作相同；7～8拍，动作还原。

第2个八拍：动作与第1个八拍相同，方向相反。

第3个八拍～第4个八拍：重复第1个八拍～第2个八拍动作。

第5个八拍：1～2拍时，左脚向前跨一步，双手持绳于腹前；3～4拍时，右腿向前踢，同时双手持绳去触及脚尖；5～6拍动作与1～2拍动作相同；7～8拍，动作还原。

第6个八拍：动作与第5个八拍相同，方向相反。

第7个八拍～第8个八拍：重复第5个八拍～第6个八拍动作。

第八节：全身运动（8×8拍）

准备动作：双脚并立，双手持绳于体前，持绳宽度比肩略宽，头部正直。

第1个八拍：1～2拍时，左脚向左侧横跨一步，双手持绳上举，同时体后屈；3～4拍时，体前屈，同时双手持绳向下；5～6拍时，左脚收回并下蹲，双手持绳前平举；7～8

拍，动作还原。

第2个八拍：动作与第1个八拍相同，方向相反。

第3个八拍～第4个八拍：重复第1个八拍～第2个八拍动作。

第5个八拍：1～4拍时，左脚先开始做"十"字，双手持绳做"8"字绕环；5～6拍左脚向左侧横跨一步，双手持绳上举做体后屈，注意抬头挺胸；7～8拍，动作还原。

第6个八拍：动作与第1个八拍相同，方向相反。

第7个八拍～第8个八拍：重复第5个八拍～第6个八拍动作。

第九节：跳跃运动（8×8拍）

准备动作：双脚并立，双手持绳绕过颈肩自然下垂，持绳宽度比肩略宽，头部正直。

第1个八拍：双臂自然前后摆动，原地纵跳。

第2个八拍：1～2拍时，两脚跳成开立，同时两手臂做胸前屈臂外展；3～4拍时，两脚跳成并拢，两手臂做胸前屈臂内收；5～8拍时，重复1～4拍动作。

第3个八拍～第4个八拍：重复第1个八拍～第2个八拍动作。

第5个八拍：双臂自然前后摆动，后踢腿跑。

第6个八拍：1～2拍时，两脚跳成弓步，同时两手臂做胸前屈臂外展；3～4拍时，两脚跳成并拢，两手臂做胸前屈臂内收；5～8拍时，重复1～4拍动作。

第7个八拍～第8个八拍：重复第5个八拍～第6个八拍动作。

第十节：调整运动（8×8拍）

准备动作：双脚并立，双手持绳绕过颈肩自然下垂，持绳宽度比肩略宽，头部正直。

第1个八拍～第4个八拍：原地踏步。

第5个八拍：原地踏步，双手持绳向上伸展至最高点。

第6个八拍：原地踏步，双手持绳慢慢落至体前。

第7个八拍：两脚开立，双手持绳向上伸展至最高点。

第8个八拍：两脚开立，双手持绳慢慢落至体前。

注意调整呼吸至恢复自然。

二、热身活动

热身活动（音乐版）

场地准备：将跳绳对折成四折，而后放至在地板上，保持等距间距（根据年龄、场地、练习者运动能力等方面的因素确定间距大小），布置好跳绳的热身活动练习场地，也可以利用锻炼场地原有的地砖格子确立练习场地。

练习者准备：并腿站在练习场地的第一根跳绳前，或者一块砖格线的前面，准备开始进行练习。

1. 跑绳

动作要领：依次直线跑过绳间隔，双手自然前后摆动。注意跑动过程中，脚尖的方向正前方，避免内扣或者外翻。

2. 蛇形跑

动作要领：依次跑过绳间隔时，绕过绳的两端，两手自然放松或侧平举，进行身体重心的转换。如果地面较滑或者鞋子较滑，注意控制身体重心，避免摔倒。

3. 冰棍跳

动作要领：两腿并拢，两手臂伸直上举，并贴住两耳，依次直线跳过绳间隔。注意双脚同时起跳，保持双腿伸直，同时脚尖朝前，并保持腰腹正直，不要挺身。

4. 侧面并步跳

动作要领：侧面对前进的方向，两腿跨立在绳的两侧，通过并步跳，依次完成绳间隔。注意并步跳时两腿同时起跳，保持腰腹正直，不要挺身。

5. "Z"字跳

动作要领：两腿并拢，两手臂放置身体两侧，依次跳过绳间隔，并在地面上形成"Z"字。注意双脚同时起跳，保持双腿伸直，同时脚尖朝前，并保持腰腹正直，不要挺身。

6. 空中转髋跳

动作要领：两腿并拢，两手臂侧平举，依次直线跳过绳间隔，在滞空时进行转髋。注意双脚同时起跳，保持双腿伸直，同时脚尖朝前，并保持腰腹正直，不要挺身。

7. 飞机格跳

动作要领： 采取"左脚后吸—双脚开立—右脚后吸—双脚开立"单双脚轮换的方式，依次跳过绳间隔。注意保持身体中立，控制身体平衡。

8. 空中开合跳

动作要领： 两腿并拢，依次直线跳过绳间隔，在滞空时两脚开立，落地时两脚并拢。注意双脚同时起跳，保持双腿伸直，并保持腰腹正直，不要挺身。

9. 纵跳摸高

动作要领： 两脚并拢，尽最大可能垂直上跳，同时用左手或者右手摸墙壁。注意落地时屈膝缓冲。一般练习8～10次。

三、基本功练习

1. 单手绕绳

基本功训练（口令版）

动作要领： 将绳对折，单手握住绳柄，放置身体斜前方30°～45°，高度与髋同高，距离身体距离为10～15厘米（年龄小者可以适当缩短距离）。以肘关节为轴，大小臂成120°夹角，采取单前臂和手腕协调用力，采取"1-2-1-2"的节奏由后向前绕绳。另一只手做同样的绕绳动作或自然放松。注意绕绳时，两上臂适当贴近身体两侧，并且身体保持正直，重心放置两脚之间。一般20次为一组，两手臂交替完成，间歇练习。

2. 双手绕绳

动作要领： 将绳对折，双手分别握住两条跳绳的绳柄，放置身体斜前方30°～45°，高度与髋同高，距离身体距离为10～15厘米（年龄小者可以适当缩短距离）。以肘关节为轴，大小臂成120°夹角，两前臂和手腕协调用力，而后采取"1-2-1-2"的节奏向前做绕绳，绕绳打在地面时叠在一处。注意两臂不宜张开过大，身体保持正直，重心放置两脚之间。一般20次为一组，间歇练习。

3. 原地跳蹲

动作要领： 两脚并拢，垂直上跳，保持适度的高度，落地时微屈膝。注意垂直上跳时保持原地连续，腰腹正直，不要挺身，不要向后屈腿。一般8～10次为一组，间歇练习。

4. 单手甩绳配合蹲跳

动作要领： 在单手甩绳的基础上，配合原地跳蹲。注意绕绳和跳的协调配合，并持"1-2-1-2"的节奏，同时身体保持正直，绕绳技术正确。一般8～10次为一组，间歇练习。

5. 双手甩绳配合蹲跳

动作要领： 在双手甩绳的基础上，配合原地跳蹲。注意绕绳和跳的协调配合，并保持"1-2-1-2"的节奏，同时身体保持正直，绕绳技术正确。一般8～10次为一组，间歇练习。

6. 勾脚停绳

动作要领：双手持绳于起始位置，双手同时绕绳到起始位置，同时绳打地时，左脚或者右脚足跟着地并伸出，将跳绳停在足跟处。注意用手腕划圈绕绳（年龄小者手腕带动前臂划圈绕绳）。一般8～10次为一组，间歇训练。

7. 单次"绕—跳—绕"结合

动作要领：双手持绳于起始位置，而后绕绳打地时同时跳起，而后再将绳绕至身体前面，双手持绳回到起始位置。口令为"预备—绕—跳—绕"，即跳1次过绳后再将跳绳绕到原来起始绕绳的位置。注意绕和跳的配合完成，同时双腿并拢伸直。一般8～10次为一组，间歇训练。

8. 多次结合

动作要领：连续多次在原地完成"绕—跳—绕"结合，保持身体向上并正直，不要挺身。注意跳时发力是原地向上，同时双手

每次绕绳后都回到起始位置。正确动作连续完成50次及以上则为已经掌握跳绳的基本技术动作，可以进入后续的专项体能训练，提高单位时间内跳的次数。一般8～10次为一组，间歇训练。值得注意的是，熟练后，绕绳时可以仅用腕关节用力。

四、全国跳绳大众等级锻炼标准

全国跳绳大众等级锻炼标准一共有六个等级，其中一级整套动作难度最低，由此往上难度依次加大，六级难度最高，每一等级均由8个动作组成，练习者可以根据自身能力选择任何级别或任何动作进行练习。下面以全国跳绳大众等级锻炼标准中的一级和二级为例，动作完整视频、分解示范并讲解与集体展示可以扫码观看。另外三级套路作为拓展内容，大家可以欣赏和自学。

全国跳绳大众等级锻炼标准
（一级规定动作展示及教学）

全国跳绳大众等级锻炼标准
（二级规定动作展示及教学）

全国跳绳大众等级锻炼标准
（三级规定动作展示）

第八章　健美操

Part 1

什么是健美操？

健美操起源可追溯到两千多年前古希腊人对人体美的崇尚而采取的基本姿势、柔软体操等各种锻炼方法，而后健美操于20世纪60年代初萌芽于美国，70年代在美国迅速兴起。健美英文为"aerobics"，意为有氧健身操，是一项集体操、音乐、舞蹈和美学于一体的，通过徒手、手持轻器械和专门器械的练习，达到健身、健美和健心的健身方式。"健""美""操"是其项目的主要特征，是一项以人体有氧系统供能为主要功能方式，以操化动作作为主要运动形式，集普及性、娱乐性、健身性及观赏性于一体的全身性运动项目。

健美操运动的特点是内容丰富、元素多样、律动清晰、力美兼顾，不受年龄、性别、场地、器械等条件限制。经常参加健美操的锻炼能增进练习者身体生理机能水平，促进健康，提高练习者的综合运动能力，如力量、柔韧、平衡、协调、节奏感以及表现力等，尤其对心肺功能的锻炼效果非常好，对美体、塑形等也非常有效。除此之外，经常参加健美操运动还可以提高练习者对音乐、形态、动作等多方面美的鉴赏能力和感知能力，从而愉悦身心，缓解压力，培养积极乐观的良好情绪，增强社会交往能力。

图8-1 福建省代表队在中国人民共和国第十四届学生运动会健美操比赛中

Part 2

大众健美操的分类

健美操的分类多种多样，如根据练习的目的和任务、练习形式进行分类，或根据练习者的性别、年龄和人体解剖结构特征等进行分类。依据练习的目的和任务进行分类，可将健美操分为竞技健美操和健身健美操两类，如图8-2所示。

健美操分类

竞技健美操

1. 特定规则和要求
2. 时间为1分20秒+5秒
3. 混氧供能方式
4. 运动强度以高为主，动作冲击力大
5. 动作结构复杂、全面、跳跃步伐为主
6. 动作准确、规范、协调、流畅
7. 难度大、艺术性高
8. 以取得优异比赛成绩为主
9. 国际通用比赛项目
　（男、女单人、混合双人操、三人操、五人操）

健身健美操

1. 特定规则或自定规则
2. 时间为3分30秒～4分30秒甚至更长
3. 有氧供能方式
4. 运动强度以中低为主，动作冲击力较小
5. 动作结构较简单、全面，多种步伐组合
6. 动作较准确、规范、协调、流畅
7. 难度适中、注重实效性
8. 以增强体质、促进健康为主
9. 国内各组织比赛项目
　（根据需要规定）

图8-2 健美操分类

健身健美操动作简单易学，注重锻炼实效性、针对性，其采取多种步伐组合的方式，通过上肢、躯干的动作变化加强身体全面锻炼、富有韵律性的有氧健身运动，适宜普通人群开展并普及。对于初学者、较少运动、心肺功能稍弱以及体重过重的锻炼者来说，单次动作持续时间不宜过长，并应控制动作幅度、力度等，并随着身体的适应性和生理机能、运动水平的提高再逐步增加运动量和提高运动强度，从而达到强身健体、增进健康的目的。它既可以作为普通群众锻炼的一种方式，也可以作为普通高校的体育课程内容之一。

Part 3

健美操的基本动作

健美操是通过头部、上肢、躯干和下肢的控制和协调配合，以及与呼吸、表现力等方面的训练，进而达到塑肌、塑形和培养良好体态的效果的一项运动。

健美操的基本动作（表8-1）是根据人体结构而进行设计的，这是健美操运动的基础和核心。掌握正确的健美操基本动作是从事健美操锻炼的基础，不同个体可根据个人特质及喜好等需要选择不同的健美操基本动作进行锻炼及组合创编，从而形成风格迥异的健美操组合动作和套路。

表8-1　健美操基本动作一览表

分类	主要内容
基本手型	拳、并掌、开掌、花掌、立掌、屈指掌、一指、二指、三指
上肢动作	屈伸、绕与绕环、振、旋、收展、提沉、举、交叉、摆、推、冲等
脚步动作	勾、绷、自然下垂
基本步伐	无冲击步伐：提踵、弹动、半蹲起、左右弓步等
	低冲击步伐：交替类—踏步、一字步、V字步、恰恰步、曼步、桑巴步、十字步 点地类：脚跟点地、脚尖点地、并步 迈步类：迈步点地、迈步吸腿（前、斜前、后屈腿）、迈步侧交叉步 抬腿类：不离地的踢腿、摆腿
	高冲击步伐：吸腿跳、弹踢跳、弓步跳、开合跳、并步跳、并腿纵跳、并腿分腿跳、跑跳步、钟摆跳、小马跳、迈步吸腿跳

Part 4

健美操实战攻略

健美操是基于练习者的自身需要而选择相应的健美操基本动作为练习的主要内容，从而使练习者达到改善形体、塑造良好身体体态为目的的一种锻炼方式，也是目前我国青少年经常采用的锻炼方式之一。练习者根据自身练习的目的和需要，选择相应的练习内容，通过对身体进行基础及提升练习，使练习者的心肺功能、身体的灵敏、柔韧及协调性等身体各项机能得到有效的锻炼，增强练习者的身体活力，同时改善形体不足，达到塑形的锻炼效果。在此，我们为大家提供一些具有一定代表性的、适合各类锻炼者需求的健身课程供参考。

一、日常健身课程

本课程采取的是有氧运动强度锻炼模式，在享受有氧健身操带给大家的魅力和快乐的同时，进行形体塑造。课程共分为三个部分，开始部分、基本部分、结束部分。开始部分是让我们的肢体得到伸展，同时心肺功能得到一定程度的复苏；基础部分采取由上至下、由简入繁、由低到高再到低的强度组合方式，让心肺功能和协调能力等方面的潜能得到最大限度的激发；结束部分加强力量、平衡和柔韧等方面的训练，让机体能力得到全面的发展。

表8-2　健身"云"课堂课程安排表

课次	视频二维码	课次	视频二维码
课程一		课程五	
课程二		课程六	
课程三		课程七	
课程四		课程八	
注意事项	课程时长为50～60分钟，锻炼者可根据个体能力选取合适的运动时长； 运动过程中避免突然间停下来，可以采取原地踏步或放松的动作，将运动强度慢慢地降低直至停止；若运动过程中感觉身体不适，不要勉强，先停下来，待身体舒适后再进行练习； 如果前一天过度疲劳、酗酒、严重失眠，或生病等状态下，不宜进行练习； 练习过程中注意补水适当，不宜大量饮水，天气炎热时适当增加运动饮品； 做好锻炼前、中、后的运动服装、心理等准备工作		

二、校园健身课程

校园健身课程成套动作展示

（一）热身组合

熟悉健美操的动作韵律感，以及有效地活动身体各个部位，以8×8拍的节奏进行重复性练习，身体的各部位通过多次的强化动作刺激，让机体得到充分的活动。整套动作共分为七节，动作内容主要包括：伸展4×8，头部8×8，肩部8×8，胸部8×8，膝踝8×8，下肢8×8，腰部8×8。

（二）燃脂组合

以6种基本步伐（前吸腿、踏步、侧弓

步、前弹踢、后点地、并步跳、双弓步）练习为主，可根据个人情况适当配合手臂动作，以4×8拍的节奏进行动作变化，逐渐加大动作的幅度，进行全身性中高强度的锻炼，增强心肺功能，从而达到燃脂塑体的目的。

（三）曼步组合

以7种基本步伐（曼步、左右转髋跳、走步、前吸腿跳、侧弓步跳、开合跳、踏跳）练习为主，可根据个人情况适当配合手臂动作，并以8×8拍的节奏进行动作变化，逐渐加大动作的幅度，加强对身体核心部位的强化锻炼，同时增强心肺功能，从而达到提高身体控制能力、加强髋关节灵活性以及腿部力量的目的。

（四）悦动组合

以6种基本步伐（一字步、小马跳、后交叉步、单腿支撑的前后点地、V字步、并

步跳）练习为主，可根据个人情况适当配合手臂动作，共包含4个动作联结以及前后左右、斜前等多方向的方位变化，增加练习的趣味性，提高身体灵活性。

三、校园进阶展示课程

该课程是在校园健身课程内容基础上，通过丰富动作元素，加强动作在空间和面的表达，提高动作表现张力，从而达到"有趣、实效、艺术表现"兼顾的展示效果。该课程分为基础班套路和提高班套路，练习者可根据个人能力选择其中的几个或者全部组合进行展示。

校园进阶套路基础班组合完整展示及分解教学版

其中基础班共8个组合，每个组合2×8拍，共计16×8拍；提高班共4个组合，每个组合4×8拍，共计16×8拍。具体动作说明及相应动作演示如表8-3和表8-4所示。

图8-3 校园健美操课程的教学成果展示暨比赛

表8-3 基础班套路动作说明及具体动作演示

	动作说明
预备姿势	两腿并拢站立，两臂放至自然下垂，两手并掌贴住身体两侧，双目平视，下颌微收

续表

	动作说明
动作要求	注重动作节奏和动作弹动，并在此基础上逐步提高动作的力度和幅度
教学建议	动作节奏控制在18～20拍/10秒左右，不宜太快。刚开始练习时，可以采取两拍一动的节奏进行反复练习，而后随着练习水平的提高，可以采取一拍一动的节奏进行反复练习
第一组（2×8）	1.1～1.4拍：双腿并拢原地弹动，双手握拳叉腰。 1.5～1.8拍：向前一字步，5拍直臂前平举，6拍直臂上举，7拍直臂侧平举，8拍时两臂放置身体两侧。 2.1～2.8拍：重复1.1～1.8拍的动作
第二组（2×8）	3.1～3.4拍：向前走三步后做前吸腿一次。1～2拍体前屈臂小绕，3拍屈臂侧举，4拍两手胸前击掌。 3.5～3.8拍：向后走三步后做前吸腿一次。1～2拍体前屈臂小绕，3拍屈臂侧举，4拍头上击掌。 4.1～4.8拍：重复3.1～3.8拍的动作
第三组（2×8）	5.1～5.4拍：向侧做后交叉步后，后吸腿一次。1拍两臂侧平举，2拍两臂腹前交叉，右手在上，3拍两臂侧平举，4拍两手胸前击掌。 5.5～6.8拍：与5.1～5.4拍动作相同，方向相反。 6.1～6.8拍：重复5.1～5.8拍动作
第四组（2×8）	7.1～7.4拍：前"V"字步。两臂依次斜上举后胸前交叉。 7.5～8.8拍：前"V"字步。两臂依次斜上举后胸前交叉。注重膝、踝关节的弹动动作，动作幅度适中。 8.1～8.8拍：重复7.1～7.8拍的动作，方向相反
第五组（2×8）	9.1～9.4拍：向右向左各做一次并步。双臂上举，而后下落至髋关节两次。 9.5～9.8拍：向右连续做两次并步，双臂上举，而后下落至髋关节两次。8拍双手叉腰，拳心向后。 10.1～10.8拍：重复9.1～9.8拍动作，方向相反

续表

	动作说明
第六组（2×8）	11.1～11.4拍：右脚开始，右脚和左脚原地各做一次向前弹踢，4拍右腿后吸，双手叉腰保持不动。 11.5～11.8拍：双脚开合跳一次，两拍一动。5、6拍双臂斜上举，7、8拍双手胸前击掌2次。 12.1～12.8拍：重复11.1～11.8拍动作，方向相反
第七组（2×8）	13.1～13.4拍：右脚向右斜前45°方向跑动三步，4拍双腿并拢，两手自然前后摆动，两手于胸前击掌。 13.5～13.8拍：原地左右踏点跳各两次。双臂侧平举后两手头上直臂击掌2次。 14.1～14.8拍：重复13.1～13.8拍动作，方向相反
第八组（2×8）	15.1～15.4拍：右脚开始向右走，转一圈，两手臂自然摆动。 15.5～15.8拍：右脚开始的原地踏步，两手臂经身体两侧至斜上举伸展。 16.1～16.8拍：重复15.1～15.8拍动作，方向相反

表8-4 提高班套路动作说明及具体动作演示

	动作说明
预备姿势	两腿并拢站立，两臂放至自然下垂，两手并掌贴住身体两侧，双目平视，下颌微收
动作要求	注重手臂和脚步的动作配合，增强动作完成的力度、幅度及控制力，提高动作的表现力
教学建议	动作的节奏控制在18～20拍/10秒左右，不宜太快。而后随着练习水平的提高，可以采取比原有节奏稍快的音乐节奏进行反复练习

续表

	动作说明
第一组合 （4×8）	1.1～1.4拍：右脚开始向右斜前45°做一字步，1、2拍右臂、左臂依次立屈，3拍双臂平屈，4拍还原。 注意：膝、踝关节的弹动动作。 1.5～1.8拍：重复1.1～1.4的动作，方向相反。 2.1～2.4拍：向右、向左依次做一次并步。1、2拍两臂斜上举，胸前屈臂交叉各两次，右手在前； 注意：胸前屈臂交叉时距离身体一拳距离。 2.5～2.8拍；5、6拍右转90°向右做一次并步，7、8拍向左做一次并步。两手臂屈肘开合击掌两次。 3.1～3.4拍：右脚起拍向右并步跳，空中完成并腿。双臂由右下开始，沿顺时针方向绕环一圈摆至右髋处屈臂。 3.5～3.8拍：重复3.1～3.4动作，方向相反。 4.1～4.4拍：前V字步，1、2拍两臂依次斜上举，3拍屈臂胸前交叉，4拍两臂斜下举。 4.5～4.8拍：后V字步，5、6拍双臂屈臂至面前交叉，7、8拍两臂斜下举。 注意：屈臂至面前交叉时，低头，稍含胸。 5.1～8.8拍：重复1.1～4.8拍动作
第二组合 （4×8）	9.1～9.4拍：向斜45°前方向走三步，前吸腿跳一次，同时身体右转45°。屈臂胸前交叉三次后斜上举。 9.5～9.8拍：向后十字交叉步，转成正面。两手臂自然摆动。 10.1～10.4拍：左右各做一次侧点地。同侧手臂屈臂侧甩。 10.5～10.8拍：左右转90°，左右各做一次后点地。同侧手臂胸前平屈。 11.1～11.4拍：斜前45°上步弹踢，两臂自然前后摆动。 11.5～11.8拍：重复11.1～11.4动作，方向相反。 12.1～12.4拍：右左各做一次恰恰步，两臂屈肘立臂转上体。 12.5～12.8拍：向后退步，做两次前吸腿，两手胸前击掌
第三组合 （4×8）	13.1～13.4拍：左脚向右1/2曼步，两臂同时斜上举和斜下举。 13.5～13.8拍：开合跳两次。两臂分别斜上、下举各一次，而后两臂前举击掌后落至斜下举。 14.1～14.4拍：分腿跳后落地成双弓步。跳时两臂斜上举而后至双膝成反撑。 14.5～14.8拍：5拍跳起右腿后屈，6拍跳起左腿侧摆，7拍并腿跳，8拍跳起右腿侧摆。5拍屈肘胸前交叉，6拍左臂侧平举，右臂胸前平屈，7拍两臂上举，8拍右臂侧平举，左臂胸前平屈。 15.1～15.4拍：上步侧踢腿，踏步还原。屈臂胸前交叉后侧平举，踏步时两臂自然摆动。 15.5～15.8拍：上步前踢腿，踏步还原。屈臂胸前交叉后侧平举，踏步时两臂自然摆动。 16.1～16.4拍：右左并步跳各一次，两臂前后平举。 16.5～16.8拍：5拍右弓步跳，两臂侧举；6拍并步立转360°，两臂上举，并腕交叉；/拍左弓步，两手臂斜下举；8拍右腿支撑，左腿点地，右手放置臀部，同时左手在正前方下按（亮相）

练习者进行主体部分的练习后，身心处于相对紧张和应激的状态，通过柔韧拉伸部分的练习，使练习者的柔韧性得以提高，伸展肌肉，塑造肌肉线条，同时使练习者逐步回归到自然放松的状态，缓解疲劳。另外，在日常工作中，经常保持固定的身体姿态也会使身体某一部分的肌肉处于紧张状态，从而引起肩、颈、腰、腿等部位的不适感。练习者可根据自己状况选择合适的锻炼场地和锻炼内容进行有目的的练习，以下练习套路供练习者参考。

拉伸操可以在空地上或者利用身边的器械进行练习，一般在主体健身练习后或工作间隙进行拉伸练习。下面分别介绍在空地上和椅子上完成的拉伸操套路。其中，空地上完成的成套动作共计10×8拍，椅子上完成的成套动作共计31×8拍＋4拍，练习者可以根据个人情况选择整套完成或者其中部分动作进行练习。同时，既可以多次重复，也可以适当延长练习时间；既可以成套练习，也可以某一动作反复多次进行重复练习，以达到个人所需要的锻炼效果。完整配乐演示、具体动作说明及相应动作演示如表8-5所示。

表8-5　拉伸套路动作说明及动作演示

活动方式		动作说明
 徒手	预备姿势	两腿并拢站立，两臂放至自然下垂，两手并掌贴住身体两侧，双目平视，下颌微收
	动作要求	身体舒展，逐步加大动作完成的力度、幅度及控制力
	教学建议	可对每个组合动作进行反复多次的练习，以强化拉伸效果
	第一组合（2×8）	1.1～1.8拍：两腿开立，舒展身体，同时两手经侧斜上举，稍抬头，两足跟上提。 2.1～2.8拍：重复1.1～1.8拍动作
	第二组合（2×8）	3.1～3.8拍：两腿并立，两手经侧至上举，并向上延伸脊椎，而后做体前屈，尽量让上体与大腿折叠，使腰部后侧肌群得到充分伸展。 4.1～4.8拍：1～4拍保持不动，5～8拍按照原路返回
	第三组合（2×8）	5.1～5.8拍：身体向上延伸后单腿向前呈前弓步，双手放至膝关节处，向下沉髋，伸展髋关节及腿部前侧和后侧肌群。 注意：膝关节投影点在前脚的支撑面内。 6.1～6.8拍：与5.1～5.8拍动作相同，方向相反
	第四组合（2×8）	7.1～7.8拍：身体向上延伸后单腿向侧呈侧弓步，双手放至膝关节处，向下沉髋，伸展髋关节及腿部内侧肌群。 注意：膝关节投影点在前脚的支撑面内。 8.1～8.8拍：与7.1～7.8拍动作相同，方向相反
	第五组合（2×8）	9.1～9.8拍：两脚开立，舒展身体，同时两手经侧斜上举合掌，做体侧屈。 10.1～10.8拍：重复9.1～9.8拍动作，方向相反

续表

活动方式		动作说明
椅子	预备姿势	坐在椅上，两腿并拢，两手放至大腿正面，自然放松，双目平视，下颌微收
	前奏 （2×8+4）	两手轻抚面部，双目微闭
	第一组合 （6×8+4）	两手经侧起至头上，两手头上十指交叉，抬头延伸脊背；而后收至侧平举后两臂收抱，低头含胸，拉伸背部；两手收至身体后侧，抬头挺胸，拉伸胸腹；单手侧起放至另外一侧耳旁，头侧屈，拉伸颈部；最后还原至起始位置
	第二组合 （4×8+4）	两手臂侧起放至肩上，通过内收、外展、上提、下沉和绕环动作，促使肩部充分舒展，而后还原至起始位置
	第三组合 （6×8+4）	两手臂撑住椅子，单腿、双腿屈膝依次抬起，而后向前斜上方伸展并保持，而后直腿放至地上；双臂撑起，身体抬离椅子呈斜板状，而后还原至起始位置；上体左右转动，使腰部得到最大限度的扭转
	第四组合 （6×8+8）	原地立踵，单腿依次前伸，身体前倾抱腿，拉伸大腿后侧；单手依次撑住椅子，同侧腿支撑，另一手臂向斜上、对侧腿向斜下延伸，充分伸展身体侧面；两手虎口朝内，置于大腿正面，双腿向两侧立踵打开，拉伸大腿内侧
	第五组合 （4×8+8）	身体呈站立姿势，两手臂经侧至上举，向前向远延伸，直至双手触地或垂直地面，并保持一定时间，而后由前至上举，再经侧平举还原至身体两侧，坐在椅子上

四、2019年版健美操大众锻炼标准套路（试行版）

《全国健美操大众锻炼标准》（以下简称《锻炼标准》）是注重社会性和群众性的单项体育锻炼标准，适用于全国各地各领域各年龄人群开展。由国家体育总局体操运动管理中心在国家体育总局的领导下负责制定、修改，中国健美操协会具体实施。自1998年9月第一套规定动作在全国推广以来，至2019年陆续推出三套。2019年版《健美操大众锻炼标准》由全国大众健美操创编组完成，其种类和练习形式更加多样化，内容更为丰富，既有操化，又包含力量训练、平衡等多种元素。同时编排更具有全面性、艺术性、科学性，观赏性更强。具体包括：少儿一级至三级规定套路以及一级至三级规定套路。动作演示视频引用于CSDA考级教材，具体可扫描二维码进行观看。

2019年版健美操大众锻炼标准　　2019年版健美操大众锻炼标准　　2019年版健美操大众锻炼标准
——少儿一级规定动作　　　　——少儿二级规定动作　　　　——少儿三级规定动作

2019年版健美操大众　　2019年版健美操大众　　2019年版健美操大众　　2019年版健美操大众
锻炼标准　　　　　锻炼标准　　　　　锻炼标准　　　　　锻炼标准
——一级规定动作　　——二级规定动作　　——三级规定动作　　——四级规定动作

五、效果评价

不同健身课程的效果评价侧重点有所不同，锻炼者可根据各自的需求选择课程，同时对应效果评价进行自我监督，如表8-6所示。

表8-6　课程内容及效果评价

课程内容	效果评价
日常健身课程	锻炼时间25～50分钟；心率保持在100～140次/分之间持续时间不少于20分钟；锻炼前中后身体反应良好，不过度疲劳，情绪良好；具有一定的音乐节奏感
校园健身课程	熟练掌握课程内容；基本步伐动作规范、身体配合协调；情绪乐观积极；可以运用课程内容进行自主练习；具有一定的音乐鉴赏能力
校园展示课程	熟练掌握课程内容；动作准确、规范，力度幅度好，具有一定表现力，情绪乐观积极；可以运用课程内容进行自主练习；具备一定的创编能力，包括音乐的选择、动作的编排、队形变化等
大众健身等级	熟练掌握健身等级内容；动作准确、规范，力度幅度好，具有一定表现力，情绪饱满；可以运用课程内容进行自主练习；具有一定的音乐鉴赏能力；有能力参与大众健身等级的通级活动

第九章　趣味体能

Part 1

体能的含义

体能作为近几年在社会上广泛传播的词汇被大家逐渐熟知并认同，特别是市面上各个机构少儿体能、青少年体能等体能课程的开发，使人们越来越意识到体能训练的重要性。现在体能训练不仅是专业运动员的训练重要内容之一，也成为普通人群日常锻炼的重要内容之一。那么，什么是体能呢？

体能是通过力量、速度、耐力、协调、柔韧、灵敏等运动素质表现出来的人体基本的运动能力，是运动员竞技能力的重要构成因素。体能水平的高低与人体的形态学特征以及人体的机能特征密切相关。人体的形态学特征是其体能的质构性基础，人体的机能特征是其体能的生物功能性基础。

体能（physical fitness）一词最早源于美国。从广义上讲，它是指人体适应外界环境的能力。在英文文献中，常被用于表达身体对某种事物的适应能力，例如"fitness for competition and win""fitness for life activity"等。德国人将之称为"工作能力"，

法国人称之为"身体适性"，日本人称之为"体力"，中国香港地区、台湾地区的学者将之翻译为"体适能"，并得到华语流行国家和地区体育学术界的认可。

图9-1 日常体能锻炼

Part 2

体能的分类

体（适）能是人体对环境适应过程所表现出来的综合能力。体能包括两个层次：健康体能和竞技体能。

健康体能以增进健康和提高基本活动能力为目标。

竞技体能以追求在竞技比赛中创造优异运动成绩所需体能为目标，是运动员为提高运动技术水平和创造优异运动成绩所必需的身体各种运动能力的总称。它是运动员机体对外界刺激或外界环境适应过程所表现出来的综合能力，与人的运动能力有关，与人体适应能力有关，与人的心理因素（主要是意志力）有关。

两者之间的关系为，前者是人体活动能力必备的基础，后者是通过运动训练，对人体极限能力的开发，对各种机体适应能力进行综合性的训练，并将其调整到最佳状态，从而创造优异的运动成绩。

图9-2 健康体能

Part 3

如何练习体能？

体能训练内容和方法既适用于专业运动员常规训练，也适用于普通人群日常锻炼的趣味体能训练。在人们日常锻炼中，通常以健康体能为主，下面这套趣味体能课程以健康体能为主，共包括上肢、下肢和核心三个部位的锻炼内容和方法，不仅仅能够强身健体，改善姿态，同时还可以预防伤病，激活身体机能状态，从而有效地提高工作效率，是可供人们选择的日常锻炼方式之一。

趣味体能是通过不同的形式和方法进行身体素质锻炼，达到强身健体、增强体质，提高免疫力的作用。本课程主要针对力量和耐力进行锻炼。力量练习可以使肌肉更加强健，给关节更好的保护和支撑，使人不易受伤；而耐力练习可以让心脏变得更加强壮，工作效率更高，不易感到疲劳和乏力。

图9-3 竞技体能

图9-4 趣味体能

一、上肢力量

趣味体能——上肢力量

1.徒手练习

准备动作：两腿开立，略宽于肩，两手臂胸前平屈，保持身体稳定。

动作要求：手臂始终保持水平，手臂侧平举时可以适度保持肘关节弯曲。

动作一：

1～2拍：双腿开立屈膝，两手臂的大臂不动，小臂向两侧伸出，至侧水平位置。

3～4拍：双腿蹬直，两手臂的大臂不动，小臂向内收回至原位；

重复练习：4×8拍，以两拍一动的节奏完成。

变换节奏训练：4×8拍，动作节奏加快，以一拍一动的节奏完成。

动作二：

1～2拍：双腿开立屈膝，两手臂的大臂不动，小臂向前伸出，至前水平位置。

3～4拍：双腿蹬直，两手臂的大臂不动，小臂向内收回至原位；

重复练习：4×8拍，以两拍一动的节奏完成。

变换节奏训练：4×8拍，动作节奏加快，以一拍一动的节奏完成。

动作三：

1～8拍：两腿开立并伸直，两手臂侧平举，而后两手臂依次上下振动，注意手臂向远伸，上下震动幅度依次加大，但不宜过大。

重复练习：4×8拍，以一拍一动的节奏完成。

动作四：

1～8拍：两腿开立并伸直，两手臂侧平举，而后两手臂同时上下振动，注意手臂向远伸，上下震动幅度依次加大，但不宜过大。

重复练习：4×8拍，以一拍一动的节奏完成。

动作五：

1～8拍：两腿开立并伸直，两手臂侧平举，而后两手臂同时前后振动，注意手臂向远伸，前后震动幅度依次加大，但不宜过大。

重复练习：4×8拍，以一拍一动的节奏完成。

动作六：

1～8拍：两腿开立并伸直，两手臂侧平举，而后两手依次做前后抓握手指，注意手臂向远伸，幅度依次加大，但不宜过大。

重复练习：4×8拍，以两拍一动的节奏完成。

动作七：

1～8拍：两腿开立并伸直，两手臂侧平举，而后两手同时向前翻掌，两手臂同时向前绕环，注意手臂向远伸，幅度依次加大，但不宜过大。

重复练习：4×8拍，以两拍一动的节奏

完成。

动作八：

1~8拍：两腿开立并伸直，两手臂侧平举，而后两手同时向后翻掌，两手臂同时向后绕环，注意手臂向远伸，幅度依次加大，但不宜过大。

重复练习：4×8拍，两拍一动的节奏完成。

动作九：

1~8拍：两腿开立并伸直，两手臂侧平举，而后两手形成花掌，带动手臂和肩部依次前后转动，注意手臂向远伸，幅度依次加大，但不宜过大。

重复练习：4×8拍，以一拍一动的节奏完成。

2.持轻器械练习

准备动作：两腿开立或者前弓步，略宽于肩，保持身体稳定。

动作要求：两手臂伸直时可以适度保持肘关节弯曲。

器材要求：一定重量的矿泉水瓶、哑铃或书本等。

动作一：

1~2拍：双腿开立双弓步，两手持器械于体前，两手臂的大臂不动，两手臂同时屈肘上收，两前臂呈立屈。

3~4拍：双腿蹬直，两手臂的大臂不动，小臂向下回至原位，注意手臂向远伸，肘关节保持适当弯曲，幅度依次加大，但不宜过大。

重复练习：4×8拍，两拍一动的节奏完成。

动作二：

1~2拍：双腿左右脚依次在前，呈弓步，两手持器械于体前，两手臂的大臂不动，两手臂同时屈肘上收，两前臂呈立屈。

3~4拍：双腿弓步保持不动，两手臂的大臂不动，小臂向下回至原位，注意手臂向远伸，肘关节保持适当弯曲，幅度依次加大，但不宜过大。

重复练习：4×8拍，以两拍一动的节奏完成。

动作三：

1拍：双腿左右脚依次在前，呈弓步，两手持器械于体前，两大臂不动，两前臂同时屈肘上收，两前臂呈立屈。

2拍：双腿蹬直，两大臂不动，两前臂回至原位，注意手臂向远伸，肘关节保持适当弯曲，幅度依次加大，但不宜过大。

重复练习：4×8拍。配合下肢的蹬伸完成两前臂的同时屈伸，以一拍一动的节奏完成，如果能力允许也可以一拍两动的节奏完成。

动作四：

1~8拍：双腿开立屈膝弹动，两手持器械于体前，两大臂不动，两前臂依次屈肘呈胸前立屈和依次回至原位。注意手臂向远伸，肘关节保持适当弯曲，幅度依次加大，但不宜过大。

重复练习：4×8拍，以一拍一动的节奏

完成，如果能力允许也可以一拍两动的节奏完成。

动作五：

准备姿势：1～4拍双手分开略宽于肩，双脚并拢，四点支撑于地面，头和脚在一个平面上，双肘伸直，且双臂垂直于地面，臀部和腹部核心保持收紧，注意不要塌腰或者提臀。若能力不足，可将双脚支撑改为双膝支撑地面。

1～4拍：在保持准备姿势的基础上，屈肘，胸部距离地面应2～3厘米左右。注意屈肘速度不宜过快，躯干下沉时吸气。

5～8拍：在保持准备姿势的基础上，胸大肌和两臂用力，两手推地撑起至两肘完全伸直，回到起始位置。撑起时呼气。

重复练习：做6个，以四拍一动的节奏完成。

变换节奏训练：做6个，动作节奏加快，以两拍一动的节奏完成。

二、下肢力量

趣味体能——下肢力量

准备动作：双腿前后开立，略宽于肩，两手叉腰，保持身体稳定。

动作要求：动作完成过程中注意缓冲，避免对膝踝关节造成过度冲击。

器材要求：有一定承托力和缓冲的鞋子。

1. 组合一

动作一：前后踩

1拍：右腿在前，前后开立并保持弯曲，右脚做前踩、左腿自然抬起动作，上体随之向前倾，加大前踩力量，并保持身体稳定。

2拍：左脚做后踩、右脚自然抬起动作，上体随着还原，加大后踩力量，并保持身体稳定。

重复练习：4×8拍，以一拍一动的节奏完成；在练习过程中，可以根据个人情况加上手臂的自然前后摆动以及右转360°。

变换方向训练：左脚在前，开始做动作，动作完全相同，方向相反。

动作二：前吸腿

1～8拍：两腿依次做向前的高抬腿动作，单腿向前做屈膝抬腿时，另一条腿做向下蹬地的动作。两手臂配合腿部做主动的前后摆动。注意保持核心收紧，维持身体稳定。

重复练习：4×8拍，以一拍一动的节奏完成，可以根据个人能力逐渐加快动作节奏。

动作三：立卧撑跳

1～2拍：双腿跳开成双弓步，两臂握拳前伸至前平举。

3～4拍：双手直臂撑地，十指朝前，双腿并拢向后伸直，成四点支撑于地面，从头至脚尽量保持在一个平面上。

5～6拍：保持双手直臂撑地，十指朝前，双腿后蹬，快速收腹并屈膝成蹲，两腿适当分开。

7～8拍：双腿蹬地做垂直跳，同时双手经侧上举或者头上击掌。

重复练习：做4个，可根据个人能力逐步增加完成动作的数量。

2. 组合二

动作一：上步模拟投篮

1.1～1.2拍：左脚开始，左右脚依次向前一步，且两脚之间保持适当宽度，同时双膝微屈，以保持身体稳定和利于后续起跳为前提。

1.3～1.4拍：双腿蹬地向上起跳，同时做单手模拟篮球向上投篮的动作。而后保持身体稳定的状态落地。

1.5～2.8拍：重复1.1～1.4的动作，共做4组。

3.1～3.8拍：通过放松跑向后移动，回到原位，同时两臂自然前后摆动。注意在向后移动的过程中保持身体稳定。

4.1～4.8拍：连续原地开合跳4次，两手臂自然放松。

动作二：弓步跳

1～8拍：左右脚依次在前做弓步跳，共做4次，以两拍一动的节奏完成，两手臂自然放松。

重复练习：一组16个，也可根据个人能力逐步增加完成动作的数量。

注意：进行下肢训练时，可以将组合一和组合二中的全部动作或者部分动作进行联合训练，如根据个体需要，将组合一的动作三和组合二的动作一、动作二进行联合循环

训练。

三、核心力量

趣味体能——核心力量

1. 组合一

准备动作：仰卧于垫上，两腿屈膝抬离垫面，大小腿成90°夹角，略宽于肩，两手臂放在身体两侧，保持身体稳定。

动作要求：核心肌肉保持适时的紧张与放松，头、颈椎应尽量少地参与核心力量训练。

器材要求：瑜伽垫、体操垫或者软度合适的草地等。

动作一：

1～4拍：双腿并拢屈膝同时抬起，大小腿角度保持不变，大腿正面向胸部靠近，两手臂放在身体两侧或者侧平举，维持身体平衡和稳定。

5～8拍：还原至起始位置。

重复练习：8×8拍，在练习过程中，可以根据个人情况加上手臂在体侧压垫的动作，以适当弥补核心力量的不足。

动作二：

1～8拍：左右腿屈膝依次抬起，大小腿角度保持不变，抬起的大腿正面向胸部靠近，双腿接近但不触及垫面。两手臂放在身体两

侧或者侧平举，以维持身体平衡和稳定。

重复练习：8×8拍，以两拍一动的节奏完成。在练习过程中，可以根据个人情况加上手臂在体侧压垫的动作，以适当弥补核心力量的不足；也可以加大运动强度，并以一拍一动的节奏完成。

动作三：

1～4拍：双腿并拢屈膝，大腿垂直于地面，而后向右侧转体，双腿接近但不触及垫面，大小腿角度保持不变，两手臂放至侧平举，并在体侧压垫，以维持身体平衡和稳定。

5～8拍：还原至起始位置。

重复练习：4×8拍，以四拍一动的节奏完成。

动作四：

1～2拍：双腿并拢屈膝，大腿垂直于地面，而后向右侧转体，左腿向右斜上方踢腿，右腿接近但不触及垫面，两手臂放至侧平举，并在体侧压垫，维持身体平衡和稳定。

3～4拍：还原至起始位置。

重复练习：2×8拍，以两拍一动的节奏完成。

变换方式训练：

1～4拍：在动作四的基础上，向右侧转体至45度左右，左右腿依次向右斜上方踢腿。

5～8拍：还原至起始位置。

重复练习：2×8拍，以两拍一动的节奏完成。

动作五：

1～4拍：双腿屈膝略宽于肩，双脚放至

地面，两手轻轻抱头，而后上体抬离垫面至45°左右。注意双手抱头时不要用力，以免对颈椎施加过多压力。也可以将双手放至头上，如果核心力量不足，可以用双手带动上体抬离垫面。

5～8拍：还原至起始位置。

重复练习：8×8拍，以四拍一动的节奏完成。

动作六：

1～4拍：双腿屈膝略宽于肩，双脚放至地面，臀部夹紧，髋关节抬离垫面向天花板方向用力。如果能力不足，两手臂可以放在身体两侧压垫。

重复练习：持续保持4×8拍，而后髋关节还原至起始位置。

变换方式训练：

1～2拍：双腿屈膝略宽于肩，双脚放至地面，臀部夹紧，髋关节抬离垫面向天花板方向用力。

3～4拍：髋关节还原至起始位置。

重复练习：4×8拍，以两拍一动的节奏完成。

动作七：

1～2拍：双腿屈膝略宽于肩，从双脚放至地面开始，而后上体和双腿做向内的相向运动。

3～4拍：还原至起始位置。

重复练习：4×8拍，以两拍一动的节奏完成。

变换方式训练：

1～4拍：双腿并拢屈膝，略宽于肩，双脚放至地面开始，而后在1～3拍上体和双腿做3次依次向内的相向运动，两手臂置于身体两侧或者头上。

5～8拍：还原至起始位置。

重复练习：4×8拍，以四拍一动的节奏完成。

动作八：

1～2拍：上体抬离垫面30度至45度左右，左腿抬起使大腿正面向胸部靠近，右腿向远伸出或者屈膝向下但不触垫。两手在抬起的左腿后侧击掌。

3～4拍：两腿交换动作。

重复练习：4×8拍，以两拍一动的节奏完成。

注意：组间间歇拉伸练习时，俯卧于垫上，双臂伸直撑垫，上体向后并适当抬头，让腹部得到最大限度的伸展，至少保持15秒以上。

2. 组合二

准备动作：双臂屈臂撑垫与肩同宽，两腿分开与肩同宽，并伸直撑地。核心收紧，头和脚保持在同一平面。如果个人能力不足，双腿可以屈膝撑地。

动作要求：核心肌肉保持适时的紧张与放松，避免塌腰或弓背。

器材要求：瑜伽垫、体操垫或者软度合适的草地等。

动作一：

1.1～1.4拍：左臂屈臂撑垫，右臂向侧伸直，其他部位保持起始动作。

1.5～1.8拍：右臂收回，还原至起始位置。

2.1～2.8拍：与1.1～1.8拍动作相同，方向相反。

3.1～4.8拍：重复1.1～2.8拍动作。

动作二：

1.1～1.4拍：左臂屈臂撑垫，右臂向侧伸直，同时左腿向侧一步，其他部位保持起始动作。

1.5～1.8拍：右臂和左腿收回至起始位置。

2.1～2.8拍：与1.1～1.8拍动作相同，方向相反。

3.1～4.8拍：重复1.1～2.8拍动作。

动作三：

1.1～1.4拍：右腿屈膝向右腋下方向抬起，其他部位保持起始动作。

1.5～1.8拍：右腿还原至起始位置。

2.1～2.8拍：与1.1～2.8拍动作相同，方向相反。

3.1～4.8拍：重复1.1～2.8拍动作。

动作四：

1.1～1.4拍：左臂屈臂撑垫，身体向右转动，右臂向上伸展，其他部位保持起始动作。

1.5～1.8拍：右臂收回，还原至起始位置。

2.1～2.8拍：与1.1～1.8拍动作相同，方向相反。

3.1～4.8拍：重复1.1～2.8拍动作。

动作五：

1.1～1.8拍：仰卧于垫上，双腿并拢向上伸直并保持垂直于地面开始，而后上体抬离垫面，双手尽力摸双脚，以一拍一动节奏完成。

2.1～2.8拍：重复1.1～1.8拍动作，。

注意：组间间歇拉伸练习时，上体仰卧于垫上，两腿并拢伸直向上体折叠，两手臂可以适当地抱住双腿后侧，逐渐加大拉伸幅度。

四、健身体能操和趣味体能放松操

健身体能操和趣味体能放松操，前者以激活心肺功能为主，运用操类的方式增强体能；后者以放松肌肉、调整身心状态为主。锻炼者可以根据个人喜好、需求和机能状态跟着视频进行完整或者部分练习。切记运动后一定要做好放松，这样不仅可以让练习者的身心得到休息，还能增强肌肉和韧带的弹性。

健身体能操完整展示

趣味体能放松操

Part 4

拓展知识

体能内容丰富，形式多样，练习者既可以根据个体需要进行单个动作的练习，也可以通过联合动作的练习达到锻炼的目的。下面介绍一些适合日常、便于自我练习的体能课程（表9-1至表9-5），包括腰腹力量课程、下肢力量课程、平衡能力课程、心肺功能课程以及柔韧能力课程。

一、腰腹力量课程（表9-1）

（一）**卧式举腿**：仰卧于垫上，双手置于臀部两侧，掌心向下，两腿并拢伸直，向上举腿与地面成90°夹角，而后返回至起始位置，并与地面保持一定距离（约5厘米左右）。

（二）**仰卧飞鸟**：仰卧于垫上，双腿屈膝放至垫上，两膝距离与肩同宽，两手在身体两侧侧平举，而后立起上体，两手在膝关节上面击掌，而后返回至起始位置，注意要慢放至地面，体会腹部持续用力。

（三）**俯卧飞鸟**：俯卧于垫上，两臂上举，手臂、上体和下肢做相向运动，使身体呈船状，而后返回至起始位置，注意要慢放至地面，体会背部持续用力。

（四）**坐姿转体**：坐于垫上，两腿屈膝并拢上抬，使小腿与地面成45°～90°夹角，上体与地面成45°夹角，使身体呈现短"V"字形，两臂带动身体左右转动，并击掌。

（五）**爬毛毛虫**：立位体前屈，双腿分开与肩同宽，两手依次向前爬行，至身体呈平板，而后，两手依次向回爬行至起始位置。

表9-1　腹部力量课程安排

热身	5分钟	
第一组	卧式举腿	15～20次
	仰卧飞鸟	15～20次
	俯卧飞鸟	15～20次
	坐姿转体	15～20次
	爬毛毛虫	10～15次
每个动作完成后休息30秒～1分钟；组间休息5分钟		
第二组	卧式举腿	15～20次
	仰卧飞鸟	15～20次
	俯卧飞鸟	15～20次
	坐姿转体	15～20次
	爬毛毛虫	10～15次
放松	腹背部拉伸5分钟	
注意事项	1.完成动作不宜过快，在完成动作过程中体会重点肌肉持续用力。 2.每个动作可以单独练习，重复2～3组。 3.练习者根据个人的能力可以适当减少动作数量和完成的组数。	

二、下肢力量课程（表9-2）

（一）**原地纵跳**：双腿并拢站立，膝关节弯曲，而后用力向上跳起，落地时注意屈膝缓冲。如果力量不足，可以采取原地预小跳2次，再尽力向上跳起。重复多次练习。

（二）**原地团身跳**：原地站立，膝关节弯曲，而后用力向上跳起，同时快速收腹，将大腿正面尽可能靠近腹部，落地时注意屈膝缓冲。如果力量不足，可以采取原地预小跳2次，再尽力向上做团身跳。重复多次练习。

（三）**原地单足跳**：单腿支撑，另一腿屈膝，大腿自然下垂，而后支撑的腿向前上方跳出去，屈膝腿可以适当配合做向前摆动，重复多次练习。而后换相反的腿完成动作。

（四）**行进间蛙跳**：分腿站立与肩同宽，双手背在身体后面，双腿同时向前上方跳出，而后落地缓冲后立即进行下一次跳跃。重复多次练习。

（五）**原地下蹲跳**：双腿并拢站立，膝关节适当微屈，两腿同时跳开呈双弓步，同时单手触摸地面，而后同时跳成双腿并立。重复多次练习时，两手依次触地。

表9-2 下肢力量课程安排

热身	5分钟	
第一组	原地纵跳	15～20次
	原地团身跳	15～20次
	原地单足跳	15～20次／每腿
	行进间蛙跳	10～15次
	原地下蹲跳	15～20次
	每个动作完成后休息30秒～1分钟；组间休息5分钟	
第二组	原地纵跳	15～20次
	原地团身跳	15～20次
	原地单足跳	15～20次／每腿
	行进间蛙跳	10～15次
	原地下蹲跳	15～20次
放松	腿部拉伸5分钟	
注意事项	1. 落地时屈膝缓冲。 2. 每个动作可以单独练习，重复2～3组。 3. 原地的各类动作可以变换为行进间。 4. 练习者根据个人的能力可以适当减少动作数量和完成的组数。	

三、平衡能力课程（表9-3）

（一）**双足立踵**：双腿并拢站立，两臂上举，夹住耳朵，而后两臂向上延伸，双脚同时立踵，保持8～10秒，而后还原。重复多次练习。

（二）**单腿前举**：双腿并拢站立，单腿直腿支撑，另一腿伸直向前伸出，脚尖朝前，距离地面10～15厘米，两手侧平举或者上举，保持8～10秒，而后还原，换相反方向重复完成动作。重复多次练习。

（三）**单腿侧举**：双腿并拢站立，单腿直腿支撑，另一腿伸直向侧伸出，脚尖朝上，距离地面10～15厘米，两手侧平举或上举，

保持8～10秒，而后还原，换相反方向重复完成动作。重复多次练习。

（四）**单腿后举**：双腿并拢站立，单腿直腿支撑，另一腿伸直向后伸出，脚尖朝下，距离地面10～15厘米，两手侧平举或上举，保持8～10秒，而后还原，换相反方向重复完成动作。重复多次练习。

（五）**单腿前三角支撑**：双腿并拢站立，单腿直腿支撑，另一腿屈膝前抬，脚尖朝下，大腿至少与地面平行，两手抱住小腿前侧，保持8～10秒，而后还原，换相反方向重复完成动作。重复多次练习。

（六）**单腿侧三角支撑**：双腿并拢站立，

单腿直腿支撑，另一腿屈膝后膝关节外展，将脚跟放在支撑腿的膝关节处，脚尖朝下，两手臂侧平举或上举，保持8～10秒，而后还原，换相反方向重复完成动作。重复多次练习。

（七）单腿后三角支撑：双腿并拢站立，单腿直腿支撑，另一腿屈膝后抬，两大腿垂直向下，膝关节靠近，同侧手握住踝关节，脚尖朝下，单手臂侧平举或前举，保持8～10

秒，而后还原，换相反方向重复完成动作。重复多次练习。

（八）原地侧蹬单腿平衡：身体并腿站立，一腿向一侧蹬出呈单腿屈膝支撑，另一腿侧点地，而后该腿屈膝收腿后抬，形成类似滑冰单腿屈膝支撑平衡的动作，上体前倾与地面约成45°夹角，上体、髋、支撑腿保持在一条直线上。两手臂自然配合前后摆动。换相反方向重复完成动作。

表9-3　平衡能力课程安排

热身	5分钟	
第一组	双足立踵	8～10秒，重复8～10次
	单腿单前举、侧举、后举	8～10秒/每腿，左右腿分别完成
	单腿前、侧、后三角支撑	8～10秒/每腿，左右腿分别完成
	原地侧蹬单腿平衡	6～8次/每腿，左右腿分别完成
每个动作完成后休息30秒～1分钟；组间休息5分钟		
第二组	双足立踵	8～10秒，重复8～10次
	单腿单前举、侧举、后举	8～10秒/每腿，左右腿分别完成
	单腿前、侧、后三角支撑	8～10秒/每腿，左右腿分别完成
	原地侧蹬单腿平衡	6～8次/每腿，左右腿分别完成
放松	腿部和手臂拉伸5分钟	
注意事项	1.支撑时身体的控制，支撑腿的膝关节和脚方向保持一致、均朝前。 2.每个动作可以单独练习，重复2～3组。 3.练习者根据个人的能力可以降低动作难度，如用扶把的方式完成，或者减少动作持续的时间和完成的组数。	

四、心肺功能课程（表9-4）

（一）一字步踏步：并腿站立，双腿依次横向左右（或纵向前后）迈出，而后依次收回，节奏逐步加快，直至最后形成原地分腿

屈膝快速踏步，两手臂配合身体平衡，以有利于达到最快的节奏练习即可。

（二）开合跳：并腿站立，双腿同时蹬地跳成分腿站立，两手臂配合打开上举；而后蹬

地跳成并腿站立，保持核心收紧，两手臂打开侧平举，注意肘关节适当弯曲，以有利于伸展胸背部肌肉，打开胸廓，同时配合呼吸。

（三）弓步跳：并腿站立，双手叉腰，双腿同时蹬地跳成弓步，前腿的大腿平行于地面，小腿垂直于地面，膝关节弯曲成90°，后腿的大腿垂直于地面，小腿平行于地面，膝关节弯曲成90°。注意上体始终保持垂直于地面，两脚尖保持朝前。左右腿交替完成。

（四）前吸腿跳：并腿站立，两臂侧平举，单腿前吸腿跳，同时两手在前吸腿下方击掌。

而后换另一腿完成相同的动作。注意上体保持正直。左右腿交替完成。

（五）毽子跳：并腿站立，单腿支撑，另一腿屈膝向内（或外）跳步踢，对侧手臂拍打内侧脚背，而后换相反方向完成动作，左右腿交替完成。

（六）立卧撑跳：并腿站立，两臂自然下垂。第1拍下蹲，双手在体前撑地，第2拍双手支撑，两腿同时向后蹬伸，第3拍还原成第1拍的动作，第4拍向上做纵跳，同时两手在头上击掌。1～4拍完成一次完整动作。

表9-4 心肺功能课程安排

热身	5分钟	
第一组	一字步踏步	持续时间为30秒
	开合跳	30次，开合为1次
	弓步跳	15次 / 腿，左右腿分别完成
	前吸腿跳	15次 / 腿，左右腿分别完成
	毽子跳	15次 / 腿，左右腿分别完成
	立卧撑跳	10～15次
每个动作完成后休息30秒～1分钟；组间休息5分钟		
第二组	一字步踏步	持续时间为30秒
	开合跳	30次，开合为1次
	弓步跳	15次 / 腿，左右腿分别完成
	前吸腿跳	15次 / 腿，左右腿分别完成
	毽子跳	15次 / 腿，左右腿分别完成
	立卧撑跳	10～15次
放松	腿部拉伸、全身放松5分钟	
注意事项	1.落地时屈膝缓冲。 2.每个动作可以单独练习，重复2～3组。 3.练习者根据个人的能力，可以适当降低动作数量和完成的组数。 4.控制完成动作的稳定性、节奏感和协调性。	

五、柔韧能力课程（表9-5）

（一）手臂前举（头上）伸展：双腿开立。手臂于前平举伸展时，一手臂做胸前立屈，另一手臂伸直放在该手臂上，形成"十"字折叠，向胸前立屈的手臂侧拉伸，而后换相反方向完成动作。手臂于头上伸展时，头上手肘相握，向一侧拉伸，而后换相反方向完成动作。

（二）体后展胸：双腿开立，两手体后正（反）相握，挺胸夹背，背部形成"川"字形，抬头。

（三）立位体前屈：双腿开立，两手臂向上延伸后做体前屈，让腹部向大腿正面靠近，同时两手臂向下触地，重复多次后保持状态8～10秒，而后可以逐渐提升动作难度，两腿之间分开的间距逐渐缩短，直至双脚完全并拢，完成上述动作。

（四）跨栏坐前压：于地板上呈跨栏坐姿，对侧手前伸触摸前伸脚尖，另一手臂向后延伸，上体尽量前压，腹部靠近大腿正面，重复8～10次后保持8～10秒；而后换相反方向完成相同动作。重复2～3组。

（五）分腿侧压：分腿直角坐，做体侧屈，对侧手臂尽量摸对侧脚尖，同侧手臂在身体前侧撑地（不要用力），肩部对正体侧屈一侧的膝关节，身体完全朝前，体会体侧屈的身体状态下完成动作，重复8～10次后保持8～10秒。

（六）开立体转：双腿开立与肩同宽，或宽于肩，两手臂侧平举做体前屈，两臂带动身体转动，对侧手依次触碰对侧脚外侧，重复8～10次，保持8～10秒。

（七）单脚勾脚拉伸：双腿并拢，单腿支撑，另一腿勾脚前伸，双手触摸脚尖，重复8～10次后保持8～10秒。

（八）挺身与团身延展：俯卧于垫上，耻骨贴紧垫面，双手在腹前撑地使上身抬起，并适当抬头，充分伸展腹部，而后提臀后坐在足跟上，腹部贴紧大腿正面，额头触垫，双臂向前伸直，充分伸展背部和手臂。

表9-5　柔韧能力课程安排

热身		5分钟
第一组	手臂前举（头上）伸展	保持8～10秒
	体后展胸	保持8～10秒
	立位体前屈	重复8～10次，保持8～10秒
	跨栏坐前压	每腿重复8～10次，保持8～10秒，左右腿分别完成
	分腿侧压	每腿重复8～10次，保持8～10秒，左右腿分别完成
	开立体转	重复8～10次，保持8～10秒，左右两侧依次完成
	单脚勾脚拉伸	每腿重复8～10次，保持8～10秒，左右腿分别完成
	挺身与团身延展	保持8～10秒，挺身和团身分别完成

续表

每个动作完成后休息30秒～1分钟；组间休息5分钟		
第二组	手臂前举（头上）伸展	保持8～10秒
	体后展胸	保持8～10秒
	立位体前屈	重复8～10次，保持8～10秒
	跨栏坐前压	每腿重复8～10次，保持8～10秒，左右腿分别完成
第二组	分腿侧压	每腿重复8～10次，保持8～10秒，左右腿分别完成
	开立体转	重复8～10次，保持8～10秒，左右两侧依次完成
	单脚勾脚拉伸	重复8～10次，保持8～10秒，左右两侧分别完成
	挺身与团身延展	保持8～10秒，挺身和团身分别完成
放松	腿部拉伸、全身放松5分钟	
注意事项	1. 动作缓慢，持久保持用力状态，伸展至极限时保持。 2. 每个动作可以单独练习，重复2～3组。 3. 练习者可根据个人能力适当减少动作数量和完成的组数。 4. 控制完成动作的稳定性和协调性。	

第十章　健身舞

什么是健身舞？

中华民族是能歌善舞的民族，"手之舞之、足之蹈之"是人类表达精神境界的方式之一。无论是在蒙昧的远古时代，还是文明开化的今天，社会都离不开舞蹈，人们也离不开舞蹈。

舞蹈是一种表演艺术，其借助身体来完成各种优雅或高难度动作，一般伴有音乐，有时也借助其他道具，以有节奏的动作为主要表现手段。舞蹈本身有多元的社会意义及作用，包括运动、社交、求偶、祭祀、礼仪等。在人类文明起源前，舞蹈在仪式、礼仪、庆典和娱乐方面都十分重要。中国在五千年以前就已经出现了舞蹈，它产生于奴隶社会，发展至秦汉之时已形成一定特色。

舞蹈起源于人类求生存、求发展中的劳动实践和其他多种生活实践的需要，它和诗歌、音乐结合在一起，是人类历史上最早产生的艺术形式之一。舞蹈动作具有一定的技艺性，包括跳跃、旋转、翻腾、柔韧性、控制等高难度技巧，同时也需要表达人物思想

感情、塑造人物性格和精神面貌等。传统艺术类舞蹈根据不同风格特点主要分为古典舞蹈、民族舞蹈、现代舞蹈和芭蕾舞等。部分舞蹈舞姿示意图如图10-1至图10-4所示。

图10-1 古典舞　　　　图10-2 民族舞

图10-3 现代舞　　　　图10-4 芭蕾舞

随着社会的发展进步，人们的需求日新月异，艺术类舞蹈的功能价值逐渐拓展。尤其是随着人们健身意识的增强，健身舞应运而生。一方面，通过有氧锻炼形式，练习着

反复或进行组合练习，能达到消耗较多热量的目的，有利于健身；另一方面，健身舞将传统艺术类舞蹈动作元素或时尚类舞蹈元素结合到动作设计当中，同时注重音乐表达，能培养人的良好体态，愉悦身心，提高人的创造、想象、表现和艺术修养等综合能力。为此，健身舞特别深受女性练习者的喜爱。

健身舞是一项在音乐伴奏下，通过舞蹈动作的练习，达到美体、塑形，提高身心能力，增强体质，促进健康的全身性运动项目。"舞""美""健"是其三大主要特点，对于培养积极乐观的情绪及增强社会交往能力具有促进作用。

宜，具有一定的重复性。它强调动作在一定的顺序、方向、力度、速度和幅度上的结合与变化，并对动作的节奏、韵律和构图有一定要求。其中，节奏是动作在方向、力度、速度等方面的对比、重复或变化；韵律是节奏的延伸和发展，是身体各部位动作之间和动作与动作之间连绵起伏的流动线条；构图是节奏和韵律在空间所形成的静态舞姿和位置的移动，以及造型的空间调动。

健身舞是基于练习者的自身需要而选择不同的曲目风格作为练习的主要内容，从而达到健身、塑体、美心的目的。近年来健身舞受到各年龄练习者的喜爱，尤以女性为主。因其动作难度可难可易，风格多样，艺术性和表演力强，所以常常被练习者作为自我锻炼或者舞台表演和参赛使用，用途广泛。下面介绍的健身舞曲目，共计九曲，既可以连续完成，也可以选用其中部分曲目进行练习。与此同时，还可以通过队形、方位、团队配合等，作为表演或者比赛。当然，用于表演和比赛时需要注意的是，应根据表演需求和竞赛规程进行相应的变化，这样才能取得更好的表演效果和比赛成绩。具体曲目视频和注意事项如表10-1所示。

Part 2

健身舞实战攻略

健身舞因其健身功效和艺术价值，通常由几个组合构成，其动作组合的设计具有逻辑性、健身性、对称性、艺术性，且难度适

表10-1　健身舞曲目视频展示一览表

顺序	名称	视频	顺序	名称	视频
1	《凤凰花开的路口》		2	《江南雨》	

续表

顺序	名称	视频	顺序	名称	视频
3	《雪恋》		4	《爱在草原》	
5	《流星雨》		6	《我和我的祖国》	
7	《我的九寨》		8	《自豪的建设者》	
9	《江山》		10	《联曲》	
注意事项	1.锻炼者可根据个体喜好选择相应的曲目进行练习。 2.锻炼者既可以选择单个曲目进行循环练习，也可以选择部分或者所有曲目进行完整练习。 3.运动过程中感觉身体不适，不勉强，待身体舒适后再进行练习。 4.若前一天过度疲劳、酗酒、严重失眠、生病等状态，不易进行练习。 5.练习过程中适当补水，不宜大量饮水，天气炎热时适当增加运动饮品。 6.做好锻炼前、中、后的运动服装、心理等准备工作等。				

1.《凤凰花开的路口》

该曲目采取的是4/4拍的音乐节奏。通过身体各个部位的伸展，逐渐让机体恢复活力，让练习者暂时从日常工作生活中脱离出来，集中注意力进行身体锻炼，享受音乐，体验身心愉悦。

本曲目共包含前奏、A组合、B组合、C组合、D组合、E组合以及结束，采取的是"前奏—A+B+C+D+E—结束"的动作段落设计。其中，前奏：2×8拍+4拍；A组合：6×8拍+4拍；B组合：4×8拍+4拍；C组合：6×8拍+4拍；C组合：7×8拍；D组合：4×8拍+4拍；结束：2×8拍。

2.《江南雨》

该曲目采取的是4/4拍的音乐节奏。通过手臂波浪和身体重心的移动，让练习者身体姿态逐渐得到控制，同时舒缓四肢，提高肌肉的伸展性，让练习者在美妙的音乐中提高肌体的活力。

本曲目共包含前奏、A 组合、B 组合以及结束，采取的是"前奏—A+B+A 进阶版 +B 进阶版—结束"的动作段落设计。其中，前奏：4×8拍；A 组合：8×8拍；B 组合：4×8拍；A 组合进阶版：8×8拍；B 组合进阶版：4×8拍；结束：4×8拍。

3.《雪恋》

该曲目采取的是4/4拍的音乐节奏。通过逐渐加大身体各个部位的伸展幅度，积极调动身体各部位参与活动，尤其是通过肩部前后摆、绕环以及重心变化和单腿支撑动作，四肢活动范围逐步加大，可缓解练习者日常固定身体姿势带来的颈肩、腰部以及关节的不适感。

本曲目共包含前奏、A 组合、B 组合、C 组合以及结束，采取的是"前奏—A+B+A+B+C—结束"的动作段落设计。其中，前奏：2×8+4拍；A 组合：8×8拍；B 组合：2×8拍；重复 A 组合：8×8拍；重复 B 组合：2×8拍；C 组合：2×8拍；结束：1×8拍。

4.《爱在草原》

该曲目采取的是4/4拍的音乐节奏，通过运用蒙古舞的动作元素，如扳手、硬腕、揉臂、揉肩、勒马、扬鞭等基本动作，结合健身的特性进行动作编排，使上肢、下肢协调配合，培养蒙古舞的动作韵律及体态，进行全面性的身体活动。与此同时，提高民族舞蹈的艺术鉴赏能力和音乐赏析能力。

本曲目共包含前奏、A 组合、B 组合、

C 组合、D 组合以及结束，采取的是两段式动作段落设计，第一段为"前奏 +A+B+C+D"，第二段采取循环训练法，重复第一段，并用前奏的动作作为结束动作，做到首尾呼应。其中，前奏：4×8拍；A 组合：4×8拍；B 组合：4×8拍；C 组合：4×8拍；D 组合：4×8拍；结束造型。

5.《流星雨》

该曲目采取的是3/4拍的音乐节奏。运用华尔兹的基本脚步动作元素，以膝踝关节的律动使重心上下起伏，加强练习者腿部力量和核心的稳定性练习，呈现特有的动作特征，同时配合手臂，促使身体全面参与活动，并通过方位的变化，提高练习者的方位感，在提高练习难度的同时增加练习乐趣。

本曲目共包含前奏、A 组合、B 组合、C 组合、D 组合、E 组合以及结束，采取的是两段式动作段落设计，第一段为"前奏 +A+B+C+D"，第二段采取循环训练法，包括"A+B+C+E+ 结束"，并用前奏的动作作为结束动作，做到首尾呼应。其中，前奏：16×3拍；A 组合：16×3拍；B 组合：16×3拍；C 组合16×3拍；D 组合：8×3拍；E 组合：16×3拍；结束：12×3拍。

6.《我和我的祖国》

该曲目采取的是3/4拍的音乐节奏。运用华尔兹的基本脚步动作元素，结合音乐的特色，用手臂和情绪的变化展现爱国情怀，在进行身体锻炼的同时，加强思想政治修养，提高音乐演绎能力和肢体的表达能力。

本曲目共包含前奏、A组合、B组合、C组合以及结束。采取的是两段式动作段落设计，第一段为"前奏+A+B+C"，第二段为"A+B+C"，第三段为"A+B+C+C进阶版+结束"，第二段和第三段均采取循环训练法。其中，前奏：16×3拍；A组合：16×3拍；B组合：16×3+16×3+7×3拍；B组合缩短版：16×3+16×3；C组合：4×3拍+拖音4×3拍+拖音+8×3拍；结束：8×3拍。

7.《我的九寨》

该曲目采取的是4/4拍的音乐节奏。主要运用藏族舞蹈的基本动作，体现身姿稳定、手臂晃摆、脚步颤踏等动作特点，呈现特有的动作韵律，动作设计具有对称性，且动作刚柔并济，颤踏和跳跃相结合，对心肺进行刺激，提高健身的全面性。

本曲目共包含前奏、A组合、B组合、C组合、D组合以及结束，采取的是两段式动作段落设计，第一段为"前奏+A+B+C+D"，第二段为"前奏+A+B缩短版+D+结束"，第二段采取循环训练法。其中，前奏：3×8+4拍；A组合：4×8+2拍；B组合：4×8+2×8+2拍；C组合：4×8拍；D组合：3×8+6拍；过渡：2×8+4拍；结束：8×2拍。

8.《自豪的建设者》

该曲目采取的是4/4拍的音乐节奏。运用健身操的动作元素，通过并步、踏步、点步、滚动步、十字步等基本动作快速、准确地完成全套动作，配合充满力量感的上肢动作，

提高练习者身体的控制感；同时通过身体重心前后、上下、左右变化，训练动作的层次感，提高动作的表现力。该套动作设计不仅具有对称性，而且还具有一定的运动强度，能够锻炼练习者的心肺功能。

本曲目共包含前奏、A组合、B组合、C组合、D组合以及结束，采取的是两段式动作段落设计，第一段为"前奏+A+B+C+D"，第二段为"B变形版+D+E+F"，第三段为"A+B+C+D+结束造型"。第二段和第三段采取循环训练法。其中，前奏：1×8+2×8拍；A组合：4×8+4拍；B组合：4×8+8拍；C组合：4×8+8拍；D组合：2×8拍；E组合：2×8+6拍+3×8+6拍；F组合：1×8+4+2×8拍+2×8+2×8拍。

9.《江山》

该曲目采取的是4/4拍的音乐节奏。选取具有时代感的音乐和快慢结合的民族舞的动作元素，运用变奏的设计方法，让练习者更好地演绎音乐。练习中注意重心的起伏变化，以及单双腿变换的动作，使其下肢力量得到训练，同时加强核心力量和伸展性。

本曲目共包含前奏、A组合、B组合、C组合、D组合以及结束和造型，采取的是两段式动作段落设计，第一段为"前奏+A+B+C"，第二段为"A+B+D+结束和造型"。第二段采取部分循环训练法。其中，前奏：4×8+4拍；A组合：4×8拍；B组合：4×8拍；C组合：2×8+4拍；D组合：4×8+1×8拍；结束：1×8拍拉长音。

不同的健身舞有不同的健身功效，健身人群可以根据各自需要选择适合的曲目进行练习，同时运用表10-2中的效果评价进行自我监测。

表10-2　健身舞各曲目健身效果评价一览表

序号	曲目名称	效果评价
1	《凤凰花开的路口》	舒缓情绪，舒缓脊背，伸展身体，心率达到80次/分钟左右，心肺功能得到一定的激活，肌肉和韧带的弹性增强，动作和音乐的配合度好。
2	《江南》	手臂波浪、身体重心的移动自然、协调，身体姿态控制性好，舒缓四肢，肌肉的伸展性得到提升，动作的节奏感强，肌体活力增强。
3	《雪恋》	身体各部位动作协调，体态优美，幅度较大，重心变化和单腿支撑控制性好，日常固定身体姿势带来的颈肩、腰部以及关节的不适感得以缓解。
4	《爱在草原》	能够掌握蒙古舞的基本动作元素，如扳手、硬腕、揉臂、揉肩、勒马、扬鞭等，上肢、下肢协调能够配合，蒙古舞的动作韵律及体态能够较好体现，民族舞蹈的艺术鉴赏能力和音乐赏析能力有一定提高。
5	《流星雨》	能够掌握华尔兹的基本脚步动作，以及膝踝关节的律动和重心上下起伏性，腿部力量和核心的稳定性得以提高，空间方位感得到一定的提高，身体全面参与活动性好，了解和熟悉3/4拍音乐韵律，音乐赏析能力得以加强。
6	《我和我的祖国》	熟练掌握并演绎成套动作，同时能够流畅地在不同方向上展示动作，动作表现力强，具有一定的感染力，艺术性较好。
7	《我的九寨》	熟练掌握藏族舞蹈的基本动作，动作展示过程中能够较好地体现身姿稳定、手臂晃摆、脚步颤踏等动作特点，动作刚柔并济，使心肺功能得到加强，心率达到100～120次/分钟，民族舞蹈的艺术鉴赏能力和音乐赏析能力有一定提高。
8	《自豪的建设者》	熟练掌握健身操的动作元素，通过并步、踏步、点步、滚动步、十字步等基本动作，快速、准确地完成全套动作，上下肢能够协调配合，动作控制感好，幅度、力度适宜，动作张力十足，心率达到110～140次/分钟，心肺功能增强。
9	《江山》	熟练掌握快慢结合的变奏动作演绎方法，能在重心的起伏变化中控制得当，单双腿变换动作利落、迅速，下肢力量性好，身体的控制和伸展性好。

第十一章　广播体操

Part 1

什么是广播体操？

广播体操是在音乐伴奏下，身体按照一定的程序进行的有氧练习。其产生和发展的背景源于新中国成立之前，我国人均寿命不到35岁，提高全民身体素质成为当务之急，由于当时受各种条件限制（如场地、器材、人才以及经验匮乏等），需要发展成本低、效率高、易于推广的国民体育运动。

新中国第一套广播体操由杨烈提出创编建议，其开展目的是让人们通过简单、有效的活动，在学习工作之余，使身体得到锻炼和放松，从而改善全民身体状况，增强体质。为此，熟悉日本广播体操（辣椒操）、北京师范大学体育系科班出身的刘以珍女士被委以重任，担任新中国第一套广播体操的创编者。其编排的原则是从远离心脏、负荷量较小的上肢或者下肢运动开始，到中间胸部、体侧、体转和腹背运动，逐步过渡到较大运动幅度和负荷量的全身运动和跳跃运动，最后以整理运动或者放松运动为结束。这一编排原则也被后续系列广播体操延用至今。

最终，新中国第一套广播体操于1951年11月24日发布，由当时的中央人民政府新闻总署广播事业局和中华全国体育总会筹备委员会联合决定，在中央人民广播电台和各地人民广播电台举办广播体操节目，领导全国人民一起做操。中央人民广播电台的广播体操节目从1951年12月1日开始播放，各地人民广播电台陆续播放，自此，中国广播体操在全国拉开序幕，受到广大群众的热烈欢迎。

自1951年11月24日第一套广播体操发布至今，历经半个世纪，如今已经发展至九套广播体操。60年来，广播体操已经成为最具中国特色的体育健身方法，成为普及面最广、深受人民群众喜爱的"国操"。其中，于2011年8月8日发布的第九套广播体操是在吸收前八套广播体操优点的基础上创编的，其继承了前八套广播体操的结构，具有规范性、科学性、普适性、健身性、针对性、时代性、前瞻性等特点，且易学易记，符合大众锻炼实际与需求；同时，它易练易普及，不受时间、场地限制，较好地体现了时代特征，符合现代人的学习、生活特点。经过生理和生化的实验测试，第九套广播体操对心肺功能有明显改善，运动量和消耗能量都是中等，对血脂、免疫球蛋白、血糖、胰岛素

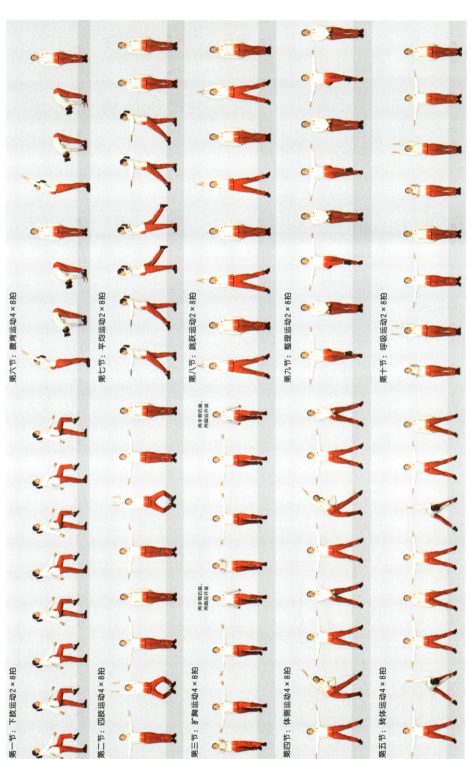

图11-1 第一套广播体操

都有良性影响，是最为经济、实用和科学的健身方法之一。

图11-2 2020年12月厦门大学工会组织的"厦门大学百年校庆倒计时100天"教职工广播操展示活动

图11-3 第九套广播体操宣传图

Part 2

第九套广播体操怎么做？

一、第九套广播体操完整动作演示

第九套广播体操共分为八节，从第一节的伸展运动到第八节的整理运动，包含躯干、上下肢的动作，使身体各部位都能得到充分的锻炼，全面继承了广播体操全面性的风格。同时，第九套广播体操充分考虑了锻炼时运动负荷的适宜性，动作从上肢到全身，由简单到复杂，逐步提高。

原地踏步后，伸展运动、扩胸运动、踢腿运动、体侧运动、体转运动、全身运动、跳跃运动、整理运动依次进行，总时长4分钟左右。它包括身体的头颈、上肢、下肢和躯干各部分的运动，由屈伸、转动、摆动、举振、转体、击掌、平衡、跳跃、踏步等各种动作构成。广播体操运动能够全面锻炼人体的各个部位，对锻炼者产生中等强度的运动刺激，提高肌体各关节的灵敏性、身体的协调性和平衡能力，增强大肌肉群力量，促进肌体的新陈代谢，对提高循环系统、呼吸系统和神经系统功能具有积极作用。同时，在音乐伴奏下做广播体操还是一种美的享受，可以陶冶人的情操，让人保持良好的心理状态。

二、第九套广播体操动作要领

预备节（8拍×2）

预备姿势：立正

当口令至"原地踏步"时，半握拳，拇指压于食指第二指节；

第1拍，左脚向下踏步，右腿抬起，膝盖向前，脚尖离地10～15厘米，同时左臂前摆至身体中线，右臂后摆与左臂对称；

第2拍与第1拍动作相同，方向相反。

原地踏步，左脚开始。最后拍还原成立正姿势。

第一节：伸展运动（8拍×4）（图11-4）

预备姿势：立正

第1拍，左脚向左一步与肩同宽，同时两臂侧平举（掌心向下），头向左转90度；

第2拍，右脚并于左脚，同时半蹲，双臂屈臂于胸前（拳心相对），含胸低头；

第3拍，两臂伸出至侧上举（掌心相对），抬头挺胸，眼看前上方；

第4拍，手臂落下还原成立正。

第5～8拍动作同第1～4拍，方向相反。

第二节：扩胸运动（8拍×4）（图11-5）

预备姿势：立正

第1拍，左脚向前一步（成小弓步），同时两臂经体前平举（握拳，拳心相对），后直臂扩胸至侧平举（拳心向前）；

第2拍，身体右转90度，同时手臂经体前交叉后屈臂扩胸；

第3拍，身体左转90度，同时手臂经体前交叉向后直臂扩胸；

第4拍，左脚收回还原立正，同时两臂经前平举落下。

第5～8拍动作同第1～4拍，方向相反。

第三节：踢腿运动（8拍×4）（图11-6）

预备姿势：立正

第1拍，左脚向侧摆起45度（腿直），同时两臂侧平举（掌心向下）；

第2拍，左脚收回与右脚并拢，屈膝半蹲，同时两臂还原至体侧；

第3拍，左腿向后踢起，离地10～20厘米，同时两臂经前摆至侧上举（掌心相对）；

第4拍，收手收脚还原成立正姿势。

第5～8拍动作同第1～4拍，方向相反。

第四节：体侧运动（8拍×4）（图11-7）

预备姿势：立正

第1拍，左脚向侧迈出与肩稍宽，同时左臂侧平举（掌心向下），右臂胸前平屈（掌心向下）；

第2拍，下肢保持第1拍的姿势，同时上体侧屈45度，左手叉腰（虎口向上），右手摆至上举（掌心向左）；

第3拍，左脚并于右脚半蹲，同时左臂上举（掌心向右），右臂贴于体侧；

第4拍还原成立正，同时左臂经侧收至体侧。

第5～8拍动作同第1～4拍，方向相反。

图11-4 伸展运动

图11-5 扩胸运动

图11-6 踢腿运动

图11-7 体侧运动

第五节：体转运动（8拍×4）（图11-8）

预备姿势：立正

第1拍，左脚向侧一步与肩稍宽，同时两臂侧平举（掌心向下）；

第2拍，下肢保持第1拍的姿势，上体左转90度，同时双手体前击掌两次；

第3拍，上体右转180度，同时双臂伸直至侧上举（掌心相对）；

第4拍，左脚收回还原成立正，同时身体转正，两臂经体侧还原至体侧。

第5～8拍动作同第1～4拍，方向相反。

第六节：全身运动（8拍×4）（图11-9）

预备姿势：立正

第1拍，左脚向左迈出，与肩稍宽，两臂经侧摆至上举交叉，掌心向前，抬头看手；

第2拍，身体前屈（两腿伸直），双臂于体前交叉，掌心向内，低头看手；

第3拍，收左脚成半蹲，同时双手扶膝，肘关节向外，五指向内，低头眼看前下方；

第4拍，还原成立正。

第5～8拍动作同第1～4拍，方向相反。

第七节：跳跃运动（8拍×4）（图11-10）

预备姿势：立正

第1拍，跳成左脚在前、右脚在后的（小）弓步，同时双手叉腰，虎口向上；

第2拍，跳成立正姿势，双手叉腰；

第3拍，跳成右脚在前、左脚在后的（小）弓步，双手叉腰；

第4拍，跳成立正姿势，两臂还原至体侧；

第5拍，跳成两脚左右开立（脚尖微微向外）姿势，同时两臂侧平举（掌心向下）；

第6拍，跳成立正姿势，两臂还原至体侧；

第7、8拍动作同第5、6拍。

第八节：整理运动（8拍×2）（图11-11）

预备姿势：立正

第1～4拍，原地踏步4拍（先踏左脚），第4拍还原成立正姿势；

第5、6拍，左脚向侧迈出与肩稍宽，手臂经侧摆起至侧上举（掌心相对），抬头与水平面45度，看上前方；

第7、8拍，收回左脚，两臂经侧收至体侧，还原成立正姿势。

第2个8拍同第1个8拍动作，方向相反（先踏右脚）。

图11-8 体转运动

图11-9 全身运动

图11-10 跳跃运动

图11-11 整理运动

Part 3

锻炼时的注意事项

👉 做好充分的准备活动。

人体从安静状态进入运动状态，应先进行充分的准备活动，动作幅度可由小到大，特别是头颈动作，不宜过猛、过快，避免肌肉拉伤和关节损伤，要循序渐进。

👉 确保动作正确、规范。

做动作时，身体保持正直，控制好躯干和四肢的姿态。身体在主动发力的情况下，动作要舒展、清晰，动作要做到位。

👉 注意呼吸的节奏。

做动作时要呼吸均匀，不要屏气，更不要说笑，要注意音乐的节奏和动作的规范性。

👉 运动时应正确着装。

运动时，应尽量穿着宽松透气的运动服，尽量选择空气新鲜、平整且有摩擦力的场地进行练习。

Part 4

评价标准

一、成套动作分值

成套动作满分为100分。包括动作完成质量85分，精神面貌15分。

二、动作评分细则

（一）动作完成：85分

包括完成动作的规格、力度、幅度、节奏及一致性等因素。

1. 规格：动作技术规范、动作路线清晰、动作方向明确。

2. 力度：动作要有控制力，轻松而不懈怠、有力度而不僵硬。

3. 幅度：始终保持正确的身体姿势、经过正确路线、大幅度舒展的完成动作。

4. 节奏：动作要有韵律，符合音乐节奏，动作或起伏、或停顿都要与音乐节奏相吻合。

5. 一致性：指集体项目所有人动作整齐划一。动作位置与经过路线、力度与幅度、节奏与速度均要保持一致。

（二）精神面貌：15分

这里的精神面貌是指包括在规定时间视频内的一切表现。如身体姿态、精神状态、进退场编排的合理性及创新性、表情及服装等因素。

1. 身体姿态：不论站立、走路还是跑步，姿态端正。

2. 精神状态：始终保持健康有活力、神采奕奕，以及充满自信的面部表情。

3. 进退场：在规定的时间内允许除做操以外的队列队形变化，但变化要合理，符合基本体操项目特点，口令或口号声音洪亮有力。

4. 服装款式适于运动，颜色搭配协调。

三、动作错误减分（表11-1）

（一）动作错误

1. 动作姿态错误：指完成动作时未能始终保持正确的身体姿态。

2. 动作部位错误：指完成动作时技术规范性及运动部位的规格准确性欠缺。

3. 动作方向错误：指完成动作时未能达到规定的动作方向及身体方位要求。

4. 动作路线错误：指完成动作时未能清晰并正确地展示出动作的开始位置、动作的过程及动作到达位置；动作的轨迹不准确。

5. 动作节奏错误：指完成动作时未能正确的按照音乐节奏完成动作，动作节奏与音乐节奏或口令不吻合。

6. 动作一致性错误：指集体项目完成动作时动作速度、力度、幅度不同步；队列不整齐。

7.漏做：指完成动作时出现停顿漏做2拍，没有原按规定动作完成。

8.附加动作：指完成动作时没有按规定动作完成，出现的多余动作。

（二）动作错误的减分：

1.小错误（扣至1分）：指与正确动作姿态、动作规格、动作方向和节奏等有小偏差。

2.中错误（扣至2分）：指与正确动作姿态、动作规格、动作方向和节奏等有明显的偏差。

3.大错误（扣至3分）：指动作严重偏离正确的姿态、动作规格、动作方向和节奏等。

4.漏做及附加动作：每次出现漏做或附加动作，视为小错误减分（扣至1分）。

表11-1　动作错误减分表

错误	个别10%以下	少数10%～30%	多数30%以上	说明
小错误	扣至1分	扣2～3分	扣4～5分	分节扣分
中错误	扣至2分	扣3～4分	扣5～6分	分节扣分
大错误	扣至3分	扣4～5分	扣6～7分	分节扣分

四、精神面貌减分（表11-2）

精神面貌是指参赛队员自始至终表现出充沛的精力，表情自信且充满活力，以饱满的热情和完美的动作感染观众。包括身体姿态、精神状态、进退场形式、一致性及服装等。

表11-2　精神面貌减分表

错误	少数30%	多数30%～50%	大多数50%以上	说明
精神面貌欠缺	扣至1分	扣至2分	扣至3分	整套
队形变化不合理	扣至1分	扣至3分	扣至4分	队列队形

五、裁判长减分

（一）裁判长职责

裁判长负责掌控整个比赛的全过程，对超出或不足人数的参赛队、性别比例不符合要求、佩戴饰物及饰物掉落等参赛队中有不健康或违法内容给予减分或警告处罚。

（二）裁判长减分

1.参赛人数。每缺少一人扣1.0分，以此类推；超过人数的队伍扣1.0分。

2.性别比例。不符合规定的队伍扣1.0分。

3.比赛中运动员配戴饰物或饰物掉落。每人每次减1.0分。

4.进退场创编不符合体操及队列队形要求。每队扣1.0分。

六、成绩计算

广播操比赛成绩采用百分制进行评分，裁判员数量为偶数，裁判员打分精确到0.1分，最后成绩精确到小数点后两位，满分为100分。

最后得分的计算：去掉最高分和最低分，取中间几个分数的平均分，减去裁判长减分为最后得分。

七、比赛成绩记录表（表11-3）

表11-3　第九套广播体操成绩记录表

序号	参赛单位	裁判员		裁判员		裁判员		平均分	裁判长扣分	最后得分
		1	2	3	4	5	6			
1										
2										
3										
4										
5										
…										

裁判长签字：　　　　　　　　　　　　　　　　　　　日期：

第十二章　排舞

Part 1

什么是排舞？

排舞起源于美国西部乡村民间社交舞，因跳舞时男女分别站成一排排跳舞而被称为"排舞"。20世纪90年代以后，排舞进入全面大发展时期，现在已经成为一项在音乐伴奏下通过风格各异的舞步组合循环来愉悦身心的国际性体育运动。构成排舞舞步组合循环的动作可以是完全重复、固定的，也可以部分重复、固定，其具有国际性、统一性和唯一性，每一曲目都拥有独一无二的舞步，即国际通用的舞码。世界各地的舞者在同一曲音乐的伴奏下，可以将相同的舞步展现出不同的表现形式和内容。

排舞的音乐风格多样，舞蹈元素内容丰富，这使得创编的排舞曲目越来越多，特别是世界排舞锦标赛（UCWDC）作为全球性的排舞赛事，使得世界各国的舞者可以充分展示各有特色的排舞曲目。在新时代背景下，中国蹦床与技巧协会将引领我国的排舞爱好者打造更多的"中国排舞"。每位舞者既可以是排舞套路的参与者和演绎者，也可以是排舞的创编者，借由国际排舞赛事的平台，让世界各地的人们一起感受"中国排舞"。

图12-1　2017年福摩杯"舞动中国－排舞联赛"总决赛[1]

Part 2

排舞的特点和作用

排舞是一项内容丰富、风格多样的休闲健身运动，因不受区域、年龄、性别的限制，而受到全世界人民的喜爱。排舞的音乐元素和舞蹈元素丰富多样，这使得排舞的舞蹈形

---

[1]　图片来源：2017年福摩杯"舞动中国－排舞联赛"总决赛今日在杭州隆重开幕！（sohu.com）

式多姿多彩。它以音乐为核心，展现世界各国民间舞蹈的多元文化，对于培养人们的音乐素养和礼仪行为，提高身体素质、了解世界文化等方面有重要作用。排舞自2004年引进中国，到2011年国家体育总局体操运动管理中心成立"全国排舞运动推广中心"，而后2021年9月蹦床与技巧协会负责全国排舞的推广普及等工作，标志排舞在我国进入规范、快速的发展阶段。自此，排舞在我国大中小学校以及社会各阶层得到迅速发展，成为健身、表演等的重要内容之一。2014年11月，一曲《舞动中国》的排舞表演以25703人的参与量创造了世界排舞的吉尼斯纪录。

澳大利亚塔姆瓦斯，1997—2002年连续6年，5502~6744人。

新加坡，2002年5月，11967人。

中国香港，2002年12月，12168人。

美国亚特拉大，2002年8月，17000人。

中国杭州，2014年11月，25703人。

图12-2 世界排舞吉尼斯纪录

Part 3

排舞的分类

一、根据舞步组合结构进行分类

（一）完整型排舞：固定的舞步组合。如果是2/4或4/4的音乐，舞步组合一般由32拍、48拍或64拍组成。如果是3/4拍的音乐，舞步组合一般由12×3拍或16×3拍组成。这类组合无论在舞步动作上还是方向变化上都较为简单，因此，难度级别大多属于初、中级。

（二）组合型排舞：由两个或更多的舞步组合构成，且每一舞步组合的节拍数可相同或不同，可具有一定的规律或不按规律进行循环。这类组合由于舞步组合难度可难可易，数量可多可少，循环可有规律或没有规律，因此，难度级别可有初、中、高级。

（三）间奏型排舞：除固定舞步组合外，还有一个或多个相同或不同间奏舞步。间奏舞步一般不超过1×8拍。较难于记忆，且间奏舞步还可根据个人特点、音乐特点、队形变化需要等进行二次创编，因此，难度级别有中、高级之分。

（四）表演型排舞：这类组合因表演效果或比赛需要，舞步组合通常较为复杂，也没有固定的舞步组合，且要求能够精准地演绎音乐风格，故最不易掌握，属于难度级别最高的排舞。

图12-3 排舞分类

二、按照舞步组合变化方向进行分类

（一）一个方向的排舞：一个或多个舞步组合的完成，从开始直至结束，均面对12点这一个方向进行。

（二）两个方向的排舞：一个或多个舞步组合的完成后，在相反方向又开始重复这一个或者多个舞步组合的展示，即面向12点的舞步组合结束后，再面向6点重新开始。

（三）三个方向的排舞：一次或多个舞步组合完成后，按照顺时针或者逆时针进行方向变化，在第三次舞步组合重复完成后，由于音乐节奏特点再次回到12点方向，多出现在间奏型排舞中。

（四）四个方向的排舞：一个或多个舞步组合完成后，都在一个新的方向重新开始，一般按顺时针或逆时针依次在12点、9点、6点、3点四个方向上进行变化。

三、按照音乐和舞蹈的风格进行分类

（一）升降起伏（rise and fall）：运用身体升降和摆荡动作完成，强调身体重心的升降起伏变化。节拍为123、223、323、423……

（二）律动 / 轻松（Viennese Waltz）：运用脉冲动作完成，强调重心的律动，包括

波尔卡（Polka），节拍为1&2、3&4、5&6、7&8；东海岸摇摆（East Coast Swing），节拍为1&2、3&4、56，或1&2345&678；以及牛仔（Jive）、桑巴（Samba）等。

（三）平滑（Smooth）：运用平滑动作完成，身体重心强调平移，没有大的起伏变化，包括西海岸摇摆（ESC），节拍为123&45&6或123&4567&8；夜总会（Nightclub），节拍为12&34&56&78&；探戈（Tango）等。

（四）古巴（Cuban）：运用古巴动作完成，强调髋关节运动，包括恰恰恰（Chacha），节拍为1234&56&78&；伦巴（Rumba）、曼波（Manbo）等。

（五）街舞 / 放克（Stree/Funky）：由运动步法和身体律动完成，强调手臂、腿部、身体的律动，以及重心的起伏变化和抖动，包括嘻哈（Hip-hop）、霹雳舞（Break）、机械舞（Poppin）等。

（六）舞台 / 新颖（Stage/Novelty）：通过步法和身体动作完成，或同于百老汇、舞台秀，包括爵士舞（Jazz）、现代舞（Modern）、抒情（Lyrical）、芭蕾（Ballet）等。

另外，中国排舞的发展对世界排舞的音乐和舞蹈风格也产生了一定的影响，其中民族舞和曳步舞是典型的风格代表。

Part 4

如何练习排舞

排舞作为健身运动项目之一，其锻炼价值主要包括健身价值、健心价值、审美价值、文化价值和经济价值等。其中，它对于锻炼者增强体质、促进健康、丰富业余文化生活、提高艺术鉴赏能力等方面均有促进。下面介绍排舞的基本术语、基本步伐、舞谱和舞码等相关知识，通过掌握相关知识，初学者也可以创编出属于自己的个性化排舞套路。

一、排舞术语

排舞术语是排舞理论和技术等方面记录、交流的专门用语和工具。它以简明、扼要的词汇，准确而又形象地反映了排舞的舞步形式和技术特征，是在排舞实践发展过程中不断演变和完善的。它来源于实践又指导

实践，进而上升为理论。

（一）动作方向术语

动作方向是指人体或人体某一部分运动的指向或位置。为了正确辨别身体方向和检查动作旋转的角度，方便理解和记忆套路动作，国际排舞协会规定以时钟的位置和走针方向作为方位和方向。具体包括：12点、3点、6点和9点四个位置以及顺时针和逆时针两个方向。

（二）基本专属术语与基本动作术语

由于国际排舞协会认定英文为国际通用交流语言，因此各种排舞视频网站上均为英文舞谱，为便于学习、沟通和交流，在此以中英文进行基本术语的介绍。另外，因排舞舞谱中主要是针对脚步的描述，因此舞谱中的右和左主要是指右脚和左脚（除个别排舞规定手臂动作描述以外）。具体如表12-1和表12-2所示。

表12-1　基本专属术语一览表

排舞 LINCE DANCE	编舞者 CHOREOGRAPHER	音乐名 MUSIC	演唱者 SINGER
每分钟排数 BPM	拍子 COUNT	方向 / 遍 WALL	舞蹈水平 LEVEL
初级 BEGINNER	中级 INTERMEDIATE	高级 ADVANCE	前奏 / 介绍 COUNT IN/INTRO
开始 START	舞蹈顺序 SEQUENCE	小节 / 章节 SECTION	段落 / 部分 PART
结束 END	间奏 TAG/BRIDGE	重头开始 RESTART	重复 REPEAT
步伐 STEP	脚 FOOT	右 RIGHT	左 LEFT
脚尖 TOE	脚跟 HEEL	还原 HOME	原地 IN PLACE
前面 FRONT	后面 BACK	侧面 SIDE	斜角 DIAGONAL
头 HEAD	手 HAND	面向 FACE	膝关节 KNEE
切分音 SYNCOPATED	顺时针 CLOCKWISE	逆时针 COUNTER-CLOCKWISE	

表12-2　基本动作术语一览表

刷地 BRUSH/SCUFF	退 BACK	击掌 CLAP	交叉 CROSS	拖步 DRAG	扇步 FAN
进 FORWARD	轻弹 FLICK	跟弹 HEEL BOUNCE	跟点 HEEL DIG	跟磨 HEEL GRIND	跟开 HEEL SPLIT
跟拍 HEEL TAP	顶髋 HIP BUMP	抬/吸起 HITCH	停顿 HOLD/FREEZE	勾提 HOCK	单足跳 HOP
跳 JUMP	踢 KICK	提起 LIFT	锁步 LOCK	弓步 LUNGE	点 POINT
抖肩 SHIMMY	滑冰步 SKATE	滑步 SLIDE	踏步 STOMP	摇摆 SWAY	扫步 SWEEP
旋转 SWIVEL	踢踏步 TAP	触点 TOUCH	并步 TOGETHER	转 TURN	扭转 TWIST

二、基本步伐

由于排舞中除个别规定动作以外，其手臂的位置、动作以及风格的演绎可以根据音乐的特点以及练习者的个人技术特点和喜好进行自由发挥和创编，但是脚步的动作要求必须尊重原创，因此排舞运动脚步的规范性至关重要。排舞的基本步伐有很多种，在此仅介绍常用的一些基本步伐，主要包括：平衡步（BALANCE STEP）、曼波步（MAMBO STEP）、剪刀布（SCISSORS STEP）、水手步（SAILOR STEP）、海岸步（COASTER STEP）、桑巴步（SAMBA STEP）、伦巴盒步（RUMBA BOX）、藤步（GRAPEVINE/VINE）、蒙特利转（MONTEREY TURN）、摇椅步（ROCKING CHAIR）、踢换脚（KICK BALL CHANGE）、三连步转（TRIPLE）、开关步（SWITCH）、苹果杰克（APPLE JACK）、查尔斯顿步（CHARLESTON）、闪亮步（TWINKLE）等。

三、舞谱的识别与记写、编排

（一）整体描述

排舞的整体描述包括：介绍曲目的名称、创编者、舞步组合的节拍数、曲目的方向变化、难度级别及所选用的音乐出处等。

（二）舞步术语和舞码

舞步术语是指每一个八拍或者四个三拍主要完成的舞步动作。舞码是指每一个八拍的节奏口令。根据舞步术语和舞码可以逐步对舞步组合中的每一个动作进行描述。中文表达顺序为：身体部位—动作方向—动作方法；英文表达顺序为：动作方法—身体部位—动作方向。有间奏舞步时，在间奏舞步出现的地方会有间奏舞步的节拍数、开始的节拍、方向等。

（三）记写时的注意事项

排舞作为一项参与人数众多、参与人群广泛的大众体育活动，让更多的人参与到该项运动的普及和推广中来是其旺盛生命力的表现。因此，排舞曲目记写要求做到：用语简单易懂、描述准确清晰、术语表达规范、记写前后一致。同时，还需要注意的是，由于排舞以舞步为主，因此在有多个身体部位参与运动的前提下，要将脚步从整体中剥离出来进行重点描述，然后再描述其他身体部位的动作。如：右苹果杰克，同时两臂侧平举。

四、排舞套路

（一）基本套路一

此套路共包含前奏动作、主体动作和结束动作三个部分。其中，主体动作包括四节动作，重复两遍。完整动作可扫描二维码进行观看。

视频1基本套路一
分解示范

视频2基本套路一
完整动作演示

动作特点：

第一节：通过叩击手掌、膝关节律动及左右移动的步伐，让身体逐渐进入运动状态。

第二节：通过手臂带动身体、脚的前后点地，来完成身体核心部位控制的锻炼。

第三节：通过转动手腕，单脚点地，推、绕手臂的动作，达到活动肢体末端和胸廓锻炼。

第四节：通过单脚支撑，用手臂带动身体转动，达到增强腿部力量，提高身体平衡能力的锻炼。

结束部分，通过延续叩击手掌、膝关节律动以及原地踏步等方式调节呼吸，让身体逐渐回复到正常状态。

动作要求：注重动作节奏和动作弹动，

逐步提高动作的力度和幅度。

练习建议：开始练习时，采取二拍一动的节奏进行练习，不宜过快；而后随着练习者能力的提高，可采取一拍一动的节奏进行练习。另外，根据个人身体情况，可选择一遍或多遍的单一训练法或循环练习法进行反复练习。

预备姿势：两腿并拢站立，两臂自然下垂，两手并掌贴住身体两侧，双目平视，下颌微收。

第一节（8×8拍）

1.1～1.8拍：1、2拍双腿屈膝弹动2次，双手叩击髋关节上角两次。3、4拍双腿屈膝弹动2次，双手在胸前叩击两次。5～8拍重复1～4拍动作。

2.1～4.8拍：重复1.1～1.8拍动作。

5.1～5.8拍：1、2拍左脚向左侧一步成双弓步，双手叩击髋关节上角两次。3、4拍右脚并左脚，双手在胸前叩击两次。5～8拍重复1～4拍动作。

6.1～8.8拍：重复5.1～5.8拍动作。

第二节(8×8拍)

1.1～1.8拍：1拍左脚向前一步，2拍右脚足跟向前点地，3拍右脚向后一步，4拍左脚脚尖向后点地，5～8拍重复1～4拍动作。两手臂依次自然前后摆动。

2.1～4.4拍：重复1.1～1.4拍动作。

4.5～4.8拍：5拍左脚收至右脚旁，与右脚并立，同时做垂直小跳；6～8拍原地垂直小跳，两手臂同时自然前后摆动。

5.1～8.8拍：与1.1～4.8动作相同，方向相反。

第三节（4×8拍）

1.1～1.8拍：1～6拍身体左转45度，右脚支撑，左脚在侧面做连续点地6次；7拍左脚向左侧做前弓步；8拍右脚并左脚。1～6拍左臂自然垂放，右臂伸直在正前方做向外的旋转6次，右手掌为花掌；7拍右臂伸直由左斜前方横推至右侧，右手掌为屈立掌。

2.1～2.8拍：与1.1～1.8拍动作相同，方向相反。

3.1～3.8拍：脚步动作与1.1～1.8拍相同，7拍右臂由下方沿顺时针方向画圈至右斜上方，8拍落至身体侧面。

4.1～4.8拍：与3.1～3.8动作相同，方向相反。

第四节（4×8拍）

1.1～1.8拍：1～6拍以左脚为支撑，右脚做点转，同时向左依次转动60度。7、8拍右脚并左脚，做垂直小跳。1～6拍左臂在斜下，右臂在斜上；7、8拍两手臂放至身体两侧。

2.1～2.8拍：与1.1～1.8拍动作相同，方向相反。

3.1～4.8拍：与1.1～2.8拍动作相同。

（二）基本套路二

此套路共包含前奏动作、主体动作和结束动作三个部分。其中，主体动作包括四节动作，完整动作演示可扫描二维码进行观看。

视频3基本套路二　　　　视频4基本套路二
　分解示范　　　　　　　完整动作演示

动作特点：

第一节：通过屈臂抬起和膝关节律动，让身体逐渐进入运动状态。

第二节：通过手臂带动身体，转髋点地，完成身体核心部位控制的锻炼。

第三节：通过提绕肩部，顶髋转体点地，加强身体协调、平衡能力的锻炼。

第四节：通过手臂和单脚支撑弹踢跳动的配合动作，达到增强腿部力量、提高身体协调和平衡能力的锻炼。

开始和结束部分，通过原地伸展和手臂、膝关节律动等方式调节呼吸，让身体逐渐回复到正常状态。

动作要求：注重动作节奏和动作弹动，逐步提高动作的力度和幅度。

练习建议：开始练习时，采取二拍一动的节奏进行练习，不宜过快；而后随着练习者能力的提高，可采取一拍一动的节奏进行练习。另外，根据个人身体情况，可选择一遍或多遍的单一训练法或循环练习法进行反复练习。

动作说明：

预备姿势：两腿并拢站立，两臂自然下垂，两手并掌贴住身体两侧，双目平视，下颌微收。

第一节（2×8拍）

1.1～1.8拍：1、2拍左转45度，双腿屈膝弹动2次，双手胸前平屈，向上抬两次；3、4拍与1、2拍动作相同，方向相反；5～8拍重复1～4拍动作。

2.1～4.8拍：重复1.1～1.8动作。

第二节(2×8拍）

1.1～1.8拍：1拍左脚原地踏步，2拍右脚原地踏步，3、4拍保持不动。1拍左手向左后侧下伸一次，2拍右手向右后侧下伸一次，3、4拍两手臂伸直由左斜前方画平圆至右斜前方，同时拉至胸前平屈后向外弹推2次。5～8拍重复1～4拍动作。

2.1～2.8拍：重复1.1～1.8拍动作。

第三节(2×8拍）

1.1～1.8拍：1、2拍左脚原地顶髋转体踏步2次，3、4拍右脚原地顶髋转体踏步2次。1.2拍右臂伸直，掌跟向外向上提肩2次，同时左臂伸直，掌跟向外向下压肩2次。3、4拍与1、2拍动作相同，方向相反。5～8拍与1～4拍动作相同。

2.1～2.8拍：重复1.1～1.8拍动作。

第四节(2×8拍）

1.1～1.8拍：1、2拍左脚向前弹踢1次，右脚向后贴地面移动，3、4拍左脚原地踏步，右脚向侧面后点地。1、2拍两手臂在胸前交叉1次，3、4拍两手臂向两侧伸展。5～8拍与1～4拍动作相同。

2.1～2.8拍：重复1.1～1.8拍动作。

基本套路二还可以根据个人的能力选择更为复杂的动作结构和更为丰富的动作元素进行演绎。如基本套路二升级版（扫描二维码进行观看）。

视频5基本套路二　　　视频6基本套路二
升级版分解示范　　　升级版完整动作演示

（三）拓展套路

国家体育总局体操运动管理中心原全国排舞运动推广中心每年度都会推广多首各种风格的曲目，大家可以根据各自的兴趣爱好选出适合自己，具有时代感、活力感，积极向上的套路进行锻炼。图12-3为历年排舞采风曲目，其目的是挖掘和传承中国民族传统文化。另外，2021年"舞动中国－排舞联赛规定曲目，详见表12-4。

表12-3 历年排舞采风曲目一览表

序号	曲目名称	序号	曲目名称	序号	曲目名称
1	《幸福羌寨》	10	《加林赛部落》	19	《欢乐火把节》
2	《扎西德勒》	11	《藏歌唱起来》	20	《健康藏族动起来》
3	《手牵手》	12	《哈达》	21	《美丽西藏可爱家乡》
4	《太阳鼓》	13	《快乐的骑手》	22	《走咧走咧去宁夏》
5	《桃花源》	14	《直尕思得》	23	《大红的日子大红的天》
6	《郎在高山打一望》	15	《摆手欢歌》	24	《牡丹花与放羊娃》
7	《侗乡儿女心向党》	16	《神农谷》	25	《听到花儿就想家》
8	《快乐侗乡》	17	《阿西里西》		
9	《美丽的地方》	18	《千年侗歌》		

表12-4 2021年"舞动中国－排舞联赛"规定曲目一览表

序号	组别	规定曲目	序号	组别	规定曲目
1	幼儿园	《宝贝宝贝》	15	混双（桑巴）	《值得跳舞》
2	小学生乙组	《美好生活》	16	混双（恰恰）	《绝对的》
3	小学生甲组	《最靓的仔》	17	混双（夜总会）	《大胆行动》
4	中学生乙组	《牧马人》	18	混双（华尔兹）	《双心一意》
5	中学生甲组	《您最最最重要》	19	单人初级	升降起伏《Rainbow Connection》
6	职业中专组	《您最最最重要》			律动《Some Kind of Wonderful》
7	高职高专组	《真棒》			街舞《Treat Em Right》
8	院校组	《真棒》	20	单人中级	升降起伏《How Long Will I Love You》
9	轮椅公开组	《我依然奔跑在路上》			律动《OI Love You》
10	智力残疾组	《晚安喵》			平滑《Bleeding Love》
11	听力残疾组	《少年郎》			街舞《Monster》
12	青年组	《西湖谣》	21	单人高级	升降起伏《Last Waltz》
13	中年组	《走咧走咧去宁夏》			律动《1，2 Many》
14	常青组	《祝福祖国》			平滑《Attention》
					古巴《Senorita》
					街舞《Taki Taki》

四、专项考核评价标准

排舞成套动作采用百分制，评分精细到 0.1分。具体评价标准如表12-5所示。

表12-5　排舞专项评价标准

分数	评价标准
90～100分	1.动作正确性非常好；2.动作熟练性非常好；3.身体的协调性非常好；4.连接动作的流畅性非常好；5.动作和音乐的配合非常好；6.艺术表现力非常强且富有热情。
80～89分	1.动作正确性非常好；2.动作熟练性非常好；3.身体的协调性非常好；4.连接动作的流畅性非常好；5.动作和音乐的配合较好；6.艺术表现力较强，较有热情。
70～79分	1.动作正确性非常好；2.动作熟练性非常好；3.身体的协调性非常好；4.连接动作的流畅性较好；5.动作和音乐的配合较好；6.艺术表现力较强，较有热情。
60～69分	1.动作正确性较好；2.动作熟练性较好；3.身体的协调性较好；4.连接动作的流畅性较好；5.动作和音乐的配合较好；6.艺术表现力较强，较有热情。
40～59分	1.动作正确性一般；2.动作熟练性一般；3.身体的协调性一般；4.连接动作的流畅一般；5.动作和音乐的配合一般；6.艺术表现力和热情一般。
20～39分	1.动作正确性较差；2.动作熟练性较差；3.身体的协调性较差；4.连接动作的流畅性较差；5.动作和音乐的配合较差；6.艺术表现力和热情较差。
20分以下	1.动作正确性差；2.动作熟练性差；3.身体的协调性差；4.连接动作的流畅性差；5.动作和音乐的配合差；6.艺术表现力和热情差。

注：评分包括舞步分、完成分和艺术分，总分100分。其中舞步分为20分，完成分50分，艺术分30分。

（一）舞步分（20分）

1.基本舞步（12分）：包括舞步正确、规范，方向变化正确，动作节奏正确。前奏、间奏和结尾的部分可有不同于原舞步的动作。结尾动作编排不得超过2×8拍或者8×3拍的。上肢动作可自由编排；否则视其程度进行扣分。

2.舞步顺序（8分）：在演绎过程中，没有颠倒或拆分舞步；否则视其程度进行扣分。

（二）完成分（50分）

1.动作正确性（10分）：身体姿态舒展，动作技术正确，动作范围适当。如有技术动作不正确或身体姿态问题，视其错误程度进行相应扣分。

2.动作熟练性（10分）：动作熟练，无漏做动作。停顿不超过1×8拍，如有漏做，按照漏做动作的多少进行酌情扣分。

3.身体的协调性（10分）：全身运动协调，动作轻松有弹性，动作清晰无拖沓，避免过分松弛和过分紧张。如动作不协调、动作不清晰、出现多余动作，过分紧张或松弛，均视其程度进行扣分。

4.动作连接的流畅性（10分）：动作之间连接自然流畅，动作的转化及方向的变化要干净无拖沓。

5.动作和音乐的一致性（10分）：动作要充分表现音乐的情绪，动作和音乐节奏的配合要准确。如动作和音乐的配合出现问题，视其程度进行扣分。

（三）艺术分（30分）

1.成套队形编排（10分）：基础班要求队形变化至少3次，提高班要求队形变化至少5次。不包括开头和结束动作，相同的队形仅算一次队形变化，且队形变化流畅自然并富有层次感。如队形变化不足，或者流畅度和层次不足，均视其程度进行扣分。

2.曲目风格的把握（10分）：动作的完成（包括上肢的动作编排）与曲目风格要协调一致，否则视其程度进行扣分。

3.表演技巧与总体印象（10分）：动作展示要具有表现力，并富有激情，体现一种健康和积极向上的情绪。成套动作的展示要具有良好的表演效果，否则视其情况进行扣分。

第十三章　啦啦操

啦啦操的起源与发展

啦啦操起源于美国1980年代初，英文名为"cheer leading"，是一项普及性强的，集体操、舞蹈、音乐、健身和娱乐为一体的新兴体育运动项目。其遍布美国NBA、橄榄球、棒球、游泳、田径、摔跤等比赛现场，至今已经有100多年的历史。啦啦操最初为美式足球呐喊助威的活动，到现在已发展成为世界范围内的一项体育运动，受到全世界人民的喜爱。

随着人民生活水平的不断提高，啦啦操特有的健身、表演和娱乐等实用价值吸引了越来越多的不同国家、不同年龄、不同领域爱好者的喜爱和参与，自2001年引入我国、在广州举办第一届全国啦啦操比赛至今，已经成为代表阳光、时尚和团队精神的大众体育运动。尤其是2009年国家体育总局正式批准开展全国啦啦操联赛官方赛事以后，啦啦操在国家体育总局体操运动管理中心、教育部大中小学生体育协会、新闻媒体和社会力量的共同努力下发展迅速，吸引了全国多个城市、学校、俱乐部等多个领域的人群的热情参与。值得一提的是，我国曾有优秀运动员参加了美国、新加坡、澳大利亚、中国香港、中国台湾等地举行的世界啦啦操赛事，国内外的竞赛和表演可谓精彩纷呈。

图13-1 2018年山西医科大学和广西大学联合组队代表中国参加首届世界大学生啦啦操锦标赛，获得大型混合团体冠军①

---

① 图片来源：我校代表中国队勇夺首届世界大学生啦啦操锦标赛大型混合团体冠军－国际交流处（sxmu.edu.cn）。

Part 2

什么是啦啦操？

啦啦操是在音乐的伴奏下，运动员借助道具、标语等集体完成的具有强烈感染力的、多样化的舞蹈动作。项目特有的难度动作过渡与配合动作等内容，能充分展示团队的运动技能技巧，体现青春活力和追求集体荣誉感的团队精神。

现代啦啦操以团队形式出现，结合Dance（舞蹈）、Cheer（口号）、Partner Stunts（舞伴特技，是指托举的难度动作）、Tumbling（技巧）、Basket Toss（轿子抛）、Pyramid（叠罗汉）、Jump（跳跃）等动作技术，配合音乐、服装、队形变化及标示物品（如彩球、口号板、喇叭与旗帜）等要素，遵守比赛规则中对性别、人数、时间限制、安全规则等规定进行的比赛运动。分为两人类，即技巧啦啦操和舞蹈啦啦操。其中技巧啦啦操包括 Mixed（男女混合组）、All-Female（全女子组）和 Partnerstunts（舞伴特技）；舞蹈啦啦队又包括 Pom（花球）、High kick（高踢腿）、Jazz（爵士）和 Prop（道具）四个组别。代表世界啦啦操最高水平的全美啦啦操队锦标赛参赛标准为：队伍人数要求在6～32人之间，并分四个组别进行比赛，分别是业余组、中学组、大学组和全明星组。

图13-2 福建省第十七届运动会（大学生部）啦啦操比赛

图13-3 厦门大学啦啦操代表队参加福建省第十七届运动会（大学生部）啦啦操比赛

Part 3

啦啦操动作特点

啦啦操动作在完成过程中，要求身姿挺拔，头部保持微抬或者内含。上肢动作发力短促有力，制动明显且没有延伸，将力量集中在拳上，在最短的时间内完成动作，并控制身体姿态。下肢通过膝关节有力的控制，来进行重心的上、下、左、右变化，在最短时间内完成脚步动作。整体动作清晰有力量感、张力强、感染力好，并表现出健康活力、积极向上、振奋的精神风貌。

Part 4

如何练习啦啦操？

一、常见手位

在啦啦操成套动作的展示和比赛中，经常出现具有项目特质的手位。在音乐的伴奏下，这些常见的手位通过不同的动作路线、方位以及顺序进行组合，结合脚步的变化、技巧、托举以及空间、队形等变化，同时配合服装、道具、口号等而呈现出各具特色的动作套路。常见的手位有：冲拳类（高冲拳、侧上冲拳、侧下冲拳、斜上冲拳、斜下冲拳）、H类（上H、下H、小H、屈臂H、前H-持烛式、提桶式）、X类（上X、下X、屈臂X、前X、X）、M类（上M、下M、后M）、V类（上V、下V）、A类（上A、下A）、L类（上L、下L）、T类（T、短T）、K类（K、侧K）、弓箭类（弓箭、小弓箭）、短剑及其他（斜线、R、W、O）。具体如图13-4至图13-39所示。

（一）冲拳类

1. **高冲拳（high punch）**：一臂握拳上举，并偏前，拳轮朝前；另一臂握拳叉腰，拳心向后（图13-4）。

2. **侧上冲拳—侧下冲拳（high side punch - low side punch）**：一臂握拳侧上（下）举45度，并偏前，拳眼朝前；另一臂握拳叉腰，拳心向后（图13-5和图13-6）。

3. **斜上冲拳—斜下冲拳（up cross punch - low cross punch）**：一臂握拳侧上（下）举45度，拳轮朝前；另一臂握拳叉腰，拳心向后（图13-7和图13-8）。

图13-4 高冲拳

图13-5 侧上冲拳

图13-6 侧下冲拳

图13-7 斜上冲拳

图13-8 斜下冲拳

（二）H 类

1. 上 H—下 H（touch down-low touch down）：双臂上举并偏前（下举并偏前），宽度与肩同宽，拳心相对（图13-9和图13-10）；

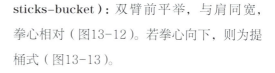

sticks-bucket）：双臂前平举，与肩同宽，拳心相对（图13-12）。若拳心向下，则为提桶式（图13-13）。

图13-11 屈臂 H

图13-12 前 H- 持烛式

图13-9 上 H

图13-10 下 H

图13-13 前 H- 提桶式

2. 小 H（little H）：一臂上举并偏前，拳轮朝前；另一臂胸前立屈，拳轮朝前（图13-11）。

3. 屈臂 H（table top）：双臂胸前立屈，与肩同宽，拳心相对，与肩同高。

**4. 前 H- 持烛式—前 H- 提桶式（candle

（三）X 类

1. 上 X- 下 X（high X-low X）：双臂交叉斜上（下）举，并偏前，拳心朝前或相对（图13-14和图13-15）。

2. 屈臂 X（bend X）：双臂屈肘，前臂交叉于胸前，拳轮朝前或者拳心向内（图13-16）。

3. 前 X（front X）：双臂交叉前平举，

拳心向下（图13-17）。

4.X：双腿开立，双臂屈肘放至头后，拳心贴于脑后（图13-18）。

图13-14　上X　　　　　图13-15　下X

图13-16　屈臂X　　　　图13-17　前X

图13-18　X

（四）M类

1. 上M（up M）：双手握拳，双臂屈肘放至肩上，两肘朝外，两拳触肩（图13-19）。

2. 下M（hands on hip）：双手握拳叉腰，两肘朝外，拳心向后（图13-20）。

3. 后M/起式位（karate）：双臂握拳叉腰，两肘朝后，拳心相对或向上（图13-21）。

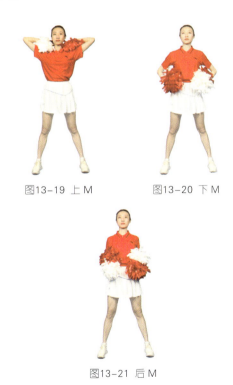

图13-19　上M　　　　　图13-20　下M

图13-21　后M

（五）V类

1. 上V（high V）：双臂侧上举45度，并偏前，拳眼朝前或拳心朝前（图13-22）。

2. 下V（low V）：双臂侧上举45度，并偏前，拳眼朝前或拳心朝前（图13-23）。

图13-22 上V　　　　　图13-23 下V

图13-26 上L　　　　　图13-27 下L

（六）A类

1.上A（up A）：双臂斜上举，并偏前，拳心相对贴紧（图13-24）。

2.下A（low A）：双臂斜下举，并偏前，拳心相对贴紧（图13-25）。

（八）T类

1.T：双臂侧平举，并偏前，拳心向下（图13-28）。

2.短T：双臂胸前平屈，并偏前，两拳间距相距一个拳，拳心向下（图13-29）。

图13-24 上A　　　　　图13-25 下A

图13-28 T　　　　　图13-29 短T

（七）L类

1.上L（up L）：一臂上举，并偏前，另一臂侧平举，拳轮朝前（图13-26）。

2.下L（low L）：一臂下举，并偏前，另一臂侧平举，拳轮朝前（图13-27）。

（九）K类

1.前K：一臂前斜上举45度，另一臂前斜下举45度，拳心向下（图13-30）。

2.侧K（side K）：一臂侧上举45度，并偏前，拳眼朝前；另一臂在同侧做斜下举，并偏前，拳轮朝前（图13-31）。

图13-30 前K

图13-31 侧K

（十）弓箭类

1. **弓箭**（bow and arrow）：一臂侧平举，并偏前，拳心朝下；另一臂胸前平屈，并偏前，握拳于肩关节前方，拳心朝向（图13-32）。

2. **小弓箭**（bow）：一臂侧平举，并偏前，拳心朝下；另一臂胸前立屈，握拳于肩关节前方，拳轮朝向（图13-33）。

图13-32 弓箭   图13-33 小弓箭

（十一）短剑及其他

1. **短剑**（half dagger）：一臂握拳叉腰，拳心朝后；另一臂胸前立屈，握拳于肩关节前拳轮朝向（图13-34）。

2. **斜线**（diagonal）：一臂斜上举45度，另一臂斜下举45度，两臂呈斜线，拳眼朝前（图13-35）。

图13-34 短剑   图13-35 斜线

3.**R**：一臂斜下举45度，拳心朝内；另一臂头后屈臂，肘关节朝外，拳心贴头后（图13-36）。

4.**W**（muscle man）：双臂侧平举后，屈肘成90度，拳心相对（图13-37）。

图13-36 R

图13-37 W

5.**O**：双臂略微弯曲上举，肘关节向外，双拳合拢，拳心向下（图13-38）。

6.**加油**（applauding）：双手卧式击掌于胸前，与下颌同高，肘关节向下（图13-39）。

图13-38 O

图13-39 加油

示范套路一展示版

示范套路一教学口令版

示范套路二展示版

示范套路二教学口令版

除上述手位之外，啦啦操的各种跳跃动作也非常有特色，大家可以通过国内外啦啦操公众号平台获取相应的信息，如CCA啦啦操、恋上健美操啦啦操等。

二、花球成套动作

舞蹈啦啦操包含Pom（花球）、High kick（高踢腿）、Jazz（爵士）和Prop（道具）四个组别。其中，花球啦啦操以便于开展、表演效果好、团队配合度高而在全国各大中小学开展，不仅有各类的通级赛事，还有国内外协会开展的各类比赛。除此之外，因其动作本身需要对身体各部位肌肉进行有效的控制，从而加强了身体的全面锻炼。二维码中视频是两个示范套路，可为大家课外锻炼提供相应的素材。示范套路的编排特点是以传统的花球套路动作为主线，在一定程度上结合传统的中国文化背景以及参赛主题，动作编排元素多样，使身体各部位都能得到很好的锻炼；同时，队形变化流畅、丰富，空间运用巧妙、层次分明，集体性技巧和个人技巧也配合得比较协调。

Part 5

练习时的注意事项

啦啦操的动作特点要求发力迅速、有力，且有明显的停顿，因此对于肌肉力量有一定的要求。为避免关节因过渡屈伸造成肘关节、膝踝关节损伤，应特别注意加强肌肉的力量训练，这样既可以提高动作的美感，又可以增强肌肉的线条感，塑造良好的身体姿态。除此之外，啦啦操技巧动作的练习讲究量力而行、由易到难，避免操之过急。托举技巧动作应在安全的前提下进行练习，避免造成运动损伤。此外，练习后的拉伸练习非常必要，可以缓解疲劳，促进乳酸排出，保持肌肉的弹性。

第十四章　拉伸操

什么是拉伸操？

开始拉伸之前，我们需要先弄清楚什么是拉伸。所谓拉伸，顾名思义就是伸展身体，它可以让肌肉更加容易舒展，关节的活动幅度增大，益处良多。

图14-1　户外伸拉

图14-2　室内拉伸

一、拉伸的目的和益处

人即使仅仅站立、静坐，也会无意识地使用肌肉，使其保持硬直的状态。肌肉通过一张一弛，能像泵一样起到促进全身血液循环的作用，可尚若一直处于僵硬状态，"泵"就无法顺利地运行了。这样一来，人体内多余的水分和废物就无法排出体外，日积月累，肌肉就越发僵硬。如果肌肉变僵，关节的活动幅度变小，原本能够完成的动作就难以实现了。而人们觉得活动不方便，就更不愿意动，这样就形成了恶性循环，连下蹲或走路这样的日常生活动作也会感到困难，人也就容易疲劳了。

但换个角度看，只要通过拉伸提高身体的柔韧性，就能避免以上情形，且益处良多。每天坚持拉伸，放松紧绷的肌肉，使其保持能够轻松自如伸缩的状态，就能锻炼出不易疲劳、血液循环良好的体格，还能消除肩酸、腰痛的毛病。

二、拉伸是运动前的准备体操吗？

说到"拉伸"，大部分人联想起的都是运动前后进行的热身体操或者放松动作。通过运动前后的拉伸，当然能让身体变灵活，减少运动时受伤的可能性，事实上，拉伸还能给身体带来各种各样的好处。举例来说，肌肉的柔韧性提高后，关节的活动幅度也会增加。这样一来，我们日常的动作会随之更加灵活；动作幅度增大，消耗热量增加，身体的线条也就随之变美。此外，通过伸缩肌肉，血液循环也会得到改善。周身的血液循环变好，也有益于改善胃寒的体质。这样一来，身体就会发生良性的变化，我们的日常生活应该也能变得更加健康充实。那么，让我们先从最基础的拉伸开始，每天一点一点地练起来吧！

三、一旦停止拉伸，身体会不会重新变僵硬？

人体的柔韧程度和人的生活习惯、运动习惯息息相关，是变化的。虽然拉伸可以让身体变柔韧，但暂停一阵子的话，身体还是会恢复到僵硬的状态。所以，学会了拉伸的方法后，长期坚持下去也是至关重要的。

那么，该以什么样的节奏来进行拉伸呢？对于平时不运动或者身体僵硬的人来说，可以每次花30分钟把全身的各个主要部位都拉伸一遍，尽量每周做3次；坚持3个月左右，身体习惯后，每周只做一次就足够了。还可以根据每天的身体状况，或是感觉哪些部位特别疲劳，就在当天针对某些部位进行拉伸。

另外，关于进行拉伸时的时机，虽然拉伸无论何时都可以进行，但在身体暖和的时候效果会更好，比如洗完澡后，此时肌肉处于放松状态，一些平时会伴有疼痛感的动作这时做起来也会相对轻松。还有早上刚睡醒

的时候，或是办公室里长时间伏案工作的间歇，只要有一点点空闲，随时都可以拉伸。最重要的是，我们不要把拉伸视为一种义务，而是要把它当成一种习惯。

Part 2

拉伸操实战攻略

一、拉伸操基本动作

1. 颈部的拉伸——胸锁乳突肌，从耳后延伸向锁骨的肌肉

负责稳定和转动头部、伸缩下巴的肌肉。拉伸从耳后延伸向锁骨的肌肉，如果这块肌肉僵化，就可能造成头痛等症状，也容易引起驼背等，影响形体美观。

（1）动作

①双脚与肩膀同宽，面朝正前方。右手叉腰，左手拇指竖起，指尖扶住下巴，保持3秒（图14-3）。

②左手缓缓地将下巴往右推，渐渐用力，以把脸完全转向侧面为目标保持5秒（图14-4、图14-5），然后换另一只手重复相同动作。

（2）注意事项

从下巴尖开始，将整个颈部缓缓地推过去，施加压力时注意要轻缓。

图14-3　　　图14-4　　　图14-5

2. 颈部到肩部的拉伸——斜方肌、斜角肌，颈部后面扩展开来的肌肉。

主要负责肩膀上提、后拉及头部后仰。这部分肌肉僵硬也是肩酸的常见原因。

（1）动作

①双脚与肩膀同宽，面朝正前方。右手抱住头部，指尖放在左耳后侧附近，左手自然下垂，保持3秒（图14-6）。

②将头部朝右边倒，拉伸左侧的斜方肌，保持5秒（图14-7），然后换另一只手重复相同动作。

（2）注意事项

头部侧倒时身体仍然保持正确的站姿，另一侧的肩膀也不能跟着往上抬，否则会影响拉伸效果。

图14-6　　　图14-7

3. 肩部拉伸（三角肌，覆盖肩膀的肌肉）

负责手臂的前摆和后摆。经常拉伸三角肌能够消除肩膀僵硬疼痛等症状。

（1）动作

①双脚与肩膀同宽站立，左手叉腰，右臂前举与肩同高，保持3秒（图14-8）。

②一边将右手伸向左下方，一边将手心向内侧翻转，视线始终对准指尖，保持5秒（图14-9），然后换另一只手重复相同动作。也可以将伸出的右臂轻轻拉向体侧，用左手腕将它固定5秒（图14-10）。

（2）注意事项

右手朝左下方伸时，不能弯腰，不要转动手腕，而是从肩膀开始自然转动，要切实地感到肩部肌肉被拉伸开了才对。

图14-8　　　图14-9　　　图14-10

4. 胸部的拉伸（胸大肌，分布在胸前的大块扇形肌肉）

主要负责手臂往前挥时的肌肉。胸大肌柔韧性好，挥动手臂的动作就会轻松自如。

（1）动作

①双脚与肩膀同宽，双手放在脑后，手指扣拢，肩膀张开，收起下巴，保持3秒（图

14-11）。

②手臂的位置保持不动，将上半身缓缓向后仰倒，达到完全伸展的状态，并在这个位置上保持5秒（图14-12）。

（2）注意事项

后仰时不是从腰部开始，而是从胸部以上的部位开始。如果没有充分拉开背部、肩膀，胸大肌就会处于松弛状态，达不到理想的拉伸效果。

图14-11　　　　图14-12

5. 背部上方的拉伸（背阔肌上部。位于背部的、面积庞大的肌肉）

负责将手臂向后方和下方牵动，有治疗肩酸的效果。

（1）动作

①双脚与肩膀同宽，手臂举到胸前（不低于肩），双手扣成拳头，手心朝内，手肘微屈，就像在胸前轻轻抱着一个大球，保持3秒（图14-13）。

②手臂保持不动，背部弓起，将肩膀往前推。保持5秒（图14-14）。

③把手臂缓缓地收至胸前，保持5秒（图14-15）。

④再缓缓地将手臂、肩膀往前推到极限，并保持这个姿势（图14-16）。

图14-13　　　　图14-14

图14-15　　　　图14-16

（2）注意事项

弓背时，尽可能把肩膀往前推，不要抬头，如果仅仅是伸展胳膊，背部仍然保持挺直，就达不到拉伸的目的了；身体要站稳不能摇晃。

6. 背部到身侧的拉伸（背阔肌侧，从腋下延伸到侧腹的肌肉）

负责把手臂往下方、后方拉动。拉伸这一部分的肌肉，有助于手臂活动更加自如。

（1）动作

①双脚与肩膀同宽，左手叉腰，右手前举，掌心向内，手肘伸直，保持3秒（图14-17）。

②右臂向左上方伸出，手心微微朝上，手臂与右脚脚尖呈对角，并朝该方向伸长右臂，有侧腹被拉伸的感觉，保持5秒（图14-18）。

③把右臂向后上方伸，手心微微朝上，不是腰部后弯，而是将躯干往上提，有背部、身侧被拉伸的感觉，保持5秒（图14-19）。

④右臂前举回到最初的姿势（图14-20），然后换另一只手开始重复相同动作。

有助于手臂更加自如的活动。

7. 手臂内侧的拉伸（肱二头肌，位于上臂正面、隆起的肌肉）

主要负责使肘关节弯曲，是我们日常生活中经常用到的肌肉。

（1）动作

①双脚与肩膀同宽站立，右手叉腰，左手伸向前方，掌心朝下，保持3秒（图14-21）。

②把左臂从正前方移到侧面，一边将手肘以下的部分往内侧旋转，一边往下移，注意肩膀不要往下垂，保持5秒（图14-22）。

③左臂前举回到最初姿势（图14-21），换另一侧重复同样的动作。

（2）注意事项

背部肌肉要挺直，手臂往下移时，不能从肩膀开始扭动，手掌心要尽量朝向正上方。

图14-17　　　图14-18

图14-19　　　图14-20

图14-21　　　图14-22

（2）注意事项

当感觉背部到侧面的肌肉都充分拉伸开时，再用力地把胳膊往前、往上伸长一些，

8. 手臂外侧的拉伸（肱三头肌，位于上臂背面的肌肉）

主要负责伸直肘关节，虽然在日常生活

中不太用得到，但在进行网球、棒球之类的运动时，使用强度还是非常大的。

（1）动作

①双脚与肩膀同宽，右手叉腰。左手向前伸出，保持3秒（图14-23）。

②将左手伸向右前方，手心向上转动，眼睛看向手指，保持5秒（图14-24），然后换另一侧手臂重复相同动作。

（2）注意事项

摆动手臂时身体不能随之扭转，伸展手臂时上半身也不能往后仰或侧弯，否则就达不到拉伸目标肌肉的效果了。

图14-23　　图14-24

9. 手肘到手指的拉伸（前臂屈肌群、前臂伸肌群，位于手心侧和手背侧的肌肉）

负责弯曲手腕和手指的使命。对于长时间电脑操作或大量使用手指工作的人来说，拉伸这部分肌肉能使肌肉柔软、放松，从而提高工作效率。

（1）动作

①跪在地面上，膝盖并拢，双手撑着地面，指尖朝向自己的身体，保持3秒。

②维持手心撑地的状态，同时将臀部往下坐，保持5秒（图14-25）。

（2）注意

要保持整个手掌都贴着地面，务必使指尖朝向身体；同时背部不能过分往下压或弯腰驼背；臀部坐下去时手心不能离开地面，即使臀部坐不到脚踝也没关系。

图14-25

10. 腹部的拉伸（腹直肌，位于腹部的大块肌肉）

主要负责身体前屈弯腰，维持上半身的姿势，通过拉伸提高腹直肌的柔韧度，起到预防腰痛的作用。

（1）动作

①全身俯卧，面朝正前方，将双手放在胸部两侧，手肘弯曲，腋窝夹紧，保持3秒（图14-26）。

图14-26

②用手撑着地面，将上半身撑起来，背部往下压，腰部不能离开地面，保持5秒（图14-27）。

图14-27

（2）注意

手肘撑直，腰部不要拱起；面朝正前方，不要低头；双腿并拢，脚尖着地，稳住身体的姿势；如果俯卧有困难，站着做也可以。

11. 侧腹的拉伸（腹外斜肌、腹内斜肌，位于侧腹的肌肉）

主要负责上半身的侧屈及扭转。有意识地对该部位进行拉伸，才能大幅度地活动到这里，从而塑造优美的体态。

（1）动作

①双脚与肩膀同宽站立，右手轻轻搭在左边的侧腹上，左手放在脑后，挺直侧腹，保持3秒（图14-28）。

②骨盆固定不动，身体向右侧倒，保持5秒（图14-29），还原动作（图14-30）后，换另一侧重复相同动作。

图14-28　　　图14-29　　　图14-30

（2）注意

侧屈时上半身不能前倒，应前后保持笔直地向侧面倒。

12. 侧腹到腰部的拉伸（腰方肌，位于侧腹深处的体内肌肉）

主要负责上半身向侧面倾斜，使躯干保持平稳，是构成身体轴心的肌肉之一。

（1）动作

①双手叉腰，上半身保持挺直，同时将身体往下沉，右腿伸向左后方，用脚掌侧面着地，背要挺直，面朝正前方，保持3秒（图14-31）。

②下肢保持不动，将上半身缓缓地向右侧转动，保持5秒（图14-32），然后向左侧重复相同动作。

（2）注意

脚要稳定不能摇晃，右脚与左脚间距不可过小，否则身体就无法保持平衡。

图14-31　　　图14-32

13. 腰部到背部的拉伸（竖脊肌，从骨盆延伸到颈部、连接着整个脊柱的肌肉）

主要负责背部的后仰，及从后面支撑脊柱、维持体态的重要功能，频繁使用这部分肌肉很容易积蓄疲劳，所以不要忘了每天对其进行拉伸。

（1）动作

①双腿并拢站立，臀部夹紧，双手在脑后扣拢，肩膀打开，保持3秒。（图14-33）

②以胸口一带为支点弓起背部，眼睛看向肚脐，保持5秒。（图14-34）

（2）注意事项

身体前倒时，不是单单把头部往下垂，也不能从髋部开始弯曲，那样就达不到拉伸的效果了，而是有意识地感受胸口附近的部位，弓起背部。

图14-33　　　　图14-34

14. 下腹部深处的拉伸（髂腰肌，位于下腹部深处的肌肉）

主要负责腿部前摆的动作，在走路和跑步时起作用，能够起到调正骨盆位置的作用，有助于预防腰痛。

（1）动作

①双脚一前一后大幅度张开，双手叉腰。上半身挺直，骨盆朝正前方，保持3秒（图14-35）。

②背部保持挺直状态的同时，缓缓地弯曲膝盖，腰部自然随之往前推，上半身往下沉，保持5秒（图14-36），然后相反方向重复相同动作。

（2）注意事项

站立时要有意识地感觉着髋关节，屈膝时背部挺直，不能前拱。

图14-35　　　　图14-36

15. 臀部的拉伸（臀大肌，位于臀部大块的肌肉）

主要负责腿部的向后摆动和向侧面的扭转。日常生活中我们会大量地使用这块肌肉。

（1）动作

①平躺在地面上，双手自然放在身体两侧，面朝正上方，背部肌肉保持挺直，自然呼吸，保持3秒（图14-37）。

②将左脚脚踝向臀部拉近，使膝盖立起来呈45度角，右侧的臀部不能抬起来，保持3秒（图14-38）。

③左腿弯曲，抬起右脚，放在左腿的大腿根部，保持3秒（图14-39）。

④右手从右腿下面钻过去，抱住左膝。抬起上半身，将背部和膝盖拉近，拉伸背部，保持5秒（图14-40），然后换另一侧重复相

同动作。

（2）注意事项

尽量把立起的膝盖朝向胸口方向靠近，开始抱腿时身体不能往侧面转，背部不能弯曲；也可直接抱住左膝。

图14-37

图14-38

图14-39

图14-40

16. 臀部侧面的拉伸（臀中肌，位于臀部侧面的肌肉）

主要负责牵动髋关节的外转肌，让人体保持优美的站姿和稳健的步态。

（1）动作

①坐在地面上，下颌微收。双腿盘起，将右脚放在左侧大腿上，左脚放在右侧大腿上；挺直背部（如果觉得困难，只将一条腿放在另一侧的大腿上）保持3秒（图14-41）。

②将双手放在膝盖上，上半身慢慢的向前倒，这时保持肘关节向外弯，臀部贴着地面保持5秒（图14-42）。

（2）注意事项

身体前倒时挺直背部，不能弓背，也不能抬起臀部，否则达不到拉伸臀中肌的效果。

图14-41　　　　图14-42

17. 臀部深处的拉伸（梨状肌，位于臀部深处的肌肉）

负责髋关节朝外转的功能，其它僵化会引起坐骨神经痛等症状。

（1）动作

①坐在地面上，双脚分开与肩膀同宽，双手撑在臀部后方，背部挺直，保持3秒（图14-43）。

②脚的位置保持不变，将左膝缓缓向内侧倒，找到臀部深处的肌肉得到拉伸的感觉，保持5秒（图14-44），换另一侧重复相同动作。

图14-43

图14-44

（2）注意事项

脚倒下的那一侧的臀部不能离开地面，反侧的腰也不能往后挪动。

18. 大腿后侧的拉伸（腿后腱，位于大腿后侧的肌肉）

主要负责弯曲膝盖和后摆腿动作。如果这部分肌肉疏于拉伸，就容易出现肌肉拉伤等症状。

（1）动作

①双腿伸直坐在地面上，两手握住右膝下面的位置，将其抬起，面朝正前方，保持5秒（图14-45）。

②缓缓地伸直右腿膝盖，朝正上方抬起，身体稍稍后倾，膝盖要充分伸直，保持这个姿势5秒（图14-46），然后换另一侧重复相同动作。身体僵硬的人也可躺下，在膝盖弯曲的状态下给大腿后侧施加力量。

图14-45

图14-46

（2）注意事项

膝盖要充分伸直。

19. 大腿内侧的拉伸（大腿内收肌，位于大腿内侧的肌肉）

负责大腿内侧摆动，髋关节周围的部位越柔韧，越不容易跌倒。

（1）动作

①双腿伸直坐在地面上，背部挺直，将左脚放在右大腿上面，左手放在左膝之上，保持3秒（图14-47）。

②将左膝缓缓地往下压，腿朝外平拉，压到有点疼痛但总体感觉舒适的程度时，保持5秒（图14-48），然后换另一侧重复相同动作。

图14-47　　　　　图14-48

（2）注意事项

膝盖向下压时，不能弯腰驼背，背部要挺直；身体僵硬的人也可将腿放在地面上，缓缓地朝外侧平放即可。

20.大腿前侧的拉伸（股四头肌，位于大腿前侧的人体第一大肌肉）

主要负责膝盖伸直，是支撑体重的重要肌肉。它日常负担沉重，极易积蓄疲劳，应该充分地拉伸令其放松。

（1）动作

①坐在地面上，右膝伸直，左膝朝外弯曲，双手放在身体后方，上半身挺直，保持3秒（图14-49）。

②将上半身一点点地向后倒，手撑地的位置不变，手肘轻微弯曲，保持5秒（图14-50），然后换另一侧重复相同动作。

图14-49

图14-50

（2）注意事项

身体往后倒时，臀部不能离开地面，腰部也不能往侧面拱曲。

21.小腿表层的拉伸（腓肠肌，位于小腿后侧表层的肌肉）

主要负责伸直脚腕，步行时也发挥着重要作用。

（1）动作

①双手撑在墙上，双脚一前一后分开，面朝前方，伸展背部，后腿脚跟抬起，保持3秒（图14-51）。

②将后腿的脚后跟缓缓地压向地面，脚跟着地，以产生适度酸痛感为宜，保持5秒（图14-52），然后换另一侧重复相同动作。

（2）注意事项

两侧膝盖和脚尖要正对前方，手臂上的力量只是撑住身体，注意力在下肢，尤其是后腿。

图14-51　　　　图14-52

22.小腿的拉伸（胫骨前肌，位于小腿前面的肌肉）

主要负责弯曲脚踝。在走路或者跑步时，由于这部分肌肉在脚着地的瞬间承受着冲击，所以使用强度很大。

（1）动作

①双腿伸直坐下，双手撑在身后。左膝弯曲，上半身微微后仰，保持3秒（图14-53）。

②把伸直的右腿脚尖尽量向前绷，保持5秒（图14-54）。

③将绷直的脚尖恢复原状，慢慢收回，保持3秒，然后换另一侧重复相同动作。

（2）注意事项

绷脚尖时要有意识地伸直脚腕，膝盖不能离开地面；切勿用力过猛，要慢慢地伸直、收回。

图14-53

图14-54

23.脚掌的拉伸（足底肌群，位于脚掌的肌肉）

主要负责维持足底的弓形，也负责弯曲脚趾的动作。由于足弓长期支撑着全身的重量，因此是极易疲劳的部位，还容易抽筋，通过拉伸可达到放松的效果。

（1）动作

①站坐在椅子上，背部挺直，右脚抬起放在左膝上，左手抓住右脚脚掌，保持5秒（图14-55）。

②右手抓住脚趾根部一带，将其朝内侧扭。抓在脚心上的左手则朝反方向用力扭，保持5秒（图14-56），然后换另一只脚重复相同动作。

（2）注意事项

脚腕要保持固定不动，不要弯腰驼背。

图14-55　　　　图14-56

二、拉伸操完整动作演示

扫描二维码可观看站立式拉伸操、垫上拉伸操以及椅子拉伸操的示范视频，通过身体各部位的伸拉动作，我们的身体会变得更加充满活力，快跟随我们的视频一起动起来吧！

站立式拉伸操　　　　垫上拉伸操

椅子拉伸操

第十五章　调适操

评定身体形态的指标主要有：基础代谢率、身高质量指数、体脂肪率、肌肉量、体水分率等。肉眼判断人的外在身体形态，主要是看其身体是否左右对称、体型匀称、比例均衡、姿态协调等。

随着生活节奏的加快和压力的增加，人们由于职业需要、工作特点或者个人习惯等原因，会使身体长时间处于某一个固定姿势而造成损伤，如长时间低头引起的颈肩不适、腰背疼痛或者不良的坐姿、站姿以及肌肉历练缺乏等造成不良的身体姿态或引起身体不适感。常见的状况主要有：头前伸、键盘肩、圆肩驼背、长短腿、骨盆前倾、脊椎侧屈等。

Part 1

自我评估

在锻炼之前，可以针对自身的身体形态进行自我评估，然后根据评价的状况进行全面或者针对性的练习，如图15-1至图15-7中所示。

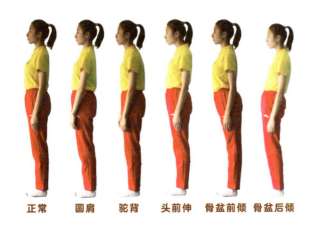

正常　　圆肩　　驼背　　头前伸　　骨盆前倾　骨盆后倾

图15-1　各类站姿侧面图

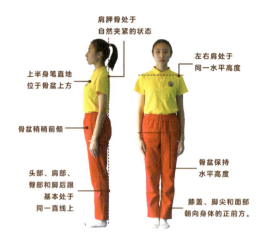

肩胛骨处于
自然夹紧的状态

左右肩处于
同一水平高度

上半身笔直地
位于骨盆上方

骨盆稍稍前倾

骨盆保持
水平高度

头部、肩部、
臀部和脚后跟
基本处于
同一直线上

膝盖、脚尖和面部
朝向身体的正前方。

图15-2 正确站姿标准图

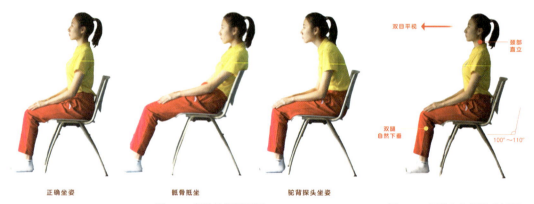

双目平视

颈部
直立

双腿
自然下垂

100°～110°

正确坐姿　　　　　骶骨抵坐　　　　　驼背探头坐姿

图15-3 各种坐姿侧面图　　　　　图15-4 正确坐姿标准分析图

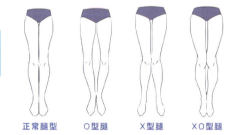

正常腿型　　O型腿　　X型腿　　XO型腿

图15-5 各类腿型正面图

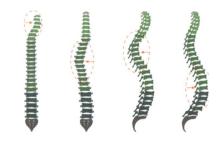

图15-6 各类脊椎背面图

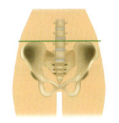

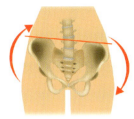

图15-7　正常和倾斜盆骨正面图

　　在日常生活中，为了保持优雅体态，可以根据自身身体状况、习惯以及场合等选择适合自己的坐姿和站姿，常见的坐姿、站姿如图15-8至图15-10所示。当然，长时间保持某一种坐姿时容易造成肌肉僵直，身体不适，严重者还会造成不良的身体姿态，如重叠式（俗称"二郎腿"）容易造成盆骨左右两髋骨不在同一水平面上，表现为长短腿。因此，应适时地变化身体站姿和坐姿，这样既可以保持优雅的体态，又可以维持良好、健康的身体状态。

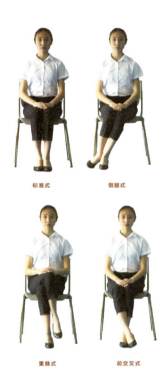

标准式　　　　　侧腿式

重叠式　　　　　前交叉式

图15-9　女士常见坐姿正面图

"V"字站姿　　　丁字站姿　　　平行站姿

图15-8　常见站姿正面图

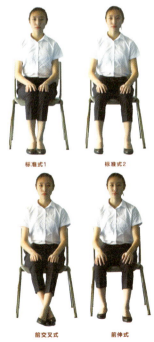

标准式1　　　　标准式2

前交叉式　　　　前伸式

图15-10　男士常见坐姿正面图

Part 2

调试性练习方法

调试性练习方法主要是针对无不良身体姿态但身体有不适感以及不良身体姿态而进行的练习，以体态训练为基础。通过脊椎的延伸和关节灵活性等调试性训练后，可以让不良的身体姿态得以缓解，让人身姿挺拔、体态轻盈，且最好在饭后两个小时或者空腹、身体在无束缚的状态下进行。如果有严重的高血压、关节炎、脊椎问题，或处于孕期以及经期，不建议进行练习。做调试性练习之前，需要做5～10分钟热身，其目的是让身体的各个部位得到一定的伸展和预热，提高肌肉和韧带的韧性，心肺功能得到一定的复苏，建立肌肉连接，增加身体的控制能力，提高神经兴奋性，预防运动损伤。而后再根据常见的不良身体姿态给予相应的锻炼方法。在完成拉伸动作时都需要注意的是，拉伸动作的完成都不要拉伸到极限，要留一点空间。下面是一些调试性的身体姿势，能缓解身体的不适感，练习者可根据外在表现、原因以及自身状况选择相应的动作进行练习，具体如下：

一、调试头前伸和键盘肩，缓解颈肩不适

外在表现：头向前伸出，颈椎颈肩肌肉僵直，有不适感或者疼痛。两肩上提，头部下缩并由适当前倾，腰腹自然放松，显现身姿不够挺拔。

原因：因长时间保持固定姿势操作电脑，造成肌肉僵直或不适感，或因相应工作的肌肉力量不足，造成其他肌肉的代偿性支撑，从而出现不良的身体感受。

练习方法：

（一）水平肩内收（图15-11）

双脚左右平行站立，单手臂前平举，立掌，另一手臂用手或者屈肘关节放至其肱三头肌的位置，拉伸伸直手臂的肩部三角肌。保持3～5秒，重复3～5组。注意：身体保持不动，身体正直向前。

（二）体后抬臂（图15-12）

双脚左右平行站立，保持身体正直，两手臂放在体后，一手握住另一手腕处，而后向上抬起，而后交换，感受肩部前束肌肉的拉伸。保持3～5秒，重复3～5组。

图15-11 水平肩内收　　　图15-12 体后抬臂

（三）坐撑体前移（图15-13）

屈腿坐在垫子上，两手臂后撑，十指指尖向前，而后臀部离地，带动身体向指尖的方向移动，而后慢慢还原。注意动作缓慢拉

伸，不要暴力用力，拉伸三角肌前中束。保持3～5秒，重复3～5组。

图15-13　坐撑体前移

（四）肘部前拉——助力夹肘（图15-14和图15-15）

双脚左右平行站立，保持身体正直，将一只手臂屈肘十指向下放在髋部或者胸部，另一只手臂放在其肘关节处，向身体后侧拉伸，使肩部的后侧肌肉，如岗下肌和小圆肌等得到伸展。或者将一只手臂屈肘十指向上放在胸上部，而后做与上述相同的动作。相比较而言，后者的拉伸感更强。保持3～5秒，重复3～5组。

图15-14　肘部前移　　　图15-15　助力夹肘

（五）助力肩外旋（图15-16）

拉伸大圆肌和肩胛下肌。双脚左右平行

站立，保持身体正直，双手持杆，两手之间距离宽于肩。将一只手臂屈肘上抬，并将杆靠在手臂外侧，另一只手臂内收，与上抬手臂保持同一条垂直线；而后上抬手臂坐外旋，下面手臂回拉，形成对侧用力。而后做反方向的相同动作。保持3～5秒，重复3～5组。

图15-16　助力肩外旋

二、调试含胸驼背圆肩，缓解肩胸背不适

外在表现：侧面呈现头前伸、两肩内收、背部拱起，腹部内收、腰部松弛，髋关节前倾，身姿不够挺拔。在身材正常比例情况下显得身材较短，感觉老态。

原因：长期伏案久坐、使用电子产品、不注意坐姿形成的习惯，造成头前伸、胸内收、肩内收，以及腰背部肌肉用力方式不正确、胸肩和腰背部肌肉力量发展不均衡所致，有胸闷气短的感觉。

练习方法：加强胸肩、腰背部和腹部肌群的力量与协调平衡用力，注重正确的坐姿，保持良好体态，从而使坐姿挺拔、优雅。

（一）站立伸展（图15-17）

背对墙，两脚并立或开立与肩同宽或略窄于肩，两手在身体两侧，头部保持自然。

将足跟、臀部、两肩、头部均贴住墙面，保持1分钟，而后伸直两臂，贴住墙面至上举，保持8～10秒，或者通过原地向上伸展，通过提踵等方式均可。而后还原至起始保持3秒，反复做8～10次。

图15-17 站立伸展

（二）胸肩内收外展（图15-18）

两脚开立与肩同宽或略窄于肩，两手在身体两侧，头部保持自然。两肩带动胸部内收至最大后，再向外展开至最大，使背部形成"川"字形。动作完成8～10次。

图15-18 胸肩内收外展

（三）持带（或杆）前后绕环（图15-19）

两手在体前水平握住一个弹力带或者杆状物（适当长度），而后手臂伸直由前向后绕至体后，贴近臀部，由前向后绕的时候注

意两手宽度适宜，以能够较为轻松地绕至体后为准，而后随着肩部灵活性的提高，逐渐将两手之间的宽度缩短，也可以单臂绕，或者两臂依次绕。每个动作完成8～10次。这套动作通过借助外部器材，能够增加胸部被动伸展的幅度，同时增强背部的肌肉力量。

图15-19 持杆（或带）前后绕环

（四）蜥蜴式（图15-20）

跪撑，大腿和地面垂直，双臂向远延伸至最大，胸部主动向垫面贴近，充分伸展胸部，同时收紧背部，保持15～20秒左右，而后双臂收回至与地面垂直，背部拱起，舒缓胸部。反复完成3～5组。这套动作可以加强相关肌肉的协调用力，通过主动或被动加大胸部肌肉的伸展，增强背部的肌肉力量，以保持正确的身体姿态。

图15-20 蜥蜴式

（五）猫伸展式（图15-21）

跪立，两膝关节之间距离与肩同宽，手臂支撑与地面垂直，大腿正面与地面垂直，两前脚趾抵垫支撑。吸气，由胸椎开始发力，含胸、弓背、低头，腹部向脊椎的方向收缩，眼睛看向肚脐；而后胸椎向头尾延展，挺胸、抬头、塌腰、提臀，注意两肩下沉，颈椎延伸，眼睛看向斜上方，感受脊椎得到充分的伸展。做5～8次。而后推臂，重心后移，臀部贴近足跟，腹部贴近大腿正面，胸部贴垫，两臂放松放在垫上。重复3～5组。

图15-21　猫伸展式

（六）三角转体式（图15-22）

分腿站立，宽于肩或1.5倍肩宽，脚趾抓住地面，脊背延伸向上，双手叉腰，以髋关节为轴做折角，身体俯身向下平行于地面，向侧打开双臂，右手掌心向下，落在身体的正中间，扭转身体，带动左手朝向天花板，眼睛看左手方向，脊椎向上延伸，做到极限，保持自然呼吸。使身体产生的感觉扭转延伸的感觉。而后左手落在身体的正中间，相反方向完成相同动作。重复两个方向的动作各3～5次。动作完成后，双手都停留在身体的

正中间，抬头挺胸，看向手指的方向或正前方，感受大腿后侧肌肉的伸展。

图15-22　三角转体式

（七）下犬式（图15-23）

跪撑，双腿分开且双脚前脚掌着地，双手撑地与肩同宽；尾骨上提，提起脚跟，双腿推地，重心后移，双腿蹬直，使身体呈倒"V"字，头放至两臂之间，双臂和上提保持在一个斜面上，脊背挺直向斜上方延伸；而后双手持续推地，肩背打开，双脚用力压向地面拉伸。每组做3～5次，重复3～5组。

三、调试小肚腩，缓解腰背酸痛

外在表现： 腹部外凸，腰围大于正常范围，严重者胃部外凸明显。在身材比例正常情况下，腰臀比较大，腿部较短呈"O"式体型。

原因： 长期久坐、缺乏锻炼，腹部和腰背肌力量不足或周边肌群力量不均衡而

图15-23 下犬式

致。**练习方法：**通过加强腹部和腰背肌肉，尤其是腹部的肌肉练习，加快腰背部肌肉的血液循环，避免肌肉僵直造成的肌肉酸痛和力量不足形成的不良体态。

（一）仰卧卷上腹（图15-24）

仰卧垫上，双腿分开屈膝放至垫上，两臂伸直，两手相握垂直地面。两臂向前斜上方延伸，腹部卷起，上体抬离垫面至30°～45°，头部不要过度用力。而后还原。完成动作8～10次，重复3～5组。注意完成动作过程中要持续用力并慢起慢落。

图15-24 仰卧卷上腹

（二）仰卧举腿（图15-25）

仰卧垫上，双腿伸直放至垫上，两臂伸直放在髋关节两侧，掌心向下，保持身体平衡。双腿膝关节微屈并拢抬起至90°或者超过90°，而后回落至离垫面15°左右，完成动作8～10次，重复3～5组。注意完成动作过程中持续用力并慢起慢落。

图15-25 仰卧举腿

（三）仰卧对侧转体举腿（图15-26）

仰卧垫上，双腿分开屈膝放至垫上，双手放至肩上。上体抬起时，对侧肘关节和膝关节相触，而后还原，换相反方向完成动作。左右各完成10～15次，重复3～5组。完成动作过程中持续用力并尽量向对侧扭转，并注意慢起慢落。

图15-26 仰卧对侧举腿

（四）坐式对侧转体（图15-27）

双腿屈膝坐在垫上，双臂前伸、双腿屈膝并拢抬起至双小腿平行地面，用尾骨和臀部做支撑，保持身体平衡，下腹用力收紧，而后双手相握做左右转体，转体幅度尽可能大。左右完成动作各15～20个。完成一组动作后，回到尾骨和臀部维持身体平衡状态，保持5～8秒后还原至起始位置，重复3～5组。完成动作过程中下腹持续收紧，让大腿正面尽可能靠近腹部，动作速度不宜过快。

图15-27 坐式对侧转体

（五）俯卧后举腿（图15-28）

俯卧垫上，双腿并拢伸直，两手臂屈臂交叉叠放至胸前，在垫上支撑。上体贴住垫子，双腿伸直向上抬离垫面，腰背部、臀部和大腿后侧收紧。完成10～15次，重复3～5组。

图15-28 俯卧后举腿

（六）俯卧两头起（图15-29）

俯卧垫上，双腿并拢伸直，两手臂放在背后，两臂夹紧或者自然放松均可，上体和双腿同时向上抬离垫面，双腿伸直，背部、腰部、臀部和大腿后侧收紧。完成10～15次，重复3～5组。

图15-29 俯卧两头起

（七）摇摇船（图15-30）

俯卧垫上，双腿并拢伸直，两手臂伸直在体前支撑住上体，耻骨贴住垫面，腰背部、臀部、大腿后侧均收紧，身体呈船型，而后双手推离垫面呈无支撑状态，身体保持住船型至胸部贴住垫面后，双手快速撑起。完成10～15次，重复3～5组。

图15-30 摇摇船

（八）团身前后滚动（图15-31）

仰卧至垫上，头部内收，呈团身，双手抱住小腿，腹部贴紧大腿正面，足跟向臀部贴近，保持住团身姿态在垫`上做前后滚动。前后位1次，完成8～10次。做3～5组。

图15-31 团身前后滚动

四、调试大象腿，缓解腿部和膝关节不适

外在表现： 在身材比例正常的前提下，腿围过大，皮下脂肪层较厚，腿部力量不足，支撑跳跃有一定难度。膝关节因疼痛无法正常伸展，或伸展时有不适感。

原因： 缺乏一定的锻炼，造成腿部脂肪较厚，腿部肌肉力量不足，尤其是膝关节周边的肌肉力量较弱。另外，腿部肌肉的伸展性不足也是限制膝关节活动范围的原因之一，

一旦超过限制空间，膝关节会出现疼痛等不适感。

练习方法： 一方面，拉伸大腿前后侧肌肉，可以让腿部肌肉线条更流畅、修长，还可以增加髋关节和膝关节的活动范围，减少运动风险。另一方面，通过腿部肌肉锻炼，可以加强肌肉力量，减少皮下脂肪，减少腿围。

（一）站姿屈膝拉伸（图15-32）

单腿支撑地面，身体保持正直，腹部收紧使骨盆后倾。用同侧手或者对侧手握住踝关节或者脚步位置，向后拉伸，体会大腿前侧肌群的伸拉感；也可以通过顶髋，增加拉伸范围。

注意：身体和骨盆不要前倾，是髋关节向后，而不是腰向后，避免增加腰部的压力。其中，同侧手拉伸，膝关节保持向前；对侧手拉伸，膝关节稍外展，拉伸大腿前侧。

图15-32 站姿屈膝拉伸　　图15-33 坐姿屈膝外展

（二）坐姿屈膝外展（图15-33）

坐在椅子上，大腿平行于地面，一腿做支撑，另一腿屈膝外展放至支撑腿上，屈膝外展至最大限度后，两手分别放至在踝关节和膝关节处，上体保持中位并屈髋向前，可

以用手帮助屈膝外展的腿做外展，充分伸展梨状肌，保持5～8秒，重复3～5次。

（三）斜向跪坐伸展（图15-34）

跪撑，双臂和大腿垂直地面，左小腿折叠放在右小腿上，在踝关节处交叉，两小腿同时向右侧外展，使左侧的髋关节外转，而后将臀部向左侧伸展的方向推动，使左侧的髋关节内夹做内收的动作，两手推垫使臀部向左斜后方伸展坐下，使梨状肌充分伸展后保持5～8秒，而后还原做相反的动作。左右各完成3～5次。

图15-34　斜向跪坐伸展

（四）坐位体前屈（图15-35）

直角坐，双腿并拢，膝关节伸直，利用髋铰链的方式做身体前倾，再做·骨盆前倾、翘屁股的动作，脚自然放松，用腹部向大腿正面靠近，背部保持伸直延展的状态。充分拉伸腿后侧肌群腘旁肌，加强骨盆后倾、髋关节后伸、膝关节后屈的能力。充分伸展后保持5～8秒，而后还原做相反的动作。左右各完成3～5次。

注意拉伸的过程中避免弯上体和勾脚，因勾脚会促使神经张力提升，下背痛或者下肢神经症状的人群会感到不适。

图15-35　坐位体前屈

（五）侧向蹬冰（图15-36）

身体侧面右手扶墙，双脚交叉站立，右脚放在左脚后，左腿微屈，右腿向斜后方延伸，右脚蹬住地面，向墙面方向顶髋，通过髋关节的后伸、髋关节的内收和外转来拉伸阔筋膜张肌和IT band肌，缓解髋关节前屈、胯关节内转和外展肌群的紧绷。注意完成动作过程中核心发力，保持骨盆后倾，上体正直。充分伸展后保持5～8秒，还原后做相反的动作。左右各完成3～5次。

图15-36　侧向蹬冰　　　　图15-37　弓步拉伸

（六）弓步拉伸（图15-37）

弓箭步，前腿膝关节左前脚的支撑面内，后腿膝关节伸直，身体前倾拉伸小腿后侧肌群。持续保持30秒，还原后做相反的动作，左右各完成2～3次。为了更好地刺激深层肌肉，可以采取后腿弯曲后再伸直的方法完成。

在完成过程中注意前腿膝关节的投影点要落在前脚支撑面内，避免对膝关节产生过多的负担。

（七）三角侧伸展式（图15-38）

山式站立，双腿分开，间距一腿长或1.5倍肩宽，两臂侧平举，掌心向下；右脚外转90°呈脚尖向侧，右腿屈膝呈弓步，右小腿垂直地面，右大腿平行地面，左脚脚尖朝正前方，左腿完全伸直；扭转躯干，做体侧屈，右手放在右膝后侧撑地，左臂沿左耳向斜上伸展，头部平视或从左腋下看出。保持15～20秒，相反方向完成动作。左右各做3～5次。重复3～5组。

图15-38 三角侧伸展式　　图15-39 山式伸展

五、调试拜拜袖，改善手臂臃肿

外在表现： 身材正常比例情况下，手臂围度过大显得过于粗壮；或手臂后侧松弛且无力，在屈臂摆动手臂时手臂后侧出现抖动现象。

原因： 职业特征、肌肉线条较短以及手臂及周边相关肌肉群缺乏锻炼，造成肌肉含量较低，致使外在形态不够美观。

练习方法： 通过拉伸手臂相关肌群，增加肌肉的线条感，以及通过加强手臂相关肌群的锻炼，提高肌肉的含量，使肌肉紧实且线条优美。

（一）山式伸展（图15-39）

分开站立，脊背向上延展，两手自然放松放在身体两侧，双目平视，头向后延伸，两肩下沉；两手臂经侧平举至头上十指交叉反撑，掌心向天花板延伸，手臂收紧，夹住耳朵，保持5～8秒，而后抬头，两臂再持续用力内夹，保持5～8秒，还原后双臂自然放松。重复3～5次。

（二）跪立牛面式（图15-40）

跪立或跪坐，双目平视，两臂在身体两侧自然放松，腰腹收紧，背部挺直，重心放在中间，髋关节中间位；双臂经侧至上举，左臂保持不动，右臂经侧至体后屈臂，掌心贴紧背部，左臂向后伸展并屈臂，左手与右手相扣，互斥发力，保持5～8秒后，还原至起始动作，左右各完成5～8次。注意在动作完成过程中腰腹保持收紧，背部挺直，头部保持正位。保持时若两手相扣有难度，可以借助瑜伽带或瑜伽巾协助完成。

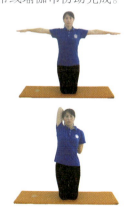

图15-40 跪立牛面式

（三）俯卧双臂撑胸式（图15-41）

仰卧，双脚并拢，双臂伸直放至身体两侧，靠近髋关节位置；慢慢抬起肩膀，前臂着地支撑身体，胸部尽量向上挺起，头部后仰，保持5～8秒；上体还原平躺，两手臂的前臂抬起与地面垂直，双手握拳，两上臂用力撑紧；慢慢抬离肩膀离地，双手扶住胸部下方，双臂用力支撑地面，头部后仰抵地。注意在动作完成过程中，头颈不要过多地用力支撑，尝试将力量集中在双臂上。颈椎不适者慎做。

图15-41　仰卧双臂撑胸式

（四）跪立俯卧撑（图15-42）

跪撑，十指指尖朝前，两臂与地面垂直，大腿垂直地面，背部保持挺直，两脚背贴住地面，头颈不要用力；双臂屈臂撑地，胸部贴向地面，而后双臂用力撑直，还原至起始状态。每组10～12次，重复3～5组。在动作完成过程中不要塌腰，背部保持伸直，重心稍前移，将力量放至在两手臂上。动作完成不宜过快。

图15-42　跪撑俯卧撑

（五）反向平板支撑（图15-43）

直角坐，双臂置于身体后侧，保持手臂紧绷，十指指尖与脚尖方向相反，核心收紧；双手夹紧用力撑地，使上体抬离垫面，夹臂挺髋，耻骨朝向天花板，腰腹收紧，双腿向远延伸，抬头，使身体呈现斜板状。保持5～8秒，还原后双臂自然放松。重复3～5次。

图15-43　反向平板支撑

（六）展臂绕环与扭转（图15-44）

两脚开立与肩同宽或略窄于肩，两臂侧

图15-44　展臂绕环与扭转

平举，头部保持自然，核心收紧，背部挺直，身体正位；两臂同时向前绕环或者向后绕环，各15～20次；两臂对侧扭转，保持手掌分别朝上和朝下，形成对侧的扭转力量，各15～20次。完成3～5组。随着身体能力的增强，可以采取逐渐加大动作幅度的方法完成动作，提高动作效果。

六、调试骨盆前倾，保持身姿挺拔

外在表现：臀部后凸，体重和身高比正常的前提下，小腹仍然凸起，俗称"假翘臀"，身姿不够挺拔。

原因：大部人出现骨盆腔前倾的原因是因为不良的身体站姿，如站立时因挺胸而出现塌腰翘臀、单腿用力导致骨盆偏离前后和左右的中立位置，以及在进行腹部训练时用骨盆发力带动腹部进行运动等，导致核心肌群力量不均衡，造成骨盆前倾。

练习方法：加强核心肌群力量，使盆骨周边肌群平衡发展；通过反向拉伸方法改变因不良站姿和长时间固定某一种身体姿势造成的肌肉僵直状况，增加肌肉弹性，改变肌肉的用力方式等。

（一）平板支撑扭转（图15-45）

从平板支撑的姿势开始，注意两肘之间距离与肩同宽，两手相握，与两前臂形成稳固的三角形，且不要塌腰，使骨盆保持在中立的位置，力量不足时可以稍微提髋保持，而后髋关节左右扭转。注意呼吸的配合，连续做8～10次。然后两臂推垫，重心后移，屈膝跪坐，腹部贴近大腿正面，两臂伸直，

胸部贴近垫面，充分放松。重复3～5组。

图15-45 平板支撑扭转式

（二）仰卧卷腹（图15-46）

仰卧垫面，双腿稍屈膝抬离垫面，与地面垂直，两手放至身体两侧，掌心贴住垫面维持身体平衡。用双腿直腿或者屈腿带动腹部向头上方卷下腹，从尾骨底部开始逐节抬离垫面，大腿正面逐渐靠近下腹，稍停留保持，而后还原。注意动作缓慢，不要屏气。而后仰卧在垫上，全身放松。连续做8～10次，重复3～5组。

图15-46 仰卧卷腹

（三）臀桥（图15-47）

仰卧屈膝放至垫上，双脚打开与肩同宽，脚尖朝向正前方，双手在身体两侧。以耻骨引领，从尾骨开始，带动腰、胸依次抬离垫面，一节一节向上抬起，臀部夹紧，骨盆在中立的位置，背部夹紧。而后从胸椎开始，依次腰骶尾依次回落，直至臀落至垫上。连续做10～15次，最后在耻骨最高点时保持3～5秒，回落成仰卧垫上，全身放松。注意膝关节始终保持朝上，向上呼气，向下吸气。重复3～5组。

图15-48　跪姿左右交替前后伸展

图15-47　臀桥

（四）跪姿左右交替前后伸展（图15-48）

跪立，四角板凳，双臂垂直地面，大腿垂直地面，脚背着垫，躯干保持水平位置，头部保持中立，髋关节中立位，勿塌腰。保持稳定后，左手和右脚抬离垫面，分别向前和向后做伸展，至少达到水平的位置及以上。而后还原，连续做10～15次，最后一次时保持3～5秒。注意：伸展时吐气，内收还原时吸气。而后两臂推垫，重心后移，屈膝跪坐，腹部贴近大腿正面，两臂伸直，胸部贴近垫面，充分放松。重复2～4组。

七、调试髂骨收紧、腿部内旋，改善假髋宽、妈妈臀

外在表现：髋关节横向向外扩张、过度突出，股骨和髂骨右分离感，或者大腿旁侧的肌肉向外突出，大腿根部宽于髋关节，在身材比例正常的情况下，显得腰臀比过大，造成腿部较短的视觉效果。

原因：因长期久坐，臀肌无力，发力不正确以及腿部过度内旋，股骨外旋的能力受到限制等原因，以及髋关节周边肌群力量不均衡而造成。需加强臀部周边肌肉的力量训练。

练习方法：通过加强臀肌力量促使髋关节内收、腿部外旋以及减少腿部外侧多余的脂肪等方法，改善大腿旁侧外凸的现象。

（一）女神立（图15-49）

两脚开立，相距1.2～1.5倍肩宽，脚尖外旋。下蹲时呼气，膝关节和脚尖的方向保持一致，并指向第二个脚趾，保持脊椎正直向上延展，注意不要塌腰、翘臀，髋关节保

持正直并向下延伸，感觉大腿做外旋的动作，使大腿内侧得到拉伸，保持大腿与地面135°左右的位置。向上蹬起吸气，腿部收紧让双腿蹬直（若能力提升可立踵）。每组5～8次，完成3～5组。

图15-49 女神立

（二）仰卧举腿外旋（图15-50）

仰卧垫上，两腿并拢伸直，垂直地面，身体保持正直，髋关节在中立位，两臂放在身体两侧维持身体平衡，肩胛骨靠近胸腔，背部贴住垫子，而后膝关节带动大腿做外旋动作，两小腿腓肠肌靠近，感受髋关节向外打开并变窄。而后还原。外旋时吐气，还原时吸气，连续做8～10次，重复3～5组。

图15-50 仰卧举腿外旋

（三）仰卧单腿反蛙式（图15-51）

仰卧垫上，两腿并拢伸直，垂直地面，身体保持正直，髋关节在中立位，两臂放在身体两侧维持身体平衡，肩胛骨靠近胸腔，背部贴住垫子。单腿屈膝持续外展打开，单脚沿另一腿的大腿内侧直至膝关节屈至最大点，并且膝关节外侧尽可能贴住垫面，保持腰背部贴紧垫面；另一腿保持不动，注意臀部内收。动作不宜太快，呼吸自然，双腿依次连续完成8～10次，重复3～5组。

图15-51 仰卧单腿反蛙式

（四）仰卧反蛙式屈伸（图15-52）

仰卧垫上，两脚心相对，膝关节向外打开，腹部收紧，肩胛骨靠近胸腔，保持背部贴紧垫面；而后双腿向斜前45°伸直，大腿外旋，臀部内收。还原时，双腿向上至垂直位置后做膝关节外展，大腿前侧肌肉向外展开。腿前伸时可以用手协助大腿做外旋的动作，以弥补因腹部肌肉力量不足而降低双腿前伸时大腿外旋的不足。

动作完成过程中要激活内收肌、盆底肌的用力；臀肌发力带动双腿向上，避免大腿发力背部始终贴紧垫面给予稳定力量，避免因惯性而减少核心肌群发力；体会髋关节的酸胀感觉。注意：完成动作的时候不要太快，呼吸自然，双腿伸出时吐气，还原时吸气。连续做5～8次，重复3～5组。

图15-52 仰卧反蛙式屈伸

（五）仰卧束角（图15-53）

仰卧垫上，两手掌心向上自然放于身体两侧，肩胛骨靠近胸腔，保持背部贴紧垫面，两脚心相对，膝关节向外打开，膝关节外侧靠近垫面；保持盆底肌收紧，髋骨、大腿骨持续向盆骨用力，两侧的髂骨尽可能靠近，完成动作过程中关注盆底肌的状态，而后呈仰卧式放松。这个动作改善假髋宽的同时还可以调节情绪。每次保持5～8个呼吸，重复3～5次。

图15-53 仰卧束角

八、调试脊椎侧屈，改善高低肩、长短腿

外在表现： 因两侧肌力不平衡，肌肉、筋膜和韧带会被动拉长，因此造成局部有不适感和疼痛感；身体出现不对称，如高低肩和长短腿，导致身高降低，活动受限，尤其是弯腰、负重时表现更为明显；严重脊椎侧屈者做体前屈时背部会出现畸形；正常站立时两肩不在一个水平面上，严重者肩膀会高于胸椎，身体重心向一侧倾斜，并伴随胸闷气短的现象。

原因： 长期跷"二郎腿"和单肩挎包、单侧操作电脑、单侧腿为主力腿、坐姿不正确向一侧倾斜，以及身体左右两侧肌力不均衡等原因，形成脊椎C形、S形。身体上部向一侧倾斜，造成胸椎向一侧倾斜并有可能伴有扭曲现象，从而形成高低肩。骨盆和相连接的腰椎向一侧倾斜并有可能伴有扭曲现象，从而造成骨盆和腰椎错位，不在一个水平面上，形成长短腿。

练习方法： 加强对侧肌肉群的力量，使胸椎和腰椎、骨盆周边肌群力量均衡；伸拉对侧肌群，改善相关肌群伸展性，为调试脊椎中位提供修正空间。严重者需要到医院进行针对性治疗。以下练习方法仅针对轻度者而言，并且在练习过程中出现不适应立即停止。

（一）侧向提肩（图15-54）

双腿开立与肩同宽或略宽于肩，两臂在身体两侧撑掌呈45°左右，指尖向外。两肩依次上提与下沉，即一侧肩上提，另一侧下沉，形成斜向的对侧用力方式。在动作完成过程中感受脊椎向上延伸，根据胸椎侧屈的方向，同侧肩拉伸胸椎上提，对侧肩侧屈用力下沉，从而平衡胸椎周边肌群的力量。每组完成15～20次，重复3～5组。

图15-54 侧向提肩

（二）侧向抬臂（图15-55）

双腿开立与肩同宽或略宽于肩，两臂侧平举并立掌，掌跟向两侧延伸推出，两臂依次向斜上和斜下推出，即一侧手臂斜上推出，另一侧手臂则向下推出，形成斜向的对侧用力方式。在动作完成过程中感受脊椎向上延伸，根据胸椎侧屈的方向，同侧肩拉伸胸椎向斜上推，对侧肩侧屈用力向斜下推，从而平衡胸椎周边肌群的力量。每组完成15～20次，重复3～5组。

图15-55 侧向抬臂

（三）体侧屈（图15-56）

以胸椎右侧屈为例。身体左侧向把杆，身体距离把杆稍远于一个手臂的长度。双腿分开站立，宽度与肩同宽或略宽于肩，右臂屈臂放至头后，左手臂握住把杆，身体向把杆一侧（左）做体侧屈，左手臂做下压，同时胸椎向右侧做向外回旋，腰力向右侧凸，肩胛骨向下向后缩，并维持住身体平衡保持一定的时间，每组15～20秒，重复3～5组。

图15-56 体侧屈

（四）臀桥（图15-57）

仰卧，双腿屈膝放至垫上，宽度与肩同宽或略窄于肩，两臂放在身体两侧，双脚靠近臀部；臀部夹紧上提，双手体后交叉十指相握，用拳头顶住尾骨，双膝向内收紧，两脚跟用力推地，保持两肩平贴地面。保持动作8～10秒，重复3～5组。

仰卧，双腿伸直并拢平放至垫上，两臂放在身体两侧，掌心向下；左腿屈膝放至垫上，与垫面保持垂直，左腿支撑，右腿伸直向前斜上方延伸，臀部夹紧上提，左脚跟用力推地，保持两肩平贴地面。保持动作8～10秒，而后换相反方向完成动作，重复3～5组。

图15-57 仰卧臀桥

（五）仰卧转体（图15-58）

仰卧，双腿屈膝并拢放至垫上，两手臂侧平举，上体完全贴住垫子；双腿屈膝并拢抬起至垂直垫面位置后向左侧转动直至最大限度，两手臂掌心向下支撑压垫，两肩贴住垫面，头向右侧转动，保持8～10秒，而后换相反方向完成动作，重复3～5组。

仰卧，双腿伸直并拢平放至垫上，两手臂侧平举，上体完全贴住垫子；右腿抬起至垂直垫面位置后向左侧转动至最大限度，左腿压垫保持不动，两手臂掌心向下支撑压垫，两肩贴住垫面，头向右侧转动，保持8～10秒，而后换相反方向完成动作。重复3～5组。

图15-58 仰卧转体

（六）原地提髋（图15-59）

两腿开立与肩同宽或略窄于肩，骨盆正位，两臂侧平举；上体和手臂保持不动，重心在两腿，单侧腿原地向上提髋，两腿依次

完成。动作完成过程中体会髋关节上提时周边肌肉的持续用力，动作不宜过快，将髋关节上提到最大限度，并仅在横轴上运动。每次做15～20次，重复3～5组。

图15-59 原地提髋

（七）原地转髋（图15-60）

两腿开立与肩同宽或略窄于肩，骨盆正位，两臂侧平举；上体和手臂保持不动，重心在两腿之间，髋关节做原地的前后转动。动作完成过程中体会髋关节转动时周边肌肉的持续用力，动作不宜过快，将髋关节转动到最大限度，并仅在纵轴上运动。每次做15～20次，重复3～5组。

图15-60 原地转髋

（八）支撑弓步转体（图15-61）

平板支撑，以脚尖和手掌为支撑点，双手撑地与肩同宽，腿尽量大幅度地向前拉伸，与大腿呈90°，保持背部挺直不弯曲，两手臂侧平举；双手带动上体做转体，呈对侧手臂撑地，同侧手臂上伸，两手臂在一条直线上，应当感觉腰髋部分的拉伸感，左右各做3～5次，重复3～5组。

图15-61 支撑弓步转体

（九）分腿伸展式（图15-62）

双腿伸直，大腿内侧收紧，脚尖下压，髋关节打开，背部伸直，吸气，身体向上延伸；吐气时以髋为轴，身体慢慢地向前向远伸展。感受大腿内侧肌肉的拉伸，促进骨盆区域的血液循环。根据个人的伸展性可以采取手支撑、肘关节支撑以及胸腹部贴地支撑，保持在极限的边缘，柔和地伸展即可，不要超过个人的极限。而后还原成分腿做，做5～8次。

图15-62 分腿伸展式

（十）侧面伸展式（图15-63）

跪立，左单腿向侧伸展，与跪立的腿形成支撑，脚尖向上，两手臂侧平举，然后双手带动身体做左侧屈，左手逐渐靠近左脚脚尖，右手向上伸展。而后双臂还原至侧平举，做5～8次。换相反方向完成对侧动作。做5～8次，左右两侧各重复3～5组。

图15-63 侧面伸展式

九、调试不良腿型，改善内、外八字

外在表现： 双腿和双脚并拢时，双膝处无法合拢，足背外翻，整个腿部呈现"O"形；膝关节以上部位并拢但双脚无法合拢，走路时膝关节内扣，呈现"X"形；膝关节和双脚均可以并拢，但小腿处呈现"O"形，并伴随有"内八字"脚和"外八字"脚。外观上看，腿部线条不直，不够流畅、美观，在身材比例正常的情况下，显得腿短或者小腿粗壮，脚型方向不正，步态不够优雅。

原因： 因生长发育、日常站立或行走时体态、用力习惯、长时间保持同一姿势、营养等原因致使骨骼发育变形、大腿内侧、膝关节内侧以及小腿内侧肌肉用力不均衡，或者肌肉力量不平衡，导致出现腿受力不均衡，向内或者向外偏斜，周边韧带一直被牵拉松弛或者不足等，出现不良腿型。如跷"二郎腿"时，上位腿受力不均，向内偏斜，可能造成内侧膝关节间隙压力增加，使位于膝关节外侧的"腓侧副韧带"受到持续牵拉变得松弛，同时膝关节外侧韧带一直被牵拉，也有可能导致半脱或者错位，外形看起来就像O形腿。

练习方法：主要是通过调整小腿胫骨和膝关节内侧的用力方法而改变腿型。站立的时候，脚跟的内侧、大脚趾用力下压使小腿胫骨外侧内旋，膝关节内侧上提，脚踝外侧内推，脚踝内侧上提，从而使腿部肌肉收紧，改善腿型。

（一）坐姿（或站立）夹腿（图15-64）

站立（坐姿），脊背向上延伸，双手在体后交叉相握，打开胸肩。将瑜伽砖或空的矿泉水瓶，放至大腿内侧（或小腿内侧）夹住，双脚之间的间距与瑜伽砖同宽，双脚提踵，大腿内侧（小腿内侧）用力内夹，并尽可能让膝关节接近，保持一会儿，而后还原。每组10～20次，完成3～5组。

图15-64 站立（或坐姿）夹腿

（二）三角伸展式（图15-65）

站姿，双脚分开与肩同宽或略宽于肩，髋关节中位，双臂侧平举；右脚外展，左脚保持正前方，两腿伸直，髋关节向做右斜上方推出，做左体侧屈，两脚抓住地面，左手臂垂直地面，右手臂上举，抬头看右手，保持3～5秒，而后还原。每组5～8次，完成3～5组。

图15-65 三角伸展式

（三）"大"式（图15-66）

站立开始，两臂打开侧平举，掌心向下，两腿分开2倍或1倍腿长，脚尖朝向正前方。两脚内外侧用力均衡向下，两脚脚趾伸展后贴住地面，髋骨指向脚尖。大腿内侧、外侧上提，力量收至腹股沟。大腿前侧后推，后侧收紧，小腿后侧前推，保持膝关节中立位，不要过度挺伸；尾骨内卷，耻骨上提，保持骨盆中立位；臀部收紧，将力量集中在股骨、胫骨向下直至脚掌；胸腔上提，两肩放松下沉，两臂尽量向侧延展；收紧前锯肌、菱形肌，肩胛骨保持平展并延伸至胸腔；下颌微收，颈部放松，后脑向后延伸，眼睛平视。保持一定的时间，可以30秒为一组，而后收脚并拢放松。重复3～5组。

图15-66 "大"式

图15-67 双角式

（四）双角式（图15-67）

站立开始，两手在臀大肌上方托靠骨盆，两脚向两侧打开，略大于一腿宽的距离，骨盆上提，大腿内侧的肌肉腰充分激活，大脚趾和脚跟的外侧压住地面。而后抬头提胸腔，胸腔向上，保持胸椎向前伸展的力量，以髋关节为轴做折叠，做体前屈，身体脊椎向前慢慢下落，大腿内侧向后，膝关节内侧向前，加强腿部肌肉有力地稳定对位的骨骼关节；两手打开与肩同宽，放在两脚跟之间，头自然下落，头顶垂直于地面，手肘夹紧，并保持一定时间。注意大腿内侧向后，膝关节内侧向前做相反的力量对抗。从侧面看，保持脚踝、膝关节和髋在一条直线上；从前面看，膝关节、脚趾在一条直线上。腿部腰发力，脖颈放松。可以采取屈膝蹬腿的动态动作中完成，大腿骨收紧膝关节，膝关节内侧外推，脚跟向下蹬地，头部放松。保持3～5秒后，依次抬头、直臂、直背、直腿，两手托靠骨盆，挺起胸腔，压住腿，起身还原，收脚并拢放松。重复3～5组。

（五）蝴蝶式（图15-68）

坐姿，双腿屈膝内收，双脚并拢，脚掌相对，两手环握双脚外侧，保持抬头、脊背向上延展的姿势，双膝的外侧尽可能贴住垫面，而后双手后撑，双膝带动双腿做上下弹动，促进骨盆的血液循环，每组15～20次；用臀部和双脚、双膝外侧为支撑，保持住身体平衡，腹部收紧，控制身体重心的稳定，保持5～8秒而后放松。重复3～5组。

图15-68 蝴蝶式

（六）青蛙趴（图15-69）

跪坐，双臂撑地，双腿屈膝左右分开，髋关节在舒适范围内降至最低，大腿内侧打开至最大，大小腿、大腿和上体保持90°，髋关节保持中位，胸腔慢慢靠近垫面。注意在动作完成过程中，动作用力要缓慢且持续，大腿内侧尽可能贴向地面，双脚内侧贴住垫面，充分拉伸大腿内侧韧带和肌肉，同时膝关节外侧肌肉收紧。若感到膝关节疼痛，可以在膝关节处放上毛毯，在腹部的位置放至瑜伽砖，避免因髋膝踝压力大，腰椎产生代偿性的发力而引起腰部不适。

图15-69 青蛙趴

十、调试静脉曲张、腿部血栓，改善坐骨神经痛

外在表现：出现腿部无力、水肿、疼痛等腿部不适感，严重者腿局部出现明显的静脉血管突出；因脊椎偏离中位，出现坐骨神经痛，甚至压迫躯体运动神经，造成活动受限。

原因：由于血液循环受阻、血管内血液太过于粘稠、不良的身体坐姿以及脊椎偏离中位等原因，造成双腿血液循环不畅，双腿无力、疼痛、肿胀，严重者会出现非常明显的静脉曲张，如跷"二郎腿"导致的膝关节前内侧的大隐静脉和位于膝关节后侧的小隐静脉更容易受到压迫，从而加剧下肢水肿、静脉曲张。另外，盆骨和腰椎关节错位也会

压迫躯体运动神经，从而引发坐骨神经痛。

练习方法：通过增强下肢血液循环，提高血管弹性，减少血液在下肢的滞留堵塞，从而缓解静脉曲张带来的不适；或通过缓解背部和臀部肌肉紧张的辅助方法，缓解坐骨神经痛带来的痛感。注意，一切练习需要在医嘱下进行，如果在练习中感觉疼痛，即停止练习，并在练习前咨询相关专业人士给予指导。

（一）仰卧举腿（图15-70）

仰卧，双腿抬离高于心脏水平位置，静止5～8分钟，然后在斜上45°～90°之间来回运动，促进下肢血液回流，做15～20次，而后还原至仰卧，做3～5组。这个动作能够缓解静脉曲张、腿部血栓现象。若腰腹力量稍弱，可以借助瑜伽砖或者瑜伽带等完成上述动作，效果更好。

图15-70 仰卧举腿

（二）仰卧蹬伸（图15-71）

仰卧，双腿抬至垂直地面位置，双手放至髋关节两侧向下压垫，或者用瑜伽带放至大腿后侧，双手握住弹力带两侧，给予大腿

一定的承托力，保持仰卧举腿的姿势；双脚同时或者依次做回勾的动作8～10次，促进小腿后侧血液回流；而后双腿依次在空中做顺时针和逆时针方向的蹬自行车动作，20～30次。而后还原至仰卧放松，做3～5组。

3～5次；换相反的方向做相同动作，反复练习3～5次，左右腿分别做3～5组。注意上腿伸展时骨盆保持中位，不要后倾，且应在舒适范围内伸展，若感到刺痛、麻木，立即停止练习。

图15-71 仰卧蹬伸

图15-72 仰卧拉伸

（三）仰卧拉伸（图15-72）

仰卧，上体放松，下颌微收，双腿屈膝放至垫上，与髋同宽，大腿与上体成135°左右夹角，小腿与大腿成90°左右夹角，双脚踩实垫面；左腿支撑，右腿屈膝抬起，双手放至右大腿后侧抓住腘绳肌，将右大腿正面向胸部拉伸，慢慢地将右腿膝关节伸直，保持20～30秒，还原至起始位置，反复练习

（四）俯卧交替抬腿抬臂（图15-73）

俯卧，双臂前伸至最大限度放在垫上，稍抬头让下额不要支撑用力，让身体完全贴住垫面；抬头，左臂带动上体，右脚带动大腿同时做对侧抬起，肩背、大腿后侧、臀部、腰部收紧；保持5～8秒，换相反方向完成相同动作，每侧重复5～8次，做3～5组。如果练习者能力较强，也可以采取双臂和双腿同时抬起做向上的相对运动，重复5～8次，做3～5组。

图15-73 俯卧交替抬腿抬臂

（五）尾骨拉伸（图15-74）

坐姿，双小腿放至地面，大小腿成90°夹角，骨盆保持中位；左腿支撑，右腿屈膝抬起，将右踝放至左腿膝关节处，用双手将脚趾屈，并将脚掌翻转朝上，保持30~50秒，每侧重复3次；换相反方向重复相同动作。

图15-74 尾骨拉伸

（六）双"V"伸展式（图15-75）

屈膝坐，上体直立，脊背向上延展，双手分握踝关节后侧，以用臀部和尾骨支撑，保持身体平衡。腹部收紧，控制身体重心的稳定。双手拉住双腿抬离，使大腿正面贴近腹部，小腿平行垫面，双脚自然放松。停留5~8秒；双手握住双脚，大腿贴住腹部，足跟向斜前方延伸，直至双腿完全伸直，两腿分开至最大，分别向斜上方，保持5~8秒。而

后双腿收回并拢，保持5~8秒。重复3~5次。注意保持正常的呼吸，背部挺直，脊背向上延伸，双目平视前方。若双腿的伸展性不够，双膝可以适当弯曲，逐步将大腿后侧伸直。

图15-75 双"V"伸展式

（七）腰椎伸展（图15-76）

跪撑，大腿与地面垂直，两手臂撑垫与地面垂直；将右手放至体后，左手支撑，并

图15-76 腰椎伸展

向右旋转上体至最大限度，使右肘关节指向天花板，保持5～8秒，而后还原起始位置，左右各做5～8次，做3～5组。

（八）麦肯基伸展（图15-77）

俯卧，两手放在与胸平齐或者靠近双耳的两侧，夹肘并用肘关节支撑，拉长脊椎，保持头和肩膀向后延伸；两手向下推垫直至伸直，由头带动颈椎、胸椎、腰椎等依次向上向后延伸，保持5～8秒，而后还原至起始位置，做5～8次。

图15-77 麦肯基伸展

大家可以根据个体需要，选择调试操练习动作视频库中适合的动作，按照动作要领，跟着视频进行练习。需要注意的是，在练习前需要进行医务检查，包括颈、肩、腰、骶等各部位，并遵照医嘱进行练习。在练习过程中，不要强行完成动作，以自身能够完成为主，避免过度拉伸。同时，以练习后原本不适部位得以缓解或改善、身体状态良好为宜。

调试操练习动作视频库

第十六章　居家健身有氧训练器械

Part 1

跑步机

1969年，全球第一台心率训练跑步机诞生，将心率监测安装在跑步机上是一大创举，为全世界以后发展健身器材指明了方向。运动时心率是人体状态最好的显示器，心率健身也成为很重要的健身指标。截止到2015年我国也只有少数运动者意识到要去监控自己的运动强度。比较简便的计算目标心率（靶心率）的方法是：

（220- 年龄）×60%～80%

按此算法，20岁人群的目标心率为120～140次 / 分钟，将自己的运动心率控制在这个范围内的运动强度（调节到合适的速度或坡度），既可以轻松达到减肥效果，同时也能避免运动过度带来的伤害。更重要的是，适量运动可以锻炼人的心肺功能，长期坚持还可以减少各类疾病的发生。世界卫生组织规定的成年人运动量是每周不低于150分钟的中、高等强度运动，以上目标心率的区间即是中高等强度控制的关键所在。如果要制订运动计划，即可根据以上标准进行安排。如果每周运动3次，那么就可以安排每次不低于50分钟的中等强度运动；如果每周运动5次，就安排每次不低于30分钟的中等强度运动。椭圆机、划船机都可参照以上心率强度进行练习。

一、跑步方法

1. 合理使用跑步机上的坡度调节功能

几乎所有的跑步机都有坡度调节功能，这给用户增加了新的乐趣，但是有很多的跑步爱好者认为，这个坡度调节与平地上的跑步没有什么区别。这种观点是错误的。其实，他们之间还是有区别的。据专家实验结果证实：当我们的坡度调节增加5个度数后，每分钟的心跳就增加10～15次，这说明，增加坡度可以有效增加跑步运动的强度。但这时需要注意，不能超过自己总心率的80%。此外，利用坡度的大步中速走也可以达到很好的提臀效果。

2. 不要用步行的速度使用跑步机慢跑

在跑步机上跑步时，如果是行走的速度，那就用步行锻炼，切记这时不要慢跑，同时注意在行走的时候要同时配合肘关节的摆动。另外一点需要注意的是，在跑步机上锻炼时，速度小于5000米 / 时的速度对应的心率是达不到跑步运动的标准的，热量消耗不够，就

不容易达到我们进行跑步机锻炼的效果

3. 不要在跑步机上小步跑

慢跑的速度大概为6000～8000米／时，这也是慢跑的最佳速度，在这个速度范围内进行跑步机上的慢跑运动，虽然速度不快，但是很有效果，这也是大部分跑步爱好者喜欢的速度。但是要切记，不要使用小步幅进行锻炼，因为小步幅会使自己的心率下降，热量消耗不够，就达不到锻炼的效果。

二、跑步姿势

1. 跑步时头部自然摆放，双肩与身体稍微夹紧，跑步过程中腿不要抬得过高；

2. 跑步时注意减轻对膝关节的损伤，在跑步机上跑步时，当脚触到跑步板时，应保持膝关节微曲，这样会减轻对跑步者膝关节的损害。另外，跑步过程中两臂尽量放松，不要过分紧张。

3. 跑步时腰部保持自然直立，但也不宜过于挺直，以自然直立为度。

4. 跑步过程中肌肉应稍微紧张些，使身体躯干保持身稳定，处于跑步状态的姿势，同时注意缓冲脚着地时候的冲击，正确的做法是：跑步过程中，脚后跟先落到跑步机的跑步板上，然后从脚后跟滚到脚掌上，这样操作可以减少对脚踝的损伤。

三、跑步功效

1. 30～40分钟

由于人体消耗体内脂肪要在中等强度运动30～45分钟后才开始，所以，使用跑步机时一定要控制好时间和速度。最好将时间设定为30～40分钟，如果还要进行其他运动，可以减少时间，但最好不要低于20分钟。而速度的设定因性别不同存在差异，男性以6.5公里／时为宜，女性以5.5公里／时为宜。此外，要注意跑步时手臂的摆动，不要扶在扶手上，这样可以消耗更多能量，也更安全。

2. 速度5000～9000米／时，坡度0～10%

如果决定要练习自己的心脏，那么最好先去咨询一下运动医学专家，然后根据医生的建议为自己设定目标心率。一般来说，当跑步达到目标心率后，要维持25～35分钟，而速度最好设定在5，坡度控制在0～10%之间。当完成整个运动后不要急着下来，最好把速度降下来再跑5分钟左后，做好恢复工作。

3. 5～10分钟，速度别超过8000米／时

如果想利用跑步机进行热身或放松，时间控制在5～10分钟即可，速度最好也不要超过8，尤其是在进行准备活动的时候，最好循序先用4.5的速度跑3～5分钟，接着用8的速度跑2～3分钟，再降到5的速度跑3～5分钟。这样可以避免体力的不必要消耗。坡度选择0～4%就可以。

四、注意事项

1. 在任何健身场所里进行运动之前都要做身体测试，若有疾病或药物过敏史，还需要有医生的证明。安全永远是第一位的。

2. 穿合适的服装，尤其是运动鞋，一定要选择一双舒适、合脚的运动鞋进行运动。

3. 使用跑步机前要先检查跑步机的放置

是否稳定，台面是否干燥。

4. 在开始运动前双脚要站在跑步机两侧的脚踏部分，并且把紧急制动夹片夹到衣服上。当所有都调试完毕跑步机开始转动时，再把脚放到跑步机的台面上。如果是第一次使用，需要把双手扶在两侧的扶柄上，待适应跑步节奏后再放开自由跑动。

5. 运动的时候眼睛要看前方，不要突然扭头，更不要回头，否则你会失去平衡。

6. 如果你的平衡感不好，那么跑步的时候不要手持重物。

7. 不要在跑步机上倒跑，或做一些危险的动作。

8. 结束训练时要让自己的心率下降到每分钟120下以下再按停止键。

9. 一定要在台面完全停稳后再下跑步机，很多事故都是在运动结束时发生的。

10. 如果你的体重超过140公斤，就不要"折磨"跑步机了。

Part 2

椭圆机（elliptical trainer）

椭圆机（elliptical trainer）的运动形态类似越野滑雪（cross-country skiing），因此椭圆机的英文名称也称为 elliptical cross-trainer。作为一种用于锻炼心肺功能的器械，椭圆机受到不少使用者和专业人士的喜爱。椭圆机的斜坡设计、阻力抵抗调节功能、编排好的运动模式以及专门对下肢某组织肌肉进行锻炼的能力让它成为专业健身房和家庭起居室里常见的运动器械。尽管不同类型椭圆机的质量和运动舒适程度存在一定的差别，但这种机器毫无疑问是煅炼者进行心肺功能锻炼的有力武器。

一、椭圆机功效

椭圆机最大的特点就是人体在运用它锻炼时膝关节是不存在着力点的。采用椭圆机锻炼，不仅能预防、降低、缓解颈椎病、肩周炎及上背部的疼痛，而且还能避免跑步时产生的冲击力，更好地保护了关节，从而具备更好的安全系数。椭圆机能锻炼和刺激坐骨神经，增强腰部肌肉的耐力和力量，还能针对臀部、大腿、侧腰及小腹部进行刺激，达到塑身的效果。

椭圆机能把手臂与腿部的运动有机结合起来，经常使用可协调四肢，健美身体，提高身体耐力，锻炼心肺功能。椭圆机适用人群很广，特别是对于膝踝关节不好的人，他们在走路或跑步时，双脚着地产生的撞击力会使他们关节疼痛，而使用椭圆机锻炼则更为安全，也更为舒适。

在锻炼场所我们常看到一些锻炼者误将椭圆机当作跑步机，运动时只有腿用力，胳膊仅仅在腿的带动下起稳定作用，或干脆不扶扶手。在使用椭圆机健身时，如果手脚配合不协调，那么越用力身体就会越紧张，上下肢之间的对抗也会越强烈，还可能由于动作不协调而产生疲劳感，导致肌肉拉伤甚至摔伤。

二、正确姿势

双手轻握器械上方的扶手，手随着脚依次向前进行蹬踩运动，等手脚的运动达到比较协调的程度后，再逐渐增加手的推力和拉力。用椭圆机练习能做向前及向后的双向运动。练习时一般可以向前练习3分钟，再向后练习3分钟，一组练习5～6分钟，最好每次活动能够练习3～4组。动作频率应逐渐加快，但不宜太快，一定要控制在自己能够承受的范围内。

Part 3

划船机

划船器又名划船机、划艇机、划艇器、赛艇器、测功仪、陆上划船器、室内划船器，是以训练为目的，用来模拟水上赛艇运动的机器。室内赛艇比赛已经成为一项专业的比赛项目。室内划船器也通常被称为测功仪（国外通常俗称"尔格"或ERGO），用于测量运动者在运动中消耗的力量。

一、划船机功效

划船机对增强腿部、腰部、上肢、胸部、背部的肌肉有较好效果。每划一次，上下肢、胸部、背部都会有一个完整的收缩与伸展，从而达到全身肌肉有氧锻炼的效果。对于腰腹部和上臂部脂肪较多的人群，划船机锻炼有不错的塑身效果。

锻炼时，每一个屈伸的划臂动作都能使约90%的伸肌得到锻炼，同时对锻炼背部肌肉也有明显效果，能让脊背在体前屈和体后伸中有更大的活动范围，从而使脊柱的各个关节得到锻炼。这不但能提高肌肉的弹性，也能增强其韧性，特别适合长期坐在电脑前工作的白领一族。

二、使用方法

练习时，要注意动作的连贯性，每一个蹬伸动作不要出现停顿，且一定要做到位。如果幅度过小，参与运动的肌肉就得不到充分的伸展或收缩，同时配合呼吸（前倾时呼气，后仰时吸气）。中间休息不超过1分钟，每3次为一组，组间休息3分钟，共做4～5组。初练者可以把动作分解成三段来发力。

1. 阶段一：蹬腿

这一阶段由完全静止开始，需要身体用最强的爆发力来启动，理所当然是用腿部、臀部的力量来进行。这时需要绷紧上身，让蹬腿的力量通过上身传递到手臂，将绳索拉动。

2. 阶段二：仰身

在腿蹬直后，身体还有一个向后的惯性，此时在保持上身挺直的姿势瞬时后仰，将绳索拉得更长。

3. 阶段三：划臂

在腿蹬直、身体后仰的姿势下，还需要用上背部和手臂的力量给绳索最后一股力，将绳索拉到最长。注意绳索要拉到胸肌下方肋骨的位置，肩用力向后张开，并保持下压，不可以耸肩。

扫描二维码可观看各类家庭有氧健身器材的使用方法，快来跟着视频一起锻炼吧！

家庭有氧健身器械完整版视频

第十七章　健身气功

健身气功是以自身形体活动、呼吸吐纳、心理调节相结合为主要运动形式的民族传统体育项目，是中华悠久文化的重要组成部分。习练健身气功对于增强人的心理素质、改善生理功能，提高人的生存质量，提升道德修养等具有独特作用。2003年2月，国家体育总局已将健身气功确立为第97个体育运动项目，在新的历史时期，为了满足广大群众强身健体的需要，进一步弘扬中华民族优秀传统文化，中国健身气功协会组织各方面专家，在挖掘整理各种传统养生功法的基础上，创编了健身气功·易筋经、五禽戏、六字诀、八段锦等健身功法。

健身气功是在继承传统功法基础上，将传统与现代相结合，既遵照中国传统养生、保健理念、保留传统功法精髓，又结合现代生命科学理论，对功法作了整理和创新，增加了符合时代特色的新内容。使功法兼具健身性、科学性和艺术性。功法各具特色，其中易筋经整套动作自然流畅，刚柔相济，美观大方；五禽戏整套动作中蕴含着"五禽"的神韵，动作柔和舒展，协调匀称，新颖优美；八段锦整套动作圆活连贯，舒展大方，动静相兼。三种健身气功动作舒缓，姿态优美，简单易学，展现出健身气功独特的魅力。

Part 1

易筋经

易筋经源自我国古代导引术，历史悠久。据考证，导引由原始社会的"巫舞"发展而来，到春秋战国时期已为养生家所必习。《庄子·刻意篇》中记载："吹呴呼吸，吐故纳新，熊经鸟申（伸），为寿而已矣。此导引之士，养形之人，彭祖寿考者之所好也。"《汉书·艺文志》中也载有《黄帝杂子步引》《黄帝歧伯按摩》等有关导引的内容，说明汉代各类导引术曾兴盛一时。另外，湖南长沙马王堆汉墓出土的帛画《导引图》中有四十多幅各种姿势的导引动作。

易筋经是一种以抻筋拔骨、柔筋健骨、强筋壮骨为主的古老健身术，其功法流传广泛，其继承了传统易筋经十二势的精要，融科学性与普及性于一体，格调古朴，蕴涵新意。各势动作是连贯的有机整体，整套动作舒展优美，注重脊柱的扭转屈伸和抻筋拔骨；动作变化过程清晰、柔和匀称。个别动作配合发音，舒展连绵，刚柔相济；练习时呼吸要求自然，动息相融，并以形导气，意随形走。易筋经易学易练，健身效果显著。

图17-1　易筋经图示

一、易筋经动作要点、功理与作用

预备势

动作要点：全身放松，身体正直，呼吸自然平和。

功理与作用：宁神静气，调整呼吸；内安五脏，端正身形。

第一式：韦陀献杵第一势

动作要点：松肩虚腋；两掌合于胸前，稍停片刻，以达气定神敛之效果。

功理与作用：通过神敛和两掌相合的动作，可起到气定神敛、均衡身体左右气机的作用，同时改善神经、体液调节功能，促进血液循环，消除疲劳。

第二式：韦陀献杵第二势

动作要点：两掌外撑，力在掌根；坐腕立掌时，脚趾抓地；自然呼吸，气定神敛。

功理与作用：疏理上肢经络，调练心肺之气，改善呼吸功能及气血运行，提高肩臂肌肉力量，改善肩关节活动功能。

第三式：韦陀献杵第三势

动作要点：两掌上托时，前脚掌支撑，力达四肢，下沉上托，脊柱竖直，提踵稍前倾。年老体弱者可自行调整提踵高度；上托时，意想通过"天门"关注两掌，目视前下方，自然呼吸。

功理与作用：调理三焦之气，发动手足三阴五脏之气，改善肩关节活动功能，提高四肢肌肉力量，促进全身血液循环。

第四式：摘星换斗势（左摘星换斗势/右摘星换斗势）

动作要点：转身时以腰带肩，以肩带臂；目视掌心，意注命门，自然呼吸；颈肩病患者适当减小动作幅度。

功理与作用：壮腰健肾，延缓衰老；增强颈肩腰等部位的活动功能。

第五式：倒拽九牛尾势（右倒拽九牛尾势/左倒拽九牛尾势）

动作要点：转身时以腰带肩，以肩带臂，力贯双膀；掌握重心，身体平衡；前后拉伸，松紧适宜，并与腰的旋转紧密配合。

功理与作用：通过腰部扭动，带动肩胛活动，刺激背部夹脊、肺俞、心俞等穴位，疏通夹脊，调练心肺；改善软组织血液循环，提高四肢肌肉力量及活动功能。

第六式：出爪亮翅势

动作要点：出掌时先轻如推窗，后重如排山，收掌时如海水还潮；充分展肩扩胸；注意出掌时为荷叶掌，收掌于云门穴时为柳叶掌。

功理与作用：通过动作的引导，促进自然清气与人体真气在胸中交汇融合，改善呼吸以及全身气血运行；提高胸背部及上肢肌肉力量。

第七式：九鬼拔马刀势（右九鬼拔马刀势/左九鬼拔马刀势）

动作要点：动作对拔拉伸要尽量用力，身体自然弯曲转动，协调一致；合臂时，身后之臂主动上推，重心稳定，上下起伏；高血压、颈椎病患者和年老体弱者头部转动的角度应小，且轻缓。

功理与作用：通过身体的扭曲、伸展运动，使全身真气开、合、启、闭，按摩脾胃，强健肾脏；疏通玉枕关、夹脊关；增加肩部、腰背部肌肉力量，改善关节活动功能。

第八式：三盘落地势（微蹲、半蹲、全蹲，也可以一次全蹲）

动作要点：下蹲时松腰、裹臀，两掌如负重物；起身时，两掌如托千斤重物。下蹲幅度依次加大，年老体弱者下蹲深度可灵活掌握，年轻体健者可选择半蹲或全蹲；下蹲与起身时上体始终保持正直，不应前俯或后仰；吐"嗨"音时，口微张，上唇着力压龈交穴，下唇松，不着力于承浆穴；瞪眼闭口时，舌抵上颚，身体中正安舒。

功理与作用：心肾相交，水火既济；增强下肢力量，壮丹田气，强腰固肾。（心主火，肾主水）

第九式：青龙探爪势（左青龙探爪势/右青龙探爪势）

动作要点：目随"爪"走，意存"爪"心；动作自然协调，一气呵成。前俯时双腿直膝，年老体弱者前俯下按或抓划弧时可根据自身状况调整幅度。

功理与作用：中医认为，"两胁属肝""肝藏血，肾藏精"，二者同源，通过该功法可以疏理肝气、调畅情志，改善腰部及下肢肌肉的活动功能。

第十式：卧虎扑食势（左卧虎扑食势／右卧虎扑食势）

动作要点：用躯干的运动带动双手前扑绕环；抬头、瞪目时，力达指尖，腰背部成反弓形，年老体弱者可根据自身状况调整幅度。

功理与作用：疏伸、调养任脉，改善腰腿肌肉活动功能。

第十一式：打躬势

鸣天鼓7次，打躬3次，幅度依次加大（也可以鸣天鼓3次，打躬1次）

动作要点：体前屈时，直膝，两肘外展；前屈时，脊柱由头经颈椎、胸椎、腰椎、骶椎，由上向下逐节前屈；直立时由下向上逐节伸直，年老体弱者可根据自身状况调整前屈幅度。

功理与作用：锻炼督脉，充足阳气。鸣天鼓可以醒脑，聪耳，消除大脑疲劳。

第十二式：掉尾势

动作要点：扭头转臀时，头与臀做相向运动。高血压、颈椎病以及年老体弱者，动作幅度要小，且缓慢。

功理与作用：强化腰背肌肉力量，改善脊柱各关节和肌肉的活动功能。

二、易筋经6分钟配口令示范完整动作展示

Part 2

五禽戏

五禽戏是古代养生术的重要内容，它是一种模仿五种动物的动作和神态的锻炼方法，相传为东汉人华佗所创。《后汉书·华佗传》称"华语普曰：'吾有一术，名五禽之戏：一曰虎，二曰鹿，三曰熊，四曰猿，五曰鸟。亦以除疾，并利蹄足，以当导引。体有不快，起作一禽之戏，怡而汗出，因以着粉，身体轻便而欲饮食。'"五禽戏根据五种动物动作特点和神态，动作或雄劲豪迈，或轻捷灵敏，或沉稳厚重，或变化万端，或独立高飞，组合形成一套系统完整的的锻炼方法。经常练习五禽戏，可以达到涵养精神、调节气血、益润脏腑、畅达经络、舒活筋骨、利通关节之功效，可以促进全身气血流通，有强体健身、消除疾病、延年益寿之功效。

五禽戏的动作编排，按照《三国志·华

佗传》的记载，顺序为虎、鹿、熊、猿、鸟，动作简便易学，每戏两动，共计十个动作，并在功法的开始和结束时增加了起势调息和引气归元，体现了形、意、气的合一。其功法特点如下：左右对称，安全易学；引伸肢体，动诸关节；动静结合，练养相兼；外导内引，形松意充；形神兼备，意气相随，内外合一。

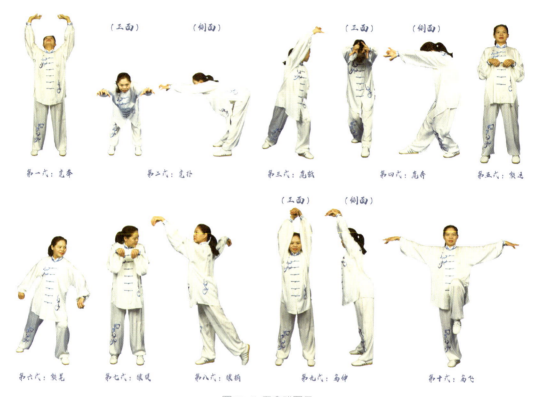

第一式：虎举　第二式：虎扑　第三式：鹿抵　第四式：鹿奔　第五式：熊运

第六式：熊晃　第七式：猿提　第八式：猿摘　第九式：鸟伸　第十式：鸟飞

图17-2 五禽戏图示

一、五禽戏动作要点及功理与作用

预备势：起势调息

动作要点：屈膝开步，慢移重心，虚实分明；两臂上提下按，意在两掌劳宫穴，动作柔和、均匀、连贯。动作可配合呼吸，两臂上提时吸气，下按时呼气。

功理与作用：排除杂念，诱导入静，调和气息，宁心安神。外引内导，吐故纳新，升清降浊，调理气机。

（一）虎戏

第一式：虎举

动作要点：十指撑开，弯曲成"虎爪"，外旋握拳，三个环节均要贯注劲力。两掌向上如托举重物，提胸收腹，**充分拔长躯体**；两掌下落如拉双环，含胸松腹，气沉丹田。眼随手动。动作可配合呼吸，两掌上举时吸气，下落时呼气。

功理与作用：两掌举起，吸入清气；两掌下按，呼出浊气。一升一降，调理三焦功能。虎爪变拳，可增强握力，改善上肢远端关节的血液循环。

第二式：虎扑

动作要点： 上体前俯，两手尽力向前伸，臀部向后引，充分伸展脊柱。屈膝下蹲、收腹含胸要与伸膝、送髋、挺腹、后仰动作过程连贯，使脊柱形成由折叠到展开的蠕动，两掌下按上提要与之配合协调。虚步下扑时，速度可加快，先柔后刚，配合快速深呼气，气由丹田发出，以气催力，力达指尖，表现出虎的威猛。年老体弱者可根据身体状况适当减小动作幅度。

功理与作用： 虎扑动作形成了脊柱的前后伸展折叠运动，尤其是引腰前伸，增加了脊柱各关节的柔韧性和伸展度，可使脊柱保持正常的生理弧度。脊柱运动能增强腰部肌肉力量，对常见的腰部疾病，如腰肌劳损、习惯性腰扭伤等症有防治作用。督脉行于背部正中，任脉行于腹部正中。脊柱的前后伸展折叠牵动任、督两脉，从而起到调理阴阳、疏通经络、活跃气血的作用。

（二）鹿戏

第一式：鹿抵

动作要点： 腰部侧屈拧转，侧屈一侧腰部要压紧，另一侧腰部则借助上举手臂后伸，得到充分牵拉。后脚脚跟要蹬实，固定下肢位置，加大腰、腹部的拧转幅度，运转尾闾。动作时可配合呼吸，两掌向上划弧摆动时吸气，向后伸抵时呼气。

功理与作用： 腰部的侧屈拧转使整个脊椎充分旋转，可增强腰部的肌肉力量，也可防治腰部的脂肪沉积。目视后脚脚跟，能加大腰部在拧转时的侧屈程度，可防治腰椎小关节紊乱等症。中医认为，"腰为肾之府"，尾闾运转，可起到强腰补肾、强筋健骨的功效。

第二式：鹿奔

动作要点： 提腿前跨要有弧度，落步轻灵，体现鹿的安舒神态。身体后坐时，两臂前伸，胸部内含，背部形成"横弓"状；头前伸，背后拱，腹收缩，臀内敛，形成"竖弓"状，使腰、背部得到充分伸展和拔长。动作时可配合呼吸，身体后坐时吸气，重心前移时呼气。

功理与作用： 两臂内旋前伸，使肩、背部肌肉得到牵拉，对颈肩综合症、肩关节周围炎等症有防治作用；躯干弓背收腹，能矫正脊柱畸形，增强腰、背部肌肉力量。向前落步时，气沉丹田；身体重心后坐时，气运命门，加强了人先天与后天之气的交流。尤其是重心后坐时，整条脊柱后弯，内夹尾闾，后凸命门，大椎打开，意在疏通督脉经气，具有振奋全身阳气的作用。

（三）熊戏

第一式：熊运

动作要点： 两掌划圆，随腰、腹部的摇晃而被动牵动，动作协调自然。两掌划圆为外导，腰、腹摇晃为内引，意念内气在腹部丹田运行。动作时可配合呼吸，身体上提时吸气，身体前俯时呼气。

功理与作用： 活动腰部关节和肌肉，可防治腰肌劳损及软组织损伤。腰腹转动，两掌划圆，引导内气运行，可加强脾、胃的运化功能。运用腰、腹摇晃，对消化器官进行体内按摩，可防治消化不良、腹胀纳呆、便秘腹泻等症。

第二式：熊晃

动作要点： 用腰侧肌群收缩来牵动大腿上提，按提髋、起腿、屈膝的先后顺序提腿。两脚前移，横向间距稍宽于肩，随身体重心前移，全脚掌踏实，使震动感传至髋关节处，体现熊步的沉稳厚实。

功理与作用： 身体左右晃动，意在两胁，调理肝脾。提髋行走，加上落步的微震，可增强髋关节周围肌肉的力量，提高平衡能力，有助于防治下肢无力、髋关节损伤、膝痛等症。

（四）猿戏

第一式：猿提

动作要点： 掌指撮拢变钩，速度稍快。按耸肩、收腹、提肛、脚跟离地、转头的顺序，上提重心。耸肩、缩胸、屈肘、提腕要充分。动作时可配合提肛呼吸，两掌上提吸气时稍用意提起会阴部，下按呼气时放下会阴部。

功理与作用： "猿钩"的快速变化，意在增强神经——肌肉反应的灵敏性。两掌上提时缩项、耸肩、团胸吸气，挤压胸腔和颈部血管；两掌下按时伸颈、沉肩、松腹、扩大胸

腔体积，可增强呼吸，按摩心脏，改善脑部供血。提踵直立，可增强腿部力量，提高平衡能力。

第二式：猿摘

动作要点： 眼要随上肢动作变化左顾右盼，表现出猿猴眼神的灵敏。屈膝下蹲时，全身呈收缩状。蹬腿迈步，向上采摘，肢体要充分展开。采摘时变"猿钩"，手指撮拢快而敏捷；变握固后，成托桃状时，掌指要及时分开。动作以神似为主，重在体会其意境，不可太夸张。

功理与作用： 眼神的左顾右盼有利于颈部运动，促进脑部的血液循环。动作的多样性体现了神经系统和肢体运动的协调性，模拟猿猴在采摘桃果时愉悦的心情，可减轻大脑神经系统的紧张度，对神经紧张、精神忧郁等症有防治作用。

（五）鸟戏

第一式：鸟伸

动作要点： 两掌在体前相叠，上下位置可任选，以舒适自然为宜。注意动作的松紧变化。掌上举时，颈、肩、臀部紧缩；下落时，两腿微屈，颈、肩、臀部松沉。两臂后摆时，身体向上拔伸，并形成向后反弓状。

功理与作用： 两掌上举吸气，扩大胸腔；两手下按，气沉丹田，呼出浊气，可加强肺吐故纳新的功能，增加肺活量，改善慢性支气管炎、肺气肿等病的症状。两掌上举，作用于大椎与尾闾，督脉得到牵动；两掌后摆，身体成反弓状，任脉得到拉伸。这种松紧交

替的练习方法可起到疏通任、督两脉经气的作用。

第二式：鸟飞

动作要点：两臂侧举，动作舒展，幅度要大，胸部两侧尽量展开；两臂下落内合，尽量挤压胸部两侧。手脚配合协调，同起同落。动作时可配合呼吸，两掌上提时吸气，下落时呼气。

功理与作用：两臂的上下运动可改变胸腔容积，若配合呼吸运动可起到按摩心肺的作用，增强血氧交换能力。拇指、食指的上翘紧绷意在刺激手太阴肺经，加强肺经经气的流通，提高心肺功能。提膝独立，可提高人体的平衡能力。

（六）收势：引气归元

动作要点：两掌由上向下按时，身体各部位要随之放松，直达脚底涌泉穴。两掌向后划平弧至体侧时，转掌心向前，衔接要自然、圆活，有向前收拢物体之势，意将气息合抱归入丹田。

功理与作用：引气归元就是使气息逐渐平和，旨在将练功时所得体内、外之气，导引归入丹田，达到和气血、通经脉、理脏腑的功效。通过静养丹田，由练气转为养气，使元气归根，培补人体元气。通过搓手、浴面等，逐渐恢复到练功前的状态。

二、五禽戏6分钟配口令示范完整动作展示

Part 3

八段锦

"八段锦"是我国历史上流传最广的传统养生导引术之一，至今已有上千年的历史，其健身效果显著。它兴于宋元年间，成熟并盛行于明清两代，其养生、祛疾、抗衰老效果久经历史验证，被广大养生家所喜爱。八段锦共计八个动作，各个动作之间相互制约，相互联系，循环运转。八段锦的运动强度和动作的编排次序符合运动学和生理学规律，属于有氧运动，安全可靠。整套功法增加了预备势和收势，使套路更加完整规范。八段锦功法的特点是：柔和缓慢，圆活连贯；松紧结合，动静相兼；神与形合，气寓其中。

双手托天理三焦　　左右开弓似射雕　　调理脾胃须单举　　五劳七伤向后瞧

摇头摆尾去心火　　双手攀足固肾腰　　攒拳怒目增气力　　背后七颠百病消

（正面）（侧面）

图17-3 八段锦简图

一、八段锦动作要点、功法与作用

预备势

动作要点： 两臂侧起时掌心向后，在体侧45°时转掌心向前，合抱于腹前时立项竖脊，舒胸实腹，松腰敛臀，放松命门，中正安舒，如坐高凳。

功理与作用： 端正身型，调匀呼吸，宁神静气，启动气机，培育元气，使习练者进入练功状态。

第一式：两手托天理三焦

动作要点： 两掌向上至胸部时，翻掌上托，舒胸展体，抬头看手；抻拉时下颌微收，头向上顶，略有停顿，脊柱上下对拉拔长，力由夹脊发，上达两掌；两掌下落时要松腰沉髋，沉肩坠肘，松腕舒指，同时保持上体中正。

功理与作用： 通过两手交叉上托，缓慢用力，保持抻拉，可使"三焦"通畅、气血调和。通过拉长躯干与上肢各关节周围的肌肉、韧带及关节软组织，对防治肩部疾患、预防颈椎病等具有良好的作用。

第二式：左右开弓似射雕

动作要点： 两腕交搭时沉肩坠肘，掌不过肩；开弓时力由夹脊发，扩胸展肩，坐腕竖指，充分转头，侧拉之手五指要并拢屈紧，臂与胸平，八字掌侧撑需立腕、竖指、掌心涵空。略停2秒，保持抻拉，有开硬弓射苍鹰之势。

功理与作用：展肩扩胸，可以刺激督脉和背部俞穴，同时刺激手三阴三阳经等，可调节手太阳肺经等经脉之气。此式可有效锻炼下肢肌肉力量，提高平衡和协调能力，同时增加前臂和手部肌肉的力量，提高手腕关节及指关节的灵活性，有利于矫正如驼背、含胸等不良姿势，很好地预防肩、颈疾病等。

第三式：调理脾胃须单举

动作要点：单臂上举和下按时，要力达掌根，舒胸展体，拔长腰脊，要有撑天拄地之势。

功理与作用：通过左右上肢一松一紧的上下对拉（静力牵张），可以牵拉腹腔，对脾胃中焦肝胆起到按摩作用；同时可以刺激位于腹、胸、胁部的相关经络以及背部的俞穴等，达到调理脾胃（肝胆）和脏腑经络的作用。此式可使脊柱内各椎骨间的小关节及小肌肉得到锻炼，从而增强脊柱的灵活性与稳定性，有利于预防和治疗肩、颈疾病。

第四式：五劳七伤往后瞧

动作要点：两掌伏按时立项竖脊，两臂充分外旋，展肩挺胸，转头不转体。

功理与作用："五劳"指心、肝、脾、肺、肾五脏劳损；"七伤"指喜、怒、悲、忧、恐、惊、思七情伤害。本式动作通过上肢伸直外旋扭转的静力牵张作用，可以扩张牵拉胸腔、腹腔内的腑脏。往后瞧的转头动作可刺激颈部大椎穴，达到防治"五劳七伤"的目的；

亦可增加颈部及肩关节周围参与运动肌群的收缩力，增加颈部运动幅度，活动眼肌，预防眼肌疲劳以及肩、颈与背部的疾患，同时改善颈部及脑部血液循环，有助于解除中枢神经系统疲劳。

第五式：摇头摆尾去心火

动作要点：马步扶按时要悬项竖脊，收髋敛臀，上体中正；侧倾俯身时，颈部与尾闾对拉拔长；摇头时，颈部尽量放松，动作要柔和缓慢，摆动尾闾力求圆活连贯。

功理与作用：心火，即心热火旺的疾症，属阳热内盛的病机。通过两腿下蹲，摆动尾闾，可刺激脊柱、督脉等；通过摇头，可刺激大椎穴，从而达到疏经泄热的作用，有助于去除心火。在摇头摆尾过程中，脊柱腰段、颈段大幅度侧屈、环转及回旋，可使整个脊柱的头颈段、腰腹及臀、股部肌群参与收缩，即增加了颈、腰、髋的关节灵活性，也增强了这些部位的肌力。

第六式：两手攀足固肾腰

动作要点：双手反穿经腋下尽量旋腕，俯身摩运时脊柱节节放松，至足背时要充分沉肩；起身时两掌贴地面前伸拉长腰脊，手臂主动上举带动上体立起。

功理与作用：通过前屈后伸可以刺激脊柱、督脉以及命门、阳关、委中等穴，有助于防治生殖泌尿生殖系统方面的慢性病，达到固肾壮腰的目的。通过脊柱大幅度前屈后伸，可有效发展躯干前、后伸屈脊柱肌群的力量与伸展性，同时对腰部的肾、肾上腺、输尿管等器官有良好的牵拉、按摩作用，可以改善其功能，刺激其活动。

第七式：攒拳怒目增气力

动作要点：马步下蹲时要立身中正，马步的高低可根据自己腿部的力量灵活掌握；左右冲拳时怒目瞪眼，同时脚趾抓地，拧腰顺肩，力达拳面，旋腕要充分，五指用力抓握。

功理与作用：中医认为，"肝主筋，开窍于目"。本式中的"怒目瞪眼"可刺激肝经，使肝血充盈，肝气疏泻，有强健筋骨的作用。通过两腿下蹲十趾抓地，双手攒拳、旋腕，手指逐节强力抓握等动作，可刺激手、足三阴三阳十二经脉的俞穴和督脉等，同时使全身肌肉、经脉受到静力牵张刺激，长期锻炼可使全身筋肉结实，气力增加。

第八式：背后七颠百病消

动作要点：提踵时脊柱节节拉长，脚趾抓地，脚跟尽量抬起，两腿并拢，提肛收腹，头向上顶，略有停顿，保持平衡；下落时沉肩，颠足时身体放松，咬牙，轻震地面。

功理与作用：脚趾为足三阴、足三阳经交汇之处，脚十趾抓地，可刺激足部有关经脉，调节相应脏腑的功能；同时，颠足可刺激脊柱与督脉，使全身脏腑经络气血通畅，阴阳平衡。颠足而立可发展小腿后部肌群力量，拉长足底肌肉、韧带，提高人体的平衡能力；落地震动可轻度刺激下肢及脊柱各关节内外结构，并使全身肌肉得到放松复位，有助于缓解肌肉紧张。

收势

动作要点：体态安详，周身放松，气沉丹田，心情愉悦。

功理与作用：气息归元，放松肢体肌肉，愉悦心情，进一步巩固练功效果，逐渐恢复到练功前安静时的状态。

二、八段锦6分钟配口令示范完整动作展示

Part 4

锻炼时的注意事项

不同年龄性别、身体状况、生理和心理特点的健身气功锻炼者，在锻炼时应该根据个人的实际条件，有针对性地采取一些应对措施，以最大限度达到锻炼的效果。

一、做好准备活动与放松活动

锻炼前应对个人的身体状况有个大致了解，最好能达到具有自我监督、自我评价、自我计划、自我控制的程度，特别是对于过去很少或较少参加体育锻炼的老年人，运动

前最好先进行身体检查，以及时发现潜在的疾病和风险因素，以确保运动安全。在选择功法时，要结合自身的生理特点、健康状况、锻炼目的以及个人兴趣加以综合考虑。

要多加强理论方面的学习，加深对功法的理解，坚定锻炼的意志，做到持之以恒。在锻炼前，应掌握功法的动作方法及习练要点，按规定标准进行锻炼，同时，调整好呼吸，充分做好身体和心理的准备活动，特别是腰、膝、踝、肩等关节要活动开。对可能出现的困难，如肌肉酸痛等，能正确对待。锻炼后要做好放松和整理活动，如拍打按摩放松、上肢和下肢交替抖动放松、淋浴放松等。如有条件，每晚睡觉前用热水洗脚，以促进血液循环，消除疲劳。另外，锻炼出汗后，应及时更换衣服，以防患病。运动结束后，不要突然停止，应逐渐使身体恢复到基础水准。

二、因人而异

在动作练习中，动作幅度以及难度应根据个人情况，因人而异，尤其对于老年人、高血压以及颈椎病、腰椎病等患者，应循序渐进。动作的速度、步姿的高低、幅度的大小、锻炼的时间、习练的遍数、运动量的大小都应控制得当，其原则是练功后感到精神愉快，心情舒畅，肌肉略感酸胀，但又不会太疲劳，不妨碍正常的工作和生活。切忌急于求成，贪多求快。

三、调整好心理和呼吸

首先，用意要适度。有些功法无须用意，有些功法虽然要用意，但也无须用意过度，若过份地集中思想于身体某一部位或穴位，或"意守病灶"，可能反而会导致精神紧张、性情偏执、大脑兴奋与抑制不平衡等，从而引起一些不必要的症状，如气闷、头胀，甚至失控、失眠、失常等。其次，不要违背呼吸的自然规律。在练功中不按生理要求而故意强调呼吸，易引起憋气，甚至引起心律失常，如早搏、停搏等，或头晕、胸闷，抑或呼吸时用力过猛，导致血压升高，引起头胀、头疼等。因此，一定要按照功法的具体规定调整好呼吸方法。另外，练功场所应安排在安静、清洁的地方，惊喊或巨响声易使练功者受惊，甚至导致其惊慌失措、精神失常，因此，要尽量避免在污染严重或有噪声干扰处进行。

第十八章　大众蹦床

自2000年奥运会设立蹦床项目以来，蹦床以其独特的魅力成为奥运会赛场上一道靓丽的风景线。蹦床是一项运动员利用网的反弹在空中表现技巧的竞技运动，有"空中芭蕾"的美称。其动作特点表现为，在有弹性的网面上，借助练习者的自重和起跳技术腾起一定高度，并连续完成富有节奏的各种翻腾动作，如双脚起跳、背弹、腹弹、坐弹等。完成动作时，应表现出优美的身体姿势、正确的技术、高度的一致性以及对身体的完美控制。整套动作结束后必须以双脚有控制地落在网上，并保持上体直立。蹦床自中国1998年举办首届蹦床冠军赛以来，历经二十余载的奋斗历程，已经成为中国竞技体育的优势项目，在世界蹦床领域处于一流水平。

国家体育总局体操中心为深化蹦床项目在中国各领域的开展，增加蹦床参与人数，发挥其娱乐性、表演型和趣味性、健身性等多方面的功能，于2020年正式开始推广大众蹦床项目，至今已经逐渐涉猎游乐场、俱乐部、体校、中小学校、幼儿园以及专业训练场馆等多个领域，充分发挥着其娱乐、健身、表演、治疗、军事训练以及比赛等多种功能。

图18-1　朱雪莹在2022年东京奥运会上获得女子蹦床冠军

图18-2　大众蹦床在学校中逐步开展
（上图为体育课中，下图为课外辅导中）

图18-3 大众蹦床在社会俱乐部中广泛开展

Part 1

大众蹦床的起源

近代蹦床起源于中世纪法国，1930年由美国人乔治·尼桑传入美国，被应用于军事训练和医疗康复中。1964年，首届世界蹦床锦标赛举行。1997年，国际奥委会第106次会议通过将蹦床列为奥运会正式比赛项目，从此蹦床开启了竞技之路。2000年，悉尼奥运会将蹦床列为正式比赛项目，并设立男女个人两个项目。当前蹦床的国际比赛主要有：奥林匹克运动会、青年奥林匹克运动会、世界锦标赛、世界杯赛等。我国举行的主要赛事有：全国运动会、全国青年运动会（前身为"全国城市运动会"）、全国锦标赛、全国冠军赛、全国青少年锦标赛以及全国 U 系列比赛等。

在我国全民健身战略、体教融合等大背景下，竞技体育大众化的趋势逐渐显现，大众蹦床应运而生。为维护参与者合法权益和身心健康，促进大众蹦床运动健康可持续发展，国家体育总局体操运动管理中心指导中国蹦床技巧协会分别出台了指导大众蹦床项目发展的各类指导性文件，包括：2019年6月9日发布的《关于开展全国大众蹦床行业安全自查自纠工作的通知》、2020年12月2日发布的《关于成立全国蹦床项目标准化工作委员会的通知》，2019—2020年发布的《大众蹦床运动的基本标准与要求》《大众蹦床运动员技术等级（蹦床运动员技术等级4～9级）实施办法（2020年试行）》《蹦床运动员技术等级标准4～9级（2020年版）编制说明》《蹦床操评分指南》《大众蹦床团体项目评分规则裁判指南》通知等。这些文件的发布对于保证大众蹦床团体项目顺利、良序地持续开展起到重要引导作用。

2020年11月13—15日，全国蹦床U系列锦标赛大众蹦床团体项目（蹦床操）比赛在江苏无锡举行，这是大众蹦床首次举办的全国赛事，至此大众蹦床在全国范围内开展起来。2021年，大众蹦床项目首次列入全国青少年体育俱乐部联赛之中。近年来，大众蹦床运动在我国蓬勃发展，深受人民群众，特别是青少年的喜爱，在全民健身活动中发挥着不可替代的作用。

Part 2

大众蹦床的育人价值

习近平总书记在2018年全国教育大会指出，教育应围绕"培养什么人""怎样培养人""为谁培养人"这一根本问题展开；应将"立德树人"融入教育各个环节的任务目标中。可见，我国新时代中国特色的体育改革将育人价值的顶层设计提供了框架，明确贯彻"健康第一"的教育理念以及"四位一体"的体育目标，体育回归教育、回归育人本质属性的战略要求。大众蹦床作为竞技项目在日常健身的普及化项目之一，其项目特质突出，具有独特的育人价值。主要体现在以下几个方面：

一、掌握技能，增强体质，促进健康

从宏观层面上来说，蹦床是一项有效的有氧运动，对预防肥胖和减脂效果明显。有数据显示，持续跳跃十分钟就相当于慢跑半小时消耗的卡路里。另外，蹦床运动可以促进新陈代谢，提高人体运动系统、呼吸系统、循环系统、消化系统、内分泌系统、淋巴系统等机能，预防和减轻疾病，从而达到增强体质、促进健康的目的。

从微观层面上来说，蹦床特质主要体现在利用弹网作为运动介质，人体是在不稳定平衡状态下完成各类动作，因此，其具有独特的健体价值。主要包括：

1. 蹦床运动对骨骼的机械刺激作用可以促使骨小梁结构排列更为合理，骨密度增加，增强人体骨骼抗折、抗弯曲和抗压抗扭性能。对于未成年者，还能促进其身高增长。

2. 蹦床运动可以充分地锻炼练习者的肌肉力量，且由于弹网的软器材特点，蹦床运动可以充分刺激到人体的深层肌肉群，使人体各部位肌肉的锻炼更为全面。

3. 蹦床运动可以增强练习者的触觉刺激和相应的肌肉反应，使神经对肌肉的调节性更强，练习者的动作更为灵敏、协调。对于未成年者，还能促进其神经系统的发育，强化感统训练，加强前庭体平衡训练。

4. 蹦床运动能提高身体的协调性、平衡性以及节奏感。尤其对于未成年者，还有助于其形成良好的身体形态，全面发展身体运动能力。

除此之外，蹦床运动对于改善中枢神经系统、促进睡眠，以及提高人的专注力持续时间和注意力分配广度的视觉训练等方面也有显著效果。

二、享受乐趣，体验参与

蹦床作为利用弹网介质的一种运动形式，能够实现腾空的无束缚感以及失重状态下身体完成各种动作的控制感，从而愉悦身心，减轻压力，可以满足不同年龄段人群的身心需求。另外，练习者可以通过大众蹦床等级和蹦床操的"双通道"训练，在提升其能力、实现个人价值的同时，体会和享受练习者间的沟通互动、团结协作、友爱奋进等集体活动的乐趣。此外，还可以促进亲子关系，增进家庭和谐，使练习者享受乐趣，体验参与，娱乐身心。

三、树立目标，锤炼意志

自1998年蹦床作为全国正式比赛项目以来，我国蹦床的竞技水平持续发展，曾在奥运会赛场上获得4金4银6铜的傲人战绩，五星红旗多次在赛场上空飘扬，彰显出强大的中国力量。其中，陆春龙、何雯娜、董栋、朱雪莹、刘灵玲等多位奥运健儿不畏困难、勇于拼搏，他们为国奋斗的精神，以及健康阳光、积极向上的形象为练习者树立了榜样，在提高练习者参与热情、锤炼其勇于克服困难的意志品质、树立为国奋斗的远大抱负等方面都具有良好的促进作用。

四、健全人格，提高综合素养

"为党育人，为国育才"是新时代中国人才培养的最强音，特别是"双减"政策背景下，促进学生的全面发展成为着力点，以体育人、以文化人、以体强国、以健强国等诸多价值对培养人的综合素养、健全人格具有特殊作用。

蹦床可以通过相应的课程、活动、表演和竞赛等多种方式，使练习者在掌握相应运动技能的同时，也掌握相应的健康知识和运动方式等，从而达到强健体魄、促进健康的目的。与此同时，对规则、安全意识的树立，自我情绪的管理，乐观积极的态度，协作沟通的能力，音乐的鉴赏水平以及创新思维的培养、同化与异化能力的辨别等多维度均有

良好的促进作用，从而在价值观层面对人给予长期、稳定、持续的良性培养。通过体育助力健康中国战略，不仅使体育功能价值得以体现，而且也促使体育回归生活的本质，达到健全人格、提高人的综合素养的目的。

Part 3

什么是大众蹦床？

大众蹦床是竞技蹦床大众化发展的产物，目前包括团体项目（蹦床操）和个人通级两项。团体项目（蹦床操）是一项在音乐的伴奏下，突出"蹦床"和"健身操"相结合的特性，连续完成地面、小蹦床以及过渡衔接等动作，具有一定难度、审美和健身功效的集体性运动项目。而个人通级主要是为了评价从事大众蹦床练习者的运动水平而设置的等级，内容则是根据不同年龄和运动水平，由简入繁、由易入难依次进阶而设计的。大众蹦床运动员等级从九级到四级，而后与竞技蹦床运动员等级打通，从而进入竞技蹦床运动员等级体系中。练习者可根据自身的运动水平，申请相应的大众蹦床运动员等级，达到相应的标准，即可获得相应的大众蹦床运动员等级称号。

图18-4 大众蹦床进校园培训——网上技术

图18-5 大众蹦床进校园培训——地面技术

Part 4

大众蹦床评价标准

一、团体项目（蹦床操）的竞赛规则

（一）比赛时间：2分钟±10秒。

（二）参赛人数：6～10人，不限男女。

（三）组别设置

专业组（精英组）：12岁及以下组
（U-12）；

业余组（阳光组）：7岁及以下组（U-7），
8～12岁组（U-12）。

（四）比赛场地及器材

1. 比赛场地要求：广阔、平整、适宜运动，大小至少为20米×18米，比赛地毯18米×16米，标示带宽5cm，标示带属于比赛场地的部分，比赛场地周边的安全距离不少于2米。

2. 器材要求：国家体育总局体操运动管理中心审定、直径在1～1.5米之间的符合比赛要求的小型圆形蹦床。

（五）评分规则

1. 最后得分：完成分（10分）＋艺术分（10分）＋难度分（根据实际完成难度动作评分）。

2. 评分方法：裁判员评分精确到0.1分。完成裁判员和艺术裁判员的评分为该项去掉最高分、最低分，中间两个裁判的平均分或中间一个裁判得分数。难度裁判为判定难度的实际分数，减去裁判长的扣分即为最后得分。

3. 评分因素：完成、艺术及难度

（1）完成（10分）：包括动作质量（5分）和一致性（5分）。动作质量是根据动作技术、身体姿态（图18-6至18-8）以及熟练度进行评分，每个动作扣分0.1～0.5分（表18-1）；动作一致性是指参赛队能够完成整齐划一动作，且与音乐节奏、成套动作风格相契合的整体能力。

（一）直体

上半身和大腿的夹角必须大于135°

（二）屈体

上半身和大腿的夹角等于或小于135°；
大腿和小腿的夹角必须大于135°

（三）团身

上半身和大腿的夹角等于或小于135°；
小腿与大腿的夹角等于或小于135°

（四）其他

脚面和脚尖绷直，双腿并拢伸直时要求膝关节不得弯曲，不得出现"勾、屈、分"现象

图18-6　身体姿势的最低要求

图18-7　屈体跳和屈体分腿跳扣分示意图

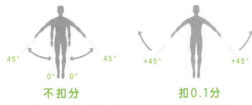

图18-8　转体时手臂和身体位置扣分示意图

表18-1　完成分评分标准

	类别	内容	分值
动作质量（5分）	动作技术（2分）	小错误轻微偏离正确动作技术	每次减0.1分，最多减0.5分
		中错误明显偏离正确动作技术	每次减0.2分，最多减0.5分
		大错误严重偏离正确动作技术	每次减0.3分，最多减0.5分
		不可接受、失败以及身体因失去重心造成与他人非正常接触或触及地面	每次减0.5分
	身体姿态及控制（2分）	稍缺少	每次减0.1分，最多减0.5分
		明显缺少	每次减0.2分，最多减0.5分
		严重缺少	每次减0.3分，最多减0.5分
		完全不可控制	每次减0.5分
	动作熟练性（1分）	因忘记动作而出现较明显停顿	每次漏做动作1～4拍减0.1分，最多减0.5分
一致性（5分）	动作一致性（2分）	参赛队员之间动作不一致	每次减0.1分，最多减0.5分
	音乐节奏（2分）	队员完成动作和音乐的节奏不一致	每次1～4拍减0.1分，最多减0.5分
	成套动作风格（1分）	完成动作和成套动作风格不一致	每次1～4拍减0.1分，最多减0.5分

（2）艺术（10分）：j.网上和地面动作的健身性和创新性（2分）；k.地面和器械动作的有机结合和衔接动作（2分）；l.空间、面/队形变化（2分）；m.音乐和乐感（2分）；n.艺术表现力（2分）。具体评价标准如表18-2所示。

（3）难度分的认定及限制：j.静止难度动作需保持2秒；k.转体度数需达到该难度动作转体度数的3/4及以上（如垂直跳转体360°，则必须达到270°及以上），同时以完成该难度动作的所有人最低转体度数认定。l.以身体姿势的最低要求和动作的最低技术要求认定难度动作是否完成；m.集体性完成或者在2×8拍内依次完成同一难度或不同难度；n.仅针对现有难度表中的难度动作给予难度值计算。其中，对单个动作、成套动作以及不同类动作的认定次数上均有相应规定（见表18-3）。

（4）裁判长扣分：裁判长对比赛中参赛队出现不符合比赛规定的因素进行扣分（表18-4）。

表18-2 艺术分评价标准

类别	不可接受（1.0～1.1）	差（1.2～1.3）	一般（1.4～1.6）	优秀（1.7～1.9）	完美（2.0）
网上和地面动作的健身性和创新性（2分）	动作具有一定健身性，无创新性，动作元素较为单一	动作具有一定的健身性，且具有一定的创意，有一定的动作元素	动作具有较好的健身性，且具有较好的创新性	动作具有非常好的健身性，且具有非常好的创新性	动作健身性和创新性非常完美
地面和器械动作的有机结合和衔接动作（2分）	网上动作不足成套时长的1/4，用走、跳等简单动作完成过渡衔接	网上动作不足成套时长的1/3，用走或跳等简单动作完成过渡衔接	网上动作不足成套时长的1/2，过渡衔接有一定变化、流畅性一般、有一定创意	网上动作达到成套时长1/2及以上，过渡衔接变化较为丰富、流畅自然，具有一定的创意	网上动作达到成套时长2/3及以上，过渡衔接的变化丰富、流畅自然，富有创意
空间、面/队形变化（2分）	没有空间层次、面和队形变化	有2次及以下的空间层次、面和队形的变化	有3～5次空间层次、面和队形的变化	有6～8次空间层次、面和队形的变化	有8次以上的空间层次、面和队形的变化
意乐和乐感（2分）	将音乐作为背景整套动作1/3及以上与音乐节奏不吻合	对音乐有一定的诠释，整套动作1/4及以上与音乐节奏不吻合	对音乐有较好的诠释，整套动作1/5及以下与音乐节奏不吻合	对音乐有非常好的诠释，整套动作中有个别与音乐节奏不吻合	动作和音乐配合完美，且能诠释音乐内涵

续表

类别	不可接受 （1.0～1.1）	差 （1.2～1.3）	一般 （1.4～1.6）	优秀 （1.7～1.9）	完美 （2.0）
艺术表现力 （2分）	动作感染力不强，表现力不足，观赏性差	有一定的动作感染力和表现力，有一定的观赏性	动作感染力较好，表现力强，观赏性较好	动作感染力非常好且表现力强，观赏性较好	动作感染力非常好且表现力非常强，观赏性非常好

备注：1.动作的健身性主要体现为脚步、手臂协调配合，以及动作本身呈现的方位多变；同时注重全身性，体现身体的多部位参与，并体现运动负荷科学、合理。

2.动作的创新性体现为动作元素丰富、多样，具有原创性。

表18-3 大众蹦床团体项目动作难度一览表

难度值	0.1	0.2	0.3	0.4	0.5	0.6	0.7
网上	1.开合跳 2.交换腿跳 3.前吸腿跳 4.高踢腿跳 5.网面上前滚翻 6.网面上后滚翻	1.分腿跳 2.屈体跳 3.团身跳 4.跪弹 5.垂直跳转体180度	1.坐弹	1.跳转180°接坐弹			
地面	1.前滚翻 2.后滚翻 3.坐位体前屈 4.横叉 5.纵叉 6.拱桥	1.开普 2.肘水平支撑（单臂或双臂） 3.单足立转360° 4.科萨克 5.肩肘倒立	1.屈体后滚翻经倒立 2.侧搬腿 3.前搬腿 4.控文森俯卧撑 5.横劈腿前穿 6.侧手翻 7.屈体直角支撑2秒	1.前手翻 2.后手翻 3.侧举腿 4.直升飞机 5.提倒立 6.踺子 7.依柳辛	1.剪式变身跳 2.团身前空翻 3.团身后空翻 4.变换腿跳 5.侧空翻	1.高直角支撑 2.屈体前空翻 3.屈体后空翻 4.团身前空翻转体180° 5.直体后空翻	1.大风车
网上与地面衔接	1."大"字跳下 2.团身跳下 3.撑手前滚翻下	1.分腿跳下 2.屈体跳下 3.C跳下 4.跳转180跳下	1.跳转360°跳下		1.团身前空翻跳下 2.屈体前空翻跳下 3.团身后空翻下	1.直体前空翻下 2.团身前空翻180°下	

注：1. 除专业组外，禁止做空翻类动作；

　　2. 地面动作和地面衔接动作，每个动作最多只计算1次难度，网上动作每个动作最多只计算2次难度；

　　3. U-7组成套动作难度分上限为4.0分；U-12组成套动作难度分上限为6.0分。专业组的成套动作难度分不设限制。

　　4. 比赛中的难度动作及顺序与难度表不一致，每改变一次由难度裁判扣0.3分。

表18-4　裁判长扣分一览表

内容	扣分
参赛人数不符合规定	减0.5分（每差1人）
20秒内没有开始比赛	减0.5分
60秒内没有开始比赛	视为弃权
参赛成套时间不符合规定	减0.5分
参赛服装不符合规定	减0.5分
装束散落到地面	每人次减0.1分，最多减0.5分
参赛资格不符合规定	取消其该项参赛资格
动作停顿或中断超过2×8拍	减0.5分
托举高度超过两个人站立的高度	减0.5分
其他减分因素（如单个动作超过限定难度或规则中未明确规定，但与规则宗旨相违背的情况）	减0.5分

二、大众蹦床运动员技术等级

为贯彻、落实《全民健身计划纲要》，推动蹦床运动的开展，增强全国人民、特别是青少年人群的身体素质，培养青少年自我超越、追求卓越的思想品质。蹦床的体育价值对生命全周期具有较好的促进作用，主要包含：1. 有助于人体运动系统功能的激活，提高抗摔倒能力；2. 有助于胃肠道功能的促进；3. 有助于提高协调能力；4. 有助于调节神经系统，助力抗衰老。除此之外，还可以培养勇敢、坚毅、勇于挑战的意志品质，提

高愉悦的心理体验和生命活力，增加幸福指数。

大众蹦床运动员等级是根据不同年龄、不同能力等因素而设立的不同体系，等级之间相互连接，依次进阶，由易到难，由简到繁，逐步提升。2020年5月29日颁布的《大众蹦床运动员技术等级（蹦床运动员技术等级4—9级）实施办法》中，九级为最低，八级次之，以此类推。按照规定的等级通过标准测试，即可获得相应的大众蹦床运动员等级。其中，申请参加九级至七级的通级测试

达标者可越级申报，申报六级及以上者，必须为国家体育总局认定的蹦床一级运动员。等级通级达标要求必须满足：达标通级器材、达标通级场馆、达标通级组织安排、裁判组组成符合标准，共分为"优秀（90分及以上）"、"良好（80分及以上）"、"达标（60分及以上）"和"未达标（60分以下）"四个标准。

蹦床运动员技术等级标准4—9级通级体系和蹦床操比赛项目既为小学、幼儿园的体育教学服务，也为社会体育培训机构服务。因此，应根据循序渐进、安全性、区别对待、全面性和趣味性为教学基本原则传授技术和技能。目的是让孩子们享受乐趣，促进生长，强健体魄，全面发展。具体内容和评价标准如表18-5至表18-10。

表18-5　蹦床运动员技术等级标准（2020年版）（九级运动员）

序号	内容		动作细则与评分规则	
身体综合能力（30分）	柔韧	"青蛙趴"	完成青蛙趴动作，两腿的开度夹角于135°～170°	3合格
			完成青蛙趴动作，两腿的开度夹角大于170°	5优秀
		单腿屈膝体前屈与后伸腿	单腿屈膝体前屈：直腿脚膝盖绷直，脚尖回勾，双手摸到脚踝 单腿屈膝后伸腿：单手后摸到膝盖位置	3合格
			单腿屈膝体前屈：直腿脚膝盖绷直，脚尖回勾，双手手腕摸到脚尖 单腿屈膝后伸腿：双手后摸到膝盖位置	5优秀
	形体	团身坐姿与立臂站姿	团身坐姿：双手抱紧小腿，手肘贴紧身体，身体与大腿夹角小于90°，小腿与大腿夹角小于90° 立臂站姿：立正站立，双臂伸直贴于耳朵两旁	3合格
			团身坐姿：双手抱紧小腿，手肘贴紧身体，身体与大腿夹角小于45°，小腿与大腿夹角小于45° 立臂站姿：立正站立，双臂伸直上举贴于耳朵两旁，手指间、头至脚跟成一直线	5优秀
	灵敏平衡速度与核心力量	坐姿两头收腹与俯卧两头翘背	坐姿两头收腹：双手摸脚完成动作10次 俯卧两头翘背：俯卧于地面，双臂夹于身体两侧，躯干和下肢同时翘起离开地面，不间断完成动作10次	3合格
			坐姿两头收腹：膝盖脚尖绷直，手指尖、两臂与肩成一直线，收腹时，手指碰到脚背，不间断完成动作10次 俯卧两头翘背：膝盖脚尖绷直，双脚夹紧，俯卧于地面，双臂夹于耳朵两侧，躯干和下肢同时翘起离开地面，不间断完成动作15次	5优秀

续表

序号	内容	动作细则与评分规则		
身体综合能力（30分）	灵敏平衡速度与核心力量	10米折返跑、俯卧四肢爬行10米、仰卧四肢爬行10米、行进跳格子10米	四项内容需依次连续完成，计算完成的总时间	时间：60秒以内	6合格
				时间：45秒以内	10优秀
专项动作（30分）	单脚站立平衡	单脚站立，左右脚各40秒		3合格
		单脚站立，左右脚各70秒		5优秀
	团身前滚翻	立正，双臂侧平举亮相，蹲撑开始，向前滚翻一次呈站立姿势		6合格
		立正，双臂侧平举亮相，蹲撑开始，滚翻时抱腿团身要紧，低头，肘关节紧贴大腿，动作流畅完成后顺势呈站立姿势		10优秀
	连续20次带臂跳	在小蹦床上完成，计算时间13秒及格，裁判评判动作技术		8～15分
成套（40分）	9级成套动作	开合跳两次—交换腿跳两次—前吸腿跳（抬左腿）—高踢腿跳（踢左腿）—前吸腿跳（抬右腿）—高踢腿跳（踢右腿）—垂直跳—双手叉腰垂直跳—压臂垂直跳—垂直跳（落网站稳），裁判评判动作技术		25～40分

备注："青蛙趴"：俯卧四肢着地，两膝与臀部在一条直线上，身体摆正，双臂向上伸直，贴在耳朵两侧，五指并拢与手臂成一直线，腰与大腿成90°直角，大腿与小腿成90°直角，小腿与脚尖成90°直角。

表18-6　蹦床运动员技术等级标准（2020年版）（八级运动员）

序号	内容	动作细则与评分规则		
身体综合能力（40分）	柔韧（15分）	三面劈叉	横叉：完成横叉动作，两腿的开度夹角介于135°～170° 纵叉：双手撑于身体两侧，两腿的开度夹角大于135°	3合格
			脚尖绷直。横叉：完成横叉动作，两腿的开度夹角大于170° 纵叉：双手撑于身体两侧，两腿的开度夹角大于170°	5优秀
		坐、站姿体前屈	坐姿：膝盖脚尖成一直线，双手前伸指尖摸到脚踝位置 站姿：站姿，膝盖伸直，双手前伸指尖摸到脚踝位置	3合格
			坐姿：脚尖绷直。膝盖脚尖成一直线，躯干紧贴双腿，双手前伸，指尖超出脚尖位置	5优秀
		拱桥	仰卧挺髋，上身后仰，手脚掌撑地，整个身体呈拱桥状保持10秒	3合格
			双手、双脚与肩同宽，身体呈拱桥状保持15秒，手脚掌距离不超过60厘米	5优秀

续表

序号	内容		动作细则与评分规则	
身体综合能力（40分）	灵敏平衡速度与核心力量（25分）	靠倒立	双手撑地，脚抬高，身体与地面的夹角大于120°，保持动作30秒	3合格
			双手撑地，脚抬高，身体与地面的夹角大于120°，手、肩及身体成一直线，双脚并拢，膝盖伸直，臀部夹紧，保持动作30秒	5优秀
		向前滚翻一次与向后滚翻一次	两臂侧平举亮相，蹲撑开始，完成向前滚翻一次，跳转180°向后滚翻一次呈站立姿势	3合格
			立正两臂侧平举亮相，蹲撑开始，前滚翻，接跳转180°，接后滚翻呈站立姿势，完成动作后立正侧平举亮相	5优秀
		双足十字跳	4个方向为一组，连续完成5组	3合格
			4个方向为一组，连续完成5组，超出指定区域次数小于等于5次	5优秀
		单足蹲	辅助支撑完成3次	3合格
			无支撑自行完成动作5次	5优秀
		"毛毛虫"爬行16米	完成折腹爬行16米	3合格
			双腿并拢膝盖绷直，折腹时躯干与双腿夹角小于45°，伸展时躯干与双腿夹角在160°～180°之间，完成折腹爬行24米	5优秀
专项动作满分20分	连续30次带臂跳		在小蹦床上完成，计算时间21秒及格，裁判评判动作技术	8～15分
	侧手翻2个		能够完成动作，落脚偏离中线在30厘米之内	3合格
			动作完成标准，四肢伸展、动作轨迹在一条直线上	5优秀
成套40分	8级成套动作		分腿跳—垂直跳—团身跳—垂直跳—屈体跳—垂直跳—分腿跳—垂直跳—团身跳—垂直跳（落网站稳）	25～40

备注：按照国家学生体质测试内容以及国际蹦床评分规则进行评分。

　　"毛毛虫"爬行：俯卧，臀部上拱，两腿并拢伸直，两手撑地依次向前爬行，伸展后，躯干与双腿夹角达到160～180°之间，双脚再向前爬行，至躯干与双腿夹角小于45°后，再换双手撑地向前爬行。

表18-7　蹦床运动员技术等级标准（2020年版）（七级运动员）

序号	内容	动作细则与评分规则	
一般身体素质与专项素质（30分）	靠墙斜倒立60秒	支撑超过60秒，但手臂、脚踝没有呈一直线，中间没有完全做到双脚并拢、膝盖伸直和脚面绷直	3～4分
		手臂与脚踝成一直线，地面、墙与身体成直角三角形，双脚并拢，膝盖伸直	5分
	双手抓杠悬垂，保屈体身姿势控制60秒	达到15秒。双腿并拢，脚尖绷直，躯干与大腿间夹角小于或等于90°，小腿与大腿间夹角小于或等于90°	3～4分
		双腿并拢，脚尖绷直，躯干与大腿夹角小于45°，小腿与大腿夹角小于45°	5分
	腰肌控60秒	俯卧姿势，能完成动作，头、手和脚同时离开地面，但有技术错误：双手间距离没有与肩同宽；双腿没有并拢，膝盖脚尖有出现弯曲	3～4分
		俯卧姿势，双臂上举夹住耳朵，背肌发力收紧，手和脚离开地面高高翘起，身体成U形，双手间距离与肩同宽，手指并拢，双腿并拢，膝盖脚尖绷直	5分
	两头起30个	仰卧姿势，能完成动作，但有技术错误：双腿没有并拢，膝盖脚尖有出现弯曲	3～4分
		仰卧姿势，双腿并拢伸直，腹肌收紧，双腿和上身躯干离开地面成V形，双手向前伸直放于双腿两侧，手指并拢，双腿并拢，膝盖脚尖绷直	5分
	屈体后滚翻经倒立	能完成动作，但有技术错误：经倒立过程不明显，双腿没并拢，膝盖脚尖出现弯曲。屈体后滚翻过程中腰部与身体夹角大于45°	3～4分
		以正确姿态完成，有明显经倒立过程并在倒立处停顿1秒，脚尖膝盖绷直，腿并拢。屈体后滚翻过程中腰部与身体夹角小于45°	5分
	控"文森特"	能完成动作，但有技术错误：后腿离开地面时间不充足、俯卧撑幅度小。膝盖微弯曲，脚尖微勾	3～4分
		以正确姿态完成，后腿离开地面高度充分，控起时间超过5秒。脚尖膝盖绷直，前腿贴近支撑手肩臂处	5分
	侧搬腿平衡	能完成动作，但有技术错误：身体晃动过多过大，腿没有贴近耳侧，膝盖弯曲	3～4分
		以正确姿态完成，腿部搬至耳侧，膝盖伸直脚尖紧绷	5分

续表

序号	内容	动作细则与评分规则	
专项动作（30分）	屈体直角支撑30秒	能完成动作，臀部和腿部充分离开地面5厘米以上	5分
		以正确姿态完成，臀部和腿部充分离开地面10厘米以上。双脚并拢，脚尖膝盖绷直，屈体成锐角	6～10分
	侧手翻5个	能完成动作，落脚偏离中线在30厘米之内	3合格
		动作完成标准，四肢伸展、动作轨迹在一条直线上	5优秀
	连续30次带臂跳	在面积超过1平方米、离地高度0.8米的网面上完成计算时间25秒及格	8～15分
成套（40分）	7级成套动作	屈体跳（并腿）—坐弹转体180°—坐弹起—垂直跳转体180°—腹弹（90°）—腹弹起（90°）—背弹（90°）—背弹起（90°）—垂直跳—团身后空翻（落网站稳）	25～40分

备注：按照国家学生体质测试内容以及国际蹦床评分规则进行评分。

控"文森特"：俯卧撑姿势，右腿向侧上方踢腿，贴住右臂三头肌位置，重心向前放在手上同时后脚离地。

表18-8 蹦床运动员技术等级标准（2020年版）（六级运动员）

序号	内容	动作细则与评分规则	
一般身体素质与专项素质（30分）	单脚触墙倒立60秒	支撑超过60秒，但没有完全做到双脚并拢、膝盖伸直和脚面绷直	3～4分
		手臂与脚腕成一直线，地面、墙与身体成直三角型，双脚并拢，膝盖伸直	5分
	双手抓杠悬垂，保持屈身姿势控制20秒	达到15秒。双腿并拢，脚尖绷直，躯干与大腿间夹角小于或等于90°，小腿与大腿间夹角不小于90°	3～4分
		双腿并拢，脚尖绷直，躯干和大腿夹角小于45°，小腿和大腿成一条直线	5分
	侧控左侧和右侧各30秒	能完成动作，但有技术错误：双腿没有并拢，膝盖脚尖有出现弯曲	6～9分
		以正确姿态完成动作，双手前伸，双手间距离与肩同宽，手指并拢；双腿并拢，膝盖脚尖绷直	10分
	提倒立2个	能完成动作，但有技术错误：没有控制的落下，膝盖脚尖没有绷直	3～4分
		以正确姿态完成动作，动作控制稳定，膝盖脚尖绷直	5分
	"科萨克"或"开普"（二者任选其一）	动作姿态不标准	3～4分
		以正确姿态完成动作	5分

续表

序号	内容	动作细则与评分规则	
专项动作（30分）	团身前空翻2个 团身后空翻2个	只能完成前空翻或只能完成后空翻	6分
		前、后空翻都能够完成	10分
	侧手翻5个	能完成动作，落脚偏离中线30厘米之内	3合格
		动作完成标准，四肢伸展、动作轨迹在一条直线上	5优秀
	连续30次带臂跳	在面积超过1平方米、离地高度0.8米的网面上完成 计算时间32秒及格	8～15分
成套（40分）	6级成套动作	成套动作由10个动作组成，其中最多只能完成6个横轴翻转少于270°的动作（即：最多只能完成6个垂直跳）	25～40分

备注：按照国家学生体质测试内容以及国际蹦床评分规则进行评分。

表18-9　蹦床运动员技术等级标准（2020年版）（五级运动员）

序号	内容	动作细则与评分规则	
一般身体素质与专项素质（30分）	控倒立60秒（没有任何支撑）	支撑超过60秒，但手臂、脚腕没有成一直线，中间没有完全做到双脚并拢、膝盖伸直和脚面绷直	3～4分
		支撑超过60秒，手臂、脚腕成一直线，双脚并拢，膝盖伸直	5分
	单杠引体向上	5个3分，6～7个4分（建议：注明引体向上的要求）	3～4分
		8个满分	5分
	腹背肌控各70秒，侧控左侧和右侧各50秒	能完成动作，但出现以下错误：双腿没有并拢，膝盖脚尖有出现弯曲。（建议：注明动作要求）	6～9分
		以正确姿态完成动作，双手前伸，双手间距离与肩同宽，手指并拢；双腿并拢，膝盖脚尖绷直	10分
	肋木举腿20个	动作姿态不标准，例如：没有控制的落下，膝盖脚尖没有绷直	3～4分
		以正确姿态完成动作，动作控制稳定，膝盖脚尖绷直	5分
	"直升飞机"或"依柳辛"（二者任选其一）	动作姿态不标准	3～4分
		以正确姿态完成动作	5分
专项动作（30分）	团身前空翻 团身后空翻	前空翻、后空翻各完成3个	6分
		前空翻、后空翻各完成5个	10分
	"巴塞平衡"（立脚腕控）（左右脚分别测量1次）	每只脚：15秒3分，20秒4分	6合格
		每只脚：25秒5分	10优秀
	连续30次带臂跳	在面积超过1平方米、离地高度0.8米的网面上完成 计算时间40秒及格	6～10分

续表

序号	内容	动作细则与评分规则	
成套 (50分)	网上全套由10个不同动作组成	成套动作由10个动作组成的，至多只能做4个横轴翻转少于270°的动作（即：至多只能做4个垂直跳）	30分
	板上全套由5个不同的翻转动作组成	每完成一个动作得2分，以此叠加	20分

备注：按照国家学生体质测试内容以及国际蹦床评分规则进行评分。

表18-10　蹦床运动员技术等级标准（2020年版）（四级运动员）

序号	内容	动作细则与评分规则	
一般身体素质与专项素质 (30分)	倒立行走5米	完成5米倒立行走，但膝盖、脚尖没有绷直	3~4分
		完成5米倒立行走，双腿并拢，膝盖伸直、脚尖绷直	5分
	单杠引体向上	6~7个3分，8~11个4分	3~4分
		12个满分	5分
	腹背肌控各90秒，侧控左侧和右侧各60秒	能完成动作，但有技术错误：双腿没有并拢，膝盖脚尖有出现弯曲	6~9分
		以正确姿态完成动作，双手前伸，双手间距离与肩同宽，手指并拢；双腿并拢，膝盖脚尖绷直	10分
	高直角支撑或托马斯	能完成动作，但有技术错误：动作控制力不够，膝盖脚尖没有绷直	3~4分
		以正确姿态完成动作，动作控制稳定，膝盖脚尖绷直	5分
	"剪式变身"跳或"变换腿"跳（二者任选其一）	动作姿态不标准	3~4分
		以正确姿态完成动作	5分
专项动作 (20分)	前（后、侧）屈（直）体空翻转体90°或180°	动作姿态不标准	3分
		以正确姿态完成动作	5分
	连续30次带臂跳	在面积超过1平方米、离地高度0.8米的网面上完成计算时间48秒及格，裁判评判动作技术	8~15分
成套 (50分)	网上成套动作由10个不同动作组成	成套中必须包括1个后3/4腹弹和1个前3/4背弹，10个动作中至多只能做2个横轴翻转少于270°的动作（即：至多只能做2个垂直跳）	30分
	板上成套动作由5个不同动作组成	成套动作由5个动作组成，必须空翻结束，成套动作中前手翻、侧手翻不能出现重复动作，每个动作2分，3个动作以上才计算分数	20分

备注：按照国家学生体质测试内容以及国际蹦床评分规则进行评分。

Part 5

大众蹦床练习内容

大众蹦床运动来源于基础体育大项体操运动，主要由身体素质、专项素质和成套动作三个部分构成。身体素质和专项素质是为了提高身体的基本能力和具有项目特质的专项能力，主要包括力量、柔韧、平衡、灵敏、速度等。成套动作主要是为了提高练习者的综合能力，包括网上动作、地面动作以及网上、地面衔接动作三大类。可见，大众蹦床的内容科学合理、内涵丰富，是一项全面、均衡的运动，旨在为我国3～8岁的少年儿童提供一个基础运动锻炼体系，促进青少年智力发育和身体发育。少儿时期大众蹦床运动的训练在综合身体素质、性格形成等方面也会为他们未来的运动生涯打下更加坚实的基础。在2022年北京冬奥会上取得耀眼成绩的谷爱凌和很多滑雪爱好者、运动员们都需要进行蹦床训练，谷爱凌曾经在2014年到访国家蹦床队交流。

图18-9 基本姿态训练

图18-10 网感训练

图18-11 身体素质训练

当前大众蹦床主要包括团体项目（蹦床操）和个人通级两大项。前者以集体方式参与，采取自选动作做参赛内容，参赛队根据代表队的整体能力，编排融完成、艺术和难度为一体的整套动作。后者则是以个体方式参与，设置相应等级的通级内容和标准。后者可以是前者的基础，前者可以是后者的能力延伸体现，其娱乐和表演的功能更为显著，两者之间联系紧密。下面以大众蹦床运动员等级的九级、八级和七级三个等级的内容和练习方法为例进行简要介绍。

一、大众蹦床运动员等级——九级

该等级适用于初学者及3～6岁以下的练习者，在教学中应以引导为主，加强基础身体能力，强调协调、柔韧、平衡等方面，内容多样、有趣、全面，难度适宜，尤其注重加强安全意识，培养良好身体姿态，为后续进阶做准备。

（一）柔韧与形体

目的： 少年儿童的身体各关节结构面软骨较厚，关节囊较薄，关节内外的韧带较薄而松弛，关节周围的肌肉较细长，所以其伸展性与活动范围都大于成人，关节的灵活性与柔韧性都易发展。通过柔韧性的训练，促进儿童身体体形完美发展，矫正不良坐、站姿，有助于提高神经系统与肌肉组织的协调性，减少受伤。

注意事项： 准备活动要充分，以提高肌肉和韧带的伸展性；切忌施加外力，可以采用耗时的方法让练习者自行完成；可采取静态和动态练习相结合的方式；以分阶段达标的方式激励。

教学方法： 通过对动作的示范和讲解，让练习者树立正确动作的视觉影像；通过保护帮助，让练习者树立正确动作的身体感觉；分阶段达标，逐步完成。

1. 青蛙趴（图18-12）：俯卧，身体正直，髋关节正位，两膝应与臀部在一条直线上，双手伸直立臂上举于耳侧，五指并拢于手臂成直线，腰与大腿、大腿与小腿以及小腿与

图18-12　青蛙趴

脚尖均成90°夹角。两腿之间的夹角大于170°，耻骨贴近垫面。

2. 单腿屈膝体前屈（图18-13）：直角坐，髋关节正位，单腿屈膝并将其脚掌贴近伸直腿的膝关节内侧，伸直腿脚尖，膝关节成一条直线，五指并拢与手臂成一直线，做体前屈，躯干贴近双腿的大腿正面，手掌心超过脚尖。

图18-13　单腿屈膝体前屈

3. 单腿屈膝后伸腿（图18-14）：上体直立，髋关节正位，前腿屈膝内收且小腿外侧着地，后腿伸直且大腿正面贴地，后腿膝关节和脚背贴紧地面，双手后伸摸后膝。

图18-14　单腿屈膝后伸腿

4. 团身坐姿（图18-15）：坐姿，上体直立，髋关节正位，双腿屈膝并拢抬离地面，

图18-15　团身坐姿

双手抱紧小腿正面中间，小腿贴紧大腿，大腿正面贴近腹部，双腿夹紧，绷脚背。

5. 立臂站姿（图18-16）：站立，双臂上举伸直，上臂贴于耳侧，五指并拢，手指、头部、身体于足跟在一个平面上。

图18-16 立臂站姿

（二）综合力量

目的：力量是一切体育运动项目的体能基础，它不仅表现在肢体运动的劲度方面，还反映神经系统统一调动、支配肌肉参与的能力，针对3~6岁幼儿身体机能进行全面基本力量锻炼尤为重要，这一阶段的训练主要能在利用人体自重进行，提高身体的控制能力、平衡性，强化骨骼、肌肉发展的同时促进人体的新陈代谢。

1. 坐姿两头收腹（图18-17）：直角坐，两臂上举贴紧耳侧，双腿并拢且脚尖膝关节绷直。通过相向用力收腹，双腿并拢抬离地面至大腿正面尽量贴紧腹部，两手触碰脚尖。注意：手脚同时运动，注意身体的平衡、控制。

图18-17 坐姿两头收腹

2. 俯卧两头背起（图18-18）：俯卧，两臂上举贴紧耳侧，双腿并拢且脚尖膝关节绷直。手臂、上体和下肢同时用力做相向运动抬离垫面，抬头，手指与肩成一条直线。

图18-18 俯卧两头背起

3.10米折返跑（图18-19）：站立式，从起点开始按要求直线跑向标志物，用手触碰

图18-19 折返跑

标志物后即刻转身折返跑回起点。注意双臂前后自然摆动，对侧手脚配合自然。

4.10米跳格子（图18-20）：双脚并拢，双手叉腰，从起点依次连续向前跳跃至重点，每次跳跃需跳进指定目标区域内。

5.10米俯卧四肢爬行（图18-21）：俯卧，双手、双脚同时撑地，手脚并用，依次向前爬行至终点。练习方法：第一阶段：四脚俯卧支撑；第二阶段：四脚俯卧爬行。

6.10米仰卧四肢爬行（图18-22）：仰卧，双手和双脚同时撑地，手脚并用，依次向前爬行至终点。

（三）专项动作

目的：以基本跳跃练习为主，提高练习者的身体各机能的协调发展，增强身体器官系统的功能，对体格发展有一定的促进作用，激发练习者对蹦床项目的兴趣爱好，发掘后备人才。

图18-20　跳格子

图18-21　俯卧四肢爬行

图18-22　仰卧四肢爬行

1.地面单腿站立平衡（图18-23）：双腿并拢伸直，双脚朝向正前方，双臂侧平举，抬起任意（左、右）一只脚抬离地面，身体保持平衡与直立，目视前方。注意：脊椎延伸向上，身体重心完全放在支撑脚上，身体不要摇摆。

图18-23　地面单腿站立平衡

2. **地面前滚翻（图18-24）**：双手侧平举，双腿并拢伸直。下蹲后双手撑地，低头、含胸、提臀，后脑、肩、背、腰臀部位依次着垫，向前滚翻，双腿蹬直或者保持团身，双脚着地后，上体紧跟大腿正面团身起，双手抱小腿成蹲立，动作完成后还原成起始状态。这一动作主要发展练习者的翻滚能力和自我保护意识。

图18-24 地面前滚翻

3. **摆臂跳（20次）（图18-25）**：站立，双臂伸直，双手五指并拢成一条线，夹放至身体两侧；跳起时，双臂经前向上摆至立臂状态（双手上举），双腿屈膝，双脚同时用力压网借助网面跳起，空中呈现手指尖到脚尖成一条直线；落网时双腿屈膝，双臂经两侧下压还原至起始位置。可以先单个完成，而后随着能力提升再逐渐连续完成。注意：动作完成过程中保持身体直立，保持平衡和稳定。开始学习时需要专业教师给予练习者一定的帮助，并进行必要的保护。

图18-25 摆臂跳

4. **成套动作**：开合跳2次→交换腿跳2次→前吸腿跳（左）→踢腿跳（左）→前吸腿跳（右）→踢腿跳（右）→垂直跳→双手叉腰垂直跳→压臂垂直跳→垂直跳（落网站稳）。注意：动作完成过程中保持身体直立，保持平衡和稳定。开始学习时需要专业教师给予练习者一定的帮助，并进行必要的保护。

练习方法：

第一阶段：1.地面单个动作；2.地面前后两个联合动作；3.地面分段联合动作；4.地

面全套动作。

第二阶段：1. 小蹦床单个动作；2. 小蹦床前后联合动作；3. 小蹦床分段联合动作；4. 小蹦床成套动作。

（四）练习方法、辅助与保护

在柔韧与形体、综合力量以及专项动作的练习过程中，教师或者教练根据练习内容安排练习方法，并在练习过程中给予辅助与保护。

柔韧与形体

综合力量

专项动作

九级成套动作

二、大众蹦床运动员等级——八级

该等级适用于5～8岁年龄段的练习者，这个年龄段的练习者处于生长发育阶段，活泼好动，注意力不易集中，在教学中应循序渐进，因材施教，内容多样、有趣、安全和全面。该年龄段的儿童还具有易疲劳、恢复快的特点，因此应避免单一肢体长时间、负荷较大或者左右肢体负荷不均衡的状况，避免大负荷、大运动量的专项技术训练，应以身体全面发展为主，促进身体健康和体态完

美发展，提高神经系统和运动系统的协调发展，为后续进阶做好准备。

（一）柔韧与形体

目的：增强练习者腿部肌肉和韧带的伸展性，增强腹背肌肌肉力量、脊椎的伸展性，加强肌肉力量、扩展关节活动范围，提高身体的协调能力，保持良好体态，提高运动表现，掌握正确技术，提高技能，预防运动创伤。

注意事项：做好准备活动，避免拉伤；避免突然外力硬压，以分阶段达标的方式激励练习；静态和动态练习相结合；持之以恒，循序渐进，避免"疲劳期"和"消退期"的出现。

教学方法：通过对动作的示范和讲解，让练习者树立正确动作的视觉影像；通过保护帮助，让练习者树立正确动作的身体感觉；分阶段达标，逐步完成。保护帮助时以安全为先，并给予一定的力量使其完成，用力柔和，让练习者体会正确的肌肉用力方式。

1. 三面叉（横、竖叉）（图13-26和图13-27）：横叉：两腿左右分开至180度，绷脚背，上体挺直向前向下趴下，双臂前伸、双手五指并拢，上体贴住地面。纵叉：两腿前后分开至180°，后胯转正，后腿脚背贴地，双手左右两侧撑地，上体正直，与地面垂直。

图18-26　横叉

图18-27 竖叉

2. 坐姿体前屈（图18-28）：坐姿，双腿并拢，脚尖膝关节绷直，以髋关节为轴做前屈体，躯干保持挺胸收腹，下巴微抬，双臂带动躯干向前向下压。腹部、胸部、下巴依次完全贴住大腿正面。双手抱住双脚。不要低头、含胸、弓背，膝关节后侧贴住地面。

3. 站姿体前屈（图18-29）：站姿，双腿并拢，膝关节绷直，以髋关节为轴做前屈体，躯干保持挺胸收腹，双臂带动躯干向前向下压。腹部、胸部、下巴依次完全贴住大腿正面。双手抓住脚踝，双肘内夹贴住小腿外侧。不要低头、含胸、弓背，膝关节伸直。

图18-28 坐姿体前屈

图18-29 站姿体前屈

图18-30 拱桥

4. 拱桥（图18-30）：青蛙式仰卧，双膝分开与肩同宽，双臂屈肘，双手在耳侧撑地，运用腰部、手部力量将髋部向上顶起，髋关节保持正位，双手、双脚与肩同宽，身体呈"拱桥"状并保持15秒，双手和双脚之间的距离不超过60厘米。

（二）综合素质

目的： 发展灵敏、平衡、速度与核心力量是该阶段综合素质练习的主要目的。5～8岁是儿童平衡能力发展的敏感期，核心力量的训练可以提高身体的控制力和平衡性，同时提高运动时由核心向四肢及其他肌群发力的能量输出。另外，发展灵敏、协调、方位感以及下肢力量、髋关节稳定性也是非常重要的，可以提高运动表现。

注意事项： 做好准备活动，提高机体应激性；以分阶段达标的方式激励练习；自我练习和保护帮助相结合。运用比赛和游戏等方式提高练习兴趣的同时注意安全。

教学方法： 通过对动作的示范和讲解，让练习者树立正确动作技术；分阶段达标，逐步完成。保护帮助时以安全为先，并给予一定的力量使其完成，让练习者体会正确的肌肉用力方式。

1. 倒立靠（图18-31）：利用墙面，将身体呈现倒立状态，要求顶肩、直背、立腰、收腹、双腿并拢，双膝和脚尖绷起，髋关节保持正位，手、肩、背、腰、腿和脚尖成一条直线。这一动作可以提高练习者的平衡能力，使其感知空中方位，形成良好姿态。注意顶肩和加强手臂和肩带力量。

图18-31　倒立靠

2. 前滚翻一周→跳转180°→后滚翻一周（图18-32）

（1）前滚翻：站姿，双臂侧平举亮相；下蹲双手撑地，同时提臀、低头、含胸、蹬腿，使头后部、肩、背、腰、臀依次着地，臀部着地时屈膝、抱腿、跟肩，向前滚动呈蹲立状。

（2）跳转180°：双腿并拢向上蹬起，同时双臂经前向上带起，并跳转180°呈双膝微屈状。

（3）后滚翻一周：下蹲，同时双手抱腿，向后倒同时迅速屈肘，双手于肩上，手背尽量靠近肩胛，掌心向后向下着地，使臀、腰、背、肩、颈、头后脑依次着垫，当肩部着垫时，双手用力推地，使身体向后翻转呈蹲撑状，而后还原撑站姿，侧平举亮相。

目的： 发展练习者的灵敏、协调和定向能力，提高本体能力和自我保护能力，培养其勇敢、果断和克服困难的精神。

注意： 前滚翻时，头后部着地；后滚翻两手同时推地，力度相同；前后团身都要紧，滚动圆滑，方向正；后滚翻时后倒要快，翻掌贴肩，推手要快；跳转180°时起跳有力，落地缓冲，转体沿纵轴，保持平衡。

图18-32　前滚翻

图18-32　跳转180°

图18-32 后滚翻

3. **双足十字跳**（图18-33）：双手叉腰，双腿并拢，起跳前微屈膝下蹲，利用膝、踝力量跳起，同时保持核心腰腹稳定，落地时缓冲呈起始姿势，进入下一次跳跃，按照图中所示的顺序进行定点的叉腰垂直跳，从1到4为一组，做4组。

目的：提高练习者的平衡能力、控制能力以及弹跳能力，培养自我保护能力。

注意：练习跳跃过程中始终保持膝踝的缓冲和节奏，前脚掌先着地，膝踝发力，空中双腿保持并拢伸直，躯干伸直，腰腹收紧。

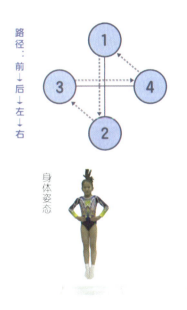

图18-33 双足十字跳

4. **单足蹲**（图18-34）：站姿，两手手心相对前平举；一腿支撑，另一腿伸直前举，尽量向上，脚尖、膝关节伸直；支撑腿以腹股沟为折叠线，有控制地下蹲直至臀部完全碰到支撑脚的足跟，保持身体平衡并站起，重复5次后，换相反方向重复相同的动作。

目的：强化下肢力量并均衡发展，增加髋关节的稳定性。

注意：腰背延伸，不要驼背；身体中立，髋关节正位；向下做深蹲时屈髋、屈膝方向和脚尖保持一致，朝前；向下吸气，向上呼吸，呼吸和动作进行有效配合，不要憋气。若腿部力量不足或控制力稍差，可以在保护帮助下进行练习，下蹲不要过猛，避免造成膝关节损伤。

图18-34 单足蹲

5. **毛毛虫爬行**（16米）（图18-35）：站立，体前屈，双腿并拢伸直保持不动，双手撑地依次向前爬行，直至双臂垂直地面呈俯卧撑姿势，而后双手支撑保持不动，双脚依次向前爬行至体前屈，重复动作，手脚协调地向指定方向爬行16米。

目的：动态伸展中拉伸后表链肌群，增

强练习者手脚配合的协调性，同时增强其腰腹力量，保持核心稳定性。

注意：双脚依次向前爬行时尽可能向双手靠拢，双腿始终保持伸直，不要憋气。

图18-35　毛毛虫爬行

（三）专项动作

　　该阶段主要是进行小蹦床的基本姿态和高度练习，使练习者身体各技能的协调发展，进一步增强身体各系统的功能，发展体格，促进心理健康，同时发掘蹦床项目后备人才。

　　1. 带臂跳（30个）（图18-36）：站立于网面中间，双臂伸直，五指并拢；双腿屈膝向上起跳时，脚尖膝关节绷直，脚趾向下抓网，双臂经前带臂向上摆至立臂，手掌、手臂、躯干、下肢到脚尖在同一直线上。下落

过程中，双手臂经侧至身体两侧，同时下沉踩网，微屈膝缓冲。进入下一个带臂跳，重复30次后，屈膝缓冲停网站稳3秒，双臂侧平举亮相。

目的：提高练习者核心稳定性、弹跳能力和手脚协调能力，熟悉网性，强调安全教育。

注意：循序渐进，强调动作规范和完成质量；触网时膝关节微屈，膝踝发力要短促有力。

图18-36　带臂跳

　　2. 侧手翻（图18-37）：站立，双腿直立，一脚前点地，重心在后脚；后腿蹬地，重心前移，身体沿垂直面，经过屈膝、蹬腿、摆

腿，双手依次在前方撑地，空中经过分腿90°倒立；落地时，双脚依次落地，双手依次推地起身，手脚落地成一条直线。连续完

成2次后，站稳3秒亮相。

目的：发展和提高练习者的平衡、协调、灵敏、柔韧、力量等身体素质，培养空间方向感以及勇敢、果断、互帮互助的良好品质。

注意：初始学习阶段，教师要运用适当的保护和帮助手法协助练习者完成动作，让练习者体会身体感觉和动作过程，同时运用及时、有效的语言提示，强调练习者屈膝、蹬腿、摆腿以及撑地的时机和方向，整个动作呈现"大风车"状的运动轨迹，完成要有延伸性。

图18-37 侧手翻

3.**成套动作：**分腿跳→垂直跳→团身跳→垂直跳→屈体跳→垂直跳→分腿跳→垂直跳→团身跳→垂直跳（落网站稳）。成套动作必须按照上述顺序完成，不可变更、停顿，否则顺序发生改变的动作及停顿后的动作均视为无效。

目的：提高身体能力，掌握蹦床基本动作，增强练习者的协调性、网感、空间方位感等，培养果敢、自信的品质。其中，通过地面不同姿态的跳跃动作，提高练习者完成动作的能力，包括身体姿态的控制、动作完成的速度、腿部力量以及手臂、腿部动作的协调配合，为网上完成相应动作打下基础。

注意：强调踩网及落网的定点练习，强化安全教育；增强身体控制能力、平衡能力，练习者未熟练掌握之前，教师应给予必要的保护和帮助；强调成套动作的节奏感。

（四）练习方法、辅助与保护

在柔韧、综合素质以及专项动作的练习过程中，教师或教练根据练习内容安排练习方法，并在练习过程中给予辅助与保护。具体可扫码参看视频。

柔韧　　　　　　　综合素质

专项动作　　　　　八级成套动作

三、大众蹦床运动员等级——七级

该等级适用于8～12岁年龄段的练习者，他们有一定的大众蹦床训练时间的积累，具备一定的身体能力。该等级的内容以身体全面发展为主，主要包括：一般和专项身体素质、一般和专项技术以及综合能力。内容包含地面和网上，较八级更加全面，难度提高，并增加部分支撑类动作，强调神经系统和运动系统的协调发展，对蹦床专项能力的考查进一步增强，同时对学习的专注力和学习能力的要求有所提高，鼓励练习者积极探索并享受蹦床运动带来的乐趣，为后续进阶做准备。

（一）身体素质

1. **单脚靠墙控倒立30秒（图18-38）**：侧面对墙站立，双手撑地和蹬摆腿，完成手倒立。保护者在练习者正前方给予保护和帮助，使其在垂直地面位置时顶肩、腰腹收紧、腿部制动，手、肩背、腰腹、腿和脚尖在一条直线上，且与地面保持垂直。

图18-39　双手抓杠悬垂屈体控

图18-40　腰腹肌控

图18-38　单脚靠墙控倒立

图18-41　两头起

2. **双手抓杠悬垂屈体控（图18-39）**：双手正握单杠，呈悬垂状；以腹股沟为折叠线，双腿并拢屈髋内收至脚尖触杠，膝关节脚尖绷直，保持3秒。

3. **腰腹肌控60秒（图18-40）**：俯卧，双臂置于头上，双臂、上体和下肢做向上的相向运动，呈"船"状，双腿并拢，膝关节脚尖绷直。

4. **两头起30个（图18-41）**：仰卧，双臂置于头上，双臂、上体和下肢做向上的相向运动，呈"船"状，双腿并拢，膝关节脚尖绷直。

5. **屈体后滚翻经倒立（图18-42）**：背向前进方向站立，两臂贴于身体两侧，掌心向后；直腿后倒，双手贴住身体两侧顺势撑地，而后随身体后倒，双手快速放至双耳两侧在肩上方撑地，手指朝向前进方向；双肩后倒，当后倒，至双膝至垂直位置附近，借助后倒的惯性，双腿向天花板方向蹬起，双手在肩上方推地，经头手倒立推起呈手倒立；双手推手顶肩，双腿兜腿落地支撑，呈站立状，两臂上举亮相。

图18-42 屈体后滚翻经倒立

6.控文森俯卧撑（图18-43）：双臂呈俯卧撑状，手指朝前；一条腿伸直保持不动，另一腿直腿绷脚侧摆向前，使前摆腿搭在同侧手臂肘关节上方，稍抬头，保持3秒。

图18-43 控文森俯卧撑

图18-44 侧搬腿平衡

图18-45 屈体直角支撑

7.**侧搬腿平衡**（图18-44）：站立，双臂侧平举；单腿支撑，同侧手臂保持不动，另一腿屈膝抬起，同侧手握住足跟后侧，将腿向上拉起，直至两腿在同一条直线上，保持3秒。

（二）专项动作

1.**屈体直角支撑15秒**（图18-45）：坐姿，双腿并拢伸直，脚背膝关节绷直，双手放至大腿中段外侧贴住；身体适当前倾，双手撑地，顶肩，收腹，臀部和双腿、双脚均抬离垫面。

2.**侧手翻5个**：站立，双臂上举，双腿直立，一脚前点地，重心在后脚；后腿蹬地，重心前移，身体沿垂直面，经过屈膝、蹬腿、摆腿，双手依次在前方撑地，空中经过分腿90°倒立；落地时，双脚依次落地，双手依次推地起身，手脚落地呈一条直线。连续完成5次后，站稳3秒亮相。

3.**连续带臂跳30次**：站立于网面中间，双臂伸直，五指并拢。双腿屈膝向上起跳时，脚尖膝关节绷直，脚趾向下抓网，双臂经前带臂向上摆至立臂，手掌、手臂、躯干、下肢到脚尖在同一直线上。下落过程中，双手臂经侧至身体两侧，同时下沉踩网，微屈膝缓冲。重复30次后，屈膝缓冲停网站稳3秒，双臂侧平举亮相。

（三）成套动作

并腿屈体跳→坐弹转体180°→坐弹起→垂直跳转180°→1/4腹弹→1/4腹弹起→1/4背弹→1/4背弹起→压臂跳→团身后空翻。成套动作必须按照上述顺序完成，不可变更、停顿，否则顺序发生改变的动作及停顿后的动作均视为无效。

目的： 提高身体综合能力，全面掌握蹦床基本动作和技术，培养练习者的协调性、网感、空间方位感等，尤其注重身体姿态的控制、动作完成的速度、腿部力量以及手臂、腿部动作的协调配合，为后续进阶训练打下基础。

注意： 强调网感及落网的定点练习，强化安全教育；增强身体控制能力、平衡能力，练习者未熟练掌握之前，教师给予必要的保护和帮助；强调成套动作的节奏感。

身体素质　　　　　专项动作

七级成套动作

Part 6

大众蹦床赏析

自大众蹦床项目在2020年全国蹦床 U 系列比赛中首次亮相以来，已经逐渐被社会各界认可，包括幼儿园、中小学校、培训机构、游乐场等。其趣味性、娱乐性、健身性、表演性等越来越多的项目属性被挖掘。下面以2021年度全国蹦床 U 系列比赛中大众蹦床团体项目的赛事视频和福建省厦门市湖明小学课外大众蹦床团体项目的自编练习套路为例，请大家一起鉴赏大众蹦床的魅力。

一、2021年全国蹦床 U 系列比赛——大众蹦床团体项目

1.2021年全国蹦床 U 系列比赛第一站

2.2021年全国蹦床 U 系列比赛第二站

3.2021年全国蹦床 U 系列比赛第三站

二、大众蹦床团体项目的自编练习套路

在进行大众蹦床团体项目自编套路时，需要了解比赛规则和项目特点，具备一定的

创编思路，同时具备一定的音乐素养和创编能力。

（一）应符合比赛规则、项目特点

1. 明确年龄分组和参赛组别。U-7组设定为7岁及以下年龄段，主要针对幼儿园到小学一年级之间的学生；U-12组是二年级到五年级之间学生。可以将个人通级内容融入其中。

2. 确认成套参赛人数。蹦床操每支队伍可参赛人员为6～10人，应根据队伍适龄人数以及训练情况来确认参赛人数。

3. 确定参赛人员：挑选同年龄段、身高体重比较平均的孩子进行训练，可适当准备1～2个备选队员。个人通级则需要因材施教，即根据个人能力和通级内容量力而行。

（二）项目音乐的选择或定制

音乐对于成套动作的展示起到关键性的作用，可以选听不同风格、不同节奏的音乐，可借鉴啦啦操、街舞、健美操、中国舞等多种风格的音乐作为参考。在选择或定制音乐时，需要多重考虑，注意音乐的律动、特色、适宜年龄特点以及节奏快慢等。U-7组和U-12组可以选择节奏鲜明、富有活力的音乐，其中U-12组因年龄稍大，对于音乐和教练的套路编排理解能力较强，因此可以适当加强对音乐的动作表达。

👉 合理利用音乐：成套的核心动作放在音乐的主线部分。

👉 音乐的渐进阶段：可以做网面或地面2～4拍的变化节奏动作。

👉 节奏较慢的部分：编排一些地面上的动作进行衔接或者变换队形等。

（三）确立成套编排的主题和风格

鲜明的主题和风格是优秀的编排必不可少的主要元素，它可以让成套动作在视觉上具有更强的冲击力，能更好地通过作品传达音乐的内涵和精髓。

（四）动作设计应突出"蹦床"和"健身操"相结合的特性，网面、地面和过渡衔接动作的比例科学、合理。

第一，要体现"蹦床"的动作特征，应有效突出蹦床的运用比例，充分赋予蹦床健身价值；第二，要体现"健身操"的动作特征，并应贯穿于整套动作的编排当中，突出健身性，并融合健美操、基本体操、技巧、啦啦操等多个动作元素，体现动作元素的多样性；第三，充分展示"蹦床"和"健身操"的有机结合和过渡衔接动作，器材的使用、地面动作配置比例合理，并通过有效的过渡衔接动作有机结合。

（五）运动负荷在编排动作的设计中要突出健身性，并且契合音乐的节奏感，不同节奏要交替运用。

（六）难度动作的运用要得当。U-7组的成套编排中不需要太复杂的技巧性难度动作，应适当减少手脚配合的动作，腿部动作的节奏变换也可选择一个8拍一换，并多一些舞蹈动作，如适合幼儿组使用的动作有，开合跳、交换腿跳等较简单的动作，网上衔接地面动作可使用大字跳下、团身跳下，难度动作可选择网上团身跳、跪弹等。U-12组在编排中可根据队伍学生的训练水平适当增加一些难度动作，即增加手脚配合同时完成的动作，并在一个8拍内进行方向和面的变化，编排要紧凑。

（七）编排中方向、面的变化是体现多样性的一个重要因素，方向、面的改变可以增强视觉效果，体现成套的艺术性。下面是两套自编练习套路，可为大家进行大众蹦床团体项目的自编套路提供参考。

U-7视频展示　　　　U-12视频展示

第十九章　轮滑

Part 1

什么是轮滑？

轮滑分为双排轮滑（quad roller skating）和单排轮滑（inline roller skating）。我国轮滑领域发展较晚，系统发展不足、项目不够完善，国内偏向于直排轮滑，对双排轮滑认识不足。

最早于公元1100年的溜冰鞋是利用骨头装在长皮靴脚掌上帮助猎人也能在冬天进行打猎的游戏，由苏格兰人Dutchman于公元1700年爆炸性的创造了第一对溜冰鞋。这一年在爱丁堡组成了第一个溜冰俱乐部。

👉 1819年，M.Peitibled于法国发明专利中记载的第一双2～3个轮子的单排轮滑鞋。

👉 1823年伦敦，Robert John设计了两脚各有五个轮子的单排轮滑鞋"Rolito"。

👉 1863年，美国人詹姆士发明了第一双双排溜冰鞋，四个轮子分前后两组，由两个轴穿起两个轮子。可以做转弯、前进和向后的各种动作，这就是现在最为广泛使用的旱冰鞋，成为了轮滑球、花样轮滑、

jamskating和极限轮滑的运动器材。

👉 1892年，国际轮滑联盟在瑞士成立，轮滑运动向正规化，国际化发展迈出坚实的一步。

👉 1924年4月1日，英、法、德、瑞士四国代表在瑞士蒙特勒成立国际轮滑联合会。

👉 1926年，举办第一届欧洲轮滑锦标赛，共有6个国家参加。

👉 1980年，明尼苏达州两位热爱冰球的兄弟，将轮子装在刀底座之内，产生了第一双单排轮在一条直线上的溜冰鞋，正式命名为单排轮滑（In-Line Skate）。

👉 1992年，双排轮滑组别的轮滑球项目出现在奥运会舞台上，也是唯一在奥运会上出现的轮滑项目。

👉 1995年，ESPN第一届极限运动把单排轮滑运动（Aggressive In-line Skate）推向世界。

👉 2010年，花样轮滑运动进入广州亚运会竞赛项目，共设9块金牌。

轮滑国际项目分类包括：花样轮滑、自由式轮滑、轮滑速降、轮滑球、轮舞、轮滑足篮赛、极限轮滑和速度轮滑。大家通常说的轮滑一般是指速度轮滑，在此仅以单排轮

滑项目作为重点进行介绍。2016年2月15日国家体育总局官网报道，南京获得首个"世界轮滑之都"称号，将承办2017年世界轮滑锦标赛。这意味着首届轮滑全项目最高水平赛事落户南京。世界轮滑锦标赛是由国际轮滑联合会2015年提出的，每两年一届，包括速度轮滑、自由式轮滑、花样轮滑、轮滑球等9大项，是迄今为止轮滑届最高水平赛事集合。

图19-1 授予南京市"世界轮滑之都"称号会议现场 ①

Part 2

如何练习轮滑？

一、原地平衡

通过原地平衡练习，使初学者熟悉轮滑鞋的性能，以及场地的性能，能控制轮滑鞋的轮子，使身体保持平衡，为流畅的滑行做准备。原地练习方法很多，可选取多种有效的方法进行，以熟练掌握平衡，对于初学者来说，克服恐惧是入门的重要环节。

（一）原地

1."V"字站立（图19-2）

动作要领：身体稍屈前倾，两腿收紧（与滑行的基本蹲屈姿势相同），两脚脚跟靠拢呈"V"字站立，两脚脚尖外展40°～50°重心在两脚之间。

2."T"字站立（图19-3）

动作要领：在把杆的辅助下，两脚收紧，前脚脚跟与后脚的足弓处呈"T"字形，身体微屈，重心在两脚的支撑面内。

3.平行站立（图19-4）

动作要领：面向把杆，两手扶杆，两脚平行分开间距略窄于肩，上体自然放松，膝关节稍屈，脚尖稍内扣，重心落于两脚之间，以利于保持平衡。

图19-2 "V"字站立

---

① 图片来源：南京成为世界首个"轮滑之都"将承办轮滑世锦赛 _ 国家体育总局（sport.gov.cn）。

图19-3 "T" 字站立

图19-4 平行站立

（二）借助把杆移动

1. 扶杆踏步

两腿微屈，两轮分开同肩宽，做原地踏步。

2. 借助把杆横向移动练习

动作要领：面向把杆，双手扶杆与肩同宽，鞋底始终与地面平行，轮子和地面垂直；膝关节稍屈，右脚抬起向右侧移动一小步，平抬平落，右手扶杆向右移手，左脚抬脚平抬平落于右脚旁侧；稳定后，左脚抬起向左移动一小步，平抬平落，左手扶杆向左移手，右脚抬脚平抬平落靠拢左脚全轮着地；熟练后，移动距离加大，体会重心横向移动。

（三）借助把杆横向交叉步

动作要领：面向把杆，双手把杆与肩同宽，开始时重心向左倾倒，左脚随重心向左侧前方侧出一小步，左脚尖领先于右脚尖半

脚距离，左脚承接重心，右大腿带动小腿膝关节领先从左脚前移并落于左侧前方同时承接重心，左、右手在杆上右移，重心继续左移右脚蹬直，左脚收回。在此基础上重心继续左移连续进行交叉步练习。

二、滑行

由原地平衡练习到初步滑行是学习轮滑的必经阶段，可采用以下方法进行学习：在牵引或推动下向前滑行、走步双脚滑行、单脚蹬地双脚滑行、交替蹬地交替滑行、惯性转弯、走步转弯、停止。

（一）滑行的基本蹲屈姿势（图19-5）

轮滑运动采用特殊的滑跑姿势，即髋、膝、踝三关节弯曲的半蹲屈，正确的滑跑姿势是滑行的基础。在此以中等蹲姿为例进行说明。

动作要领：由站立开始，上体前倾与地面成30°～40°夹角，双膝膝关节自然前屈，大腿与躯干成50°～60°夹角，膝关节弯曲成110°～120°夹角，重心在两脚中间，膝关节在地面的投影不超过脚尖。上体放松，两肩与地面平行，背部呈流线型，双臂放松背在身后臀部上方，目视前方5～8米处。

图19-5 滑行的基本蹲屈姿势

（二）在牵引或推动下双脚向前滑行

动作要领：基本姿势蹲好，高蹲姿稳定好，控制好重心，全身放松双脚平行站立，双手前平举，重心控制在两脚之间，屈蹲角稍大。

（三）直线滑行的侧蹬（图19-6）

动作要领：在基本蹲屈姿势的基础上，重心由两脚中间移至右腿上，在胸部下方，右腿向侧平行伸出蹬直，尽量远伸，膝关节展开，脚尖与脚跟在一条线上，并朝向正前方。两脚脚尖在一条线上，右脚脚内侧接触地面，蹬直后稍停留，大腿带动小腿收回原位，换方向练习。要做到头领先于膝关节，膝关节领先于脚尖。

图19-6　直线滑行的侧蹬

（四）直线交替滑行（图19-7）

动作要领：两脚间距20～25cm蹲屈，头稍高于肩，肩稍高于臀，膝关节弯曲的角度为100°～110°，目视前方5～8米，右腿侧蹬蹬直，重心在左脚上，接着收右腿于左腿旁侧成浮足，右踝关节放松，脚尖离地自然下垂。收腿靠近支撑腿，换方向交替练习。

注意，蹬收腿时，重心移动尽量保持在同一平面上。

图19-7　直线交替滑行

（五）惯性转弯（图19-8）

动作要领：借助直线滑行获得初速度，向左转弯时，到弯道入口处重心移到左腿上，右腿收于左脚旁侧稍前，双脚并行滑，身体向左倾斜，两脚平行地向左划出两条弧线。

图19-8　惯性弯道

（六）向前交叉压步转弯滑行（图19-9）

动作要领：在进行向前交叉压步转弯时，练习者首先在圆弧上进行双脚平行滑，稳定重心，左脚支撑上体前倾，腿部弯曲，右脚向右侧蹬地时重心向左腿上移并成左腿支撑滑行；右脚蹬地结束时重心继续向左前方移，并超出左脚支点；右脚随之用膝领先收回；越过左脚在左前方落地并承接重心滑行；左腿在右腿后向右蹬地，然后收回落在已移到右脚左侧的重心下来支撑滑行，右脚再开始向侧蹬地做下一次压步。

注意，左脚承接重心，右大腿带动小腿膝关节领先，从左脚前移落于左侧前方同时承接重心。

图19-9 向前交叉压步转弯滑行

（七）起跑（图19-10）

动作要领：两腿微屈，重心下降，两腿外展，脚内侧着地，身体略前倾，两臂前后摆动成八字跑。左、右两脚的八字切跑步幅不宜过大，应减小步幅，加快步频，重心跟随脚步变化协调配合，才能提高疾跑速度。

图19-10 起跑

三、停止技术

学习轮滑不仅要掌握正确的滑跑技术，更要学会有效的停止方法，以此来控制滑行的方向和速度，才能采用合理的方法应对场地的各种情况，在保护自己的同时，避免冲撞等意外事件发生，常用的停止法有"T"字停止法、转弯停止法、"A"形停止法等。

（一）"T"字停止法（图19-11）

动作要领：在准备停止时，一只脚拖后，与滑行脚大体成直角，两膝稍弯曲，在地面拖动后脚的轮子，利用后轮与地面产生的摩擦力来实现停止。在这个过程中，重心始终在滑行的前腿上。这是一种较高级的停止的方法。要停止时，重心向右前移动，后脚轮子的内刃与地面通过摩擦来减速，同时拖动后脚至前脚的脚后跟处形成"T"字。

图19-11 "T"字停止法

（二）转弯停止法（图19-12）

动作要领：这种停止法是利用已经学过的惯性转弯技术来消耗惯性滑行的速度，通过逐渐减速来使滑行者停止，这种停止方式比较容易掌握且稳定性好，适合于不同场地和各种性能的轮滑鞋。

图19-12　转弯停止法

（三）"A"形停止法（图19-13）

动作要领：在较低速度前滑时，两脚脚尖并拢呈"A"字型，两鞋前部碰撞在一起，停止滑行。注意此时身体要向后倾斜来保持平衡，才能防止失重摔倒。这种停止方式在高速情况下动作幅度需更大。

图19-13　"A"形停止法

四、摔倒保护方法练习

在滑行的过程中，摔倒是不可避免的，除利用护具来保护自己外，学习摔倒的方法非常必要。

1. 向前摔倒

向前滑行时，由于身体重心在前，当身体失去平衡时可向前摔倒，即身体前倾，两膝弯曲触地，两手掌跟放松平铺地上。

2. 向左右摔倒

在滑行时，会出现由于重心偏左或偏右而失去平衡的情况，此时可根据情况选择向左或向右摔倒。向左摔倒时，重心移向左侧，右腿趁势放松倒在地面上，手腕放松，掌心向下护掌着地，左腿向左侧倒地，臀部落地。向右摔倒时亦如此。

3. 向后摔倒

在向前滑行时，当出现重心偏移后，或者蹲姿重心稍高落于后轮上时，会出现失去平衡而向后摔倒的情况。向后摔倒时，重心向下屈腿下蹲，尽量向前落重心，掌心向下，指尖向后，腕部放松，用护掌接触地面，同时臀部落地，两脚抬起。

五、资源库

经过上述的平衡练习、滑行练习以及停止技术等练习后，练习者可以较好地控制身体重心，学会直线滑行侧蹬、直线交替滑行、惯性转弯、前交叉压步转弯、起跑和停止技术，以及各种摔倒方式等。初步掌握轮滑的基本技术。下面是各类动作的资源库视频，包括前后画括号、画葫芦、单脚蹬地双脚滑行、直线滑行、正剪、正蛇等，大家可以跟着视频一起体验轮滑的各类动作，同时享受轮滑项目带来的乐趣。

视频资料库